시장을 창조한 기업들

관성과 타성을 넘어 초일류 기업으로

시장을 창조한 기업들

에릭 요컴스탈러 지음 | 송택순 옮김

살림Biz

애플이 또 한 번 세상을 놀라게 했다. 세계적인 시장조사기관인 가트너의 조사 결과, 애플은 아이폰(iPhone)으로 세계 10대 휴대폰 회사에 올랐다. 아이팟으로 소니의 워크맨을 따라잡고 새로운 음악 시장을 창조했던 애플이 이제는 새로운 휴대폰 시장을 창조해나가고 있다. 처음 아이폰이 출시되었을 때 통신 분야에 경험이 없는 애플이 성공할 수 있을지, 많은 사람들이 의구심 어린 눈으로 바라보았다. 그러나 그것이 기우였음이 증명되었다. 이는 기술과 디자인의 혁신이 가져온 당연한 결과지만 무엇보다 가장 큰 성공 요인은 소비자의 마음과 트렌드를 기가 막히게 읽어낸 애플의 안목이다.

혁신경영이 우리 기업들의 과제가 된 지 오래다. '혁신'이라는 말에서 더 이상 참신성이 느껴지지 않는 것을 보니 말이다. 그럼에도 불구하고 여전히 많은 기업들이 이 오래된 고민을 안고 끙끙거리고 있다. 하지만 이쯤에서 이 말에 대해 조금 생각해보자. 혹시 혁신이라는 것을 매우 거창한 공사쯤이라고 생각하고 있지는 않은가?

사실 우리가 알고 있는 위대한 발명 혹은 발견은 대부분 일상에서 나온 작은 아이디어들이었다. 변화는 늘 우리 주변에서 시작이 되는 것이다. 하지만 왜 그 단초를 발견하지 못하는 걸까? 바로 우리들 마음속에 있는 심리적 맹점과 타성 때문이다. 생각이 고정되어 새로운 것을 보기 힘든 것이다. 혁신의 사례에 등장하는 기업들은 바로 이 생활습관에서 오는 '병'을 극복한 기업들이다. 아이폰의 경우도 발상은 너무나 단순했다. 휴대폰에 MP3 기능을 얹는 것이 아니라 MP3에 전화 기능을 얹는 것이었다. 휴대폰에서 중요한 기능이 음악과 같은 엔터테인먼트 중심으로 옮겨가고 있다는 것을 재빠르게 읽어낸 것이다.

'등잔 밑이 어둡다'라는 속담에서 알 수 있듯 사람들은 가장 가까운 곳에서 벌어지고 있는 것을 놓치기 쉽다. 이는 기업 역시 마찬가지다. 소비자의 마음을 읽어내는 것이 가장 중요하다면 일단 스스로가 고객이라는 사실을 잊지 말아야 한다. 늘 내부의 시선으로 바라보았다면 외부의 시선으로 낯설게 하여 세상을 바라볼 필요가 있는 것이다.

그 다음, 이 책에서 제시하는 다양한 전략 도구들을 활용하면 된다. 이 책에 등장하는 다양한 사례(성공 사례는 물론 실패 사례)를 통해 성공과 실패의 기로에서 기업들이 선택했던 방법이 무엇이며 어떻게 새로운 시장의 주인이 되었는지 체계적인 혁신 전략들을 배울 수 있을 것이다. 성공한 기업들이 초점을 맞추는 것은 소비자들의 삶이다. 당장 사람들에게 필요한 물건 따위가 아닌 사람들의 삶을 움직일 '진정성'이다. 이 책은 등잔 밑에 가려져 있는 진정성을 찾아줄 '불'과 같은 책이다.

피터 드러커는 《위대한 혁신》에서 "혁신의 기회는 열려 있다. 그것을 찾는 사람이 주인이다"라고 했다. 《시장을 창조한 기업들》을 통해 곳곳에 숨어 있는 역전의 기회들을 놓치지 않길 바라며 또 다른 시장의 '주인'이 되길 바란다.

인피니트 브랜드 컨설팅

"왜 그 생각을 못 했지!"

우리는 고객 선택이라는 과부하에 걸리고 치열한 상업적 현실에
시달리는 혁신 과잉의 세상에 살고 있다. 그런 현실에는 급격한 시
장의 범용품화, 기술 변화, 마진 압박 및 혹독한 소비자 · 기업 시장
들의 단편화가 포함되어 있다. 실질적이고 유기적인 매출 성장률은
조금씩 떨어져서 겨우 1~2% 밖에 되지 않는다.

뭔가 재주가 있는 기업들은 새로운 성장을 달성하고 핵심 사업
모형을 다시 만들어내기 위해 노력한다. 그들은 날마다 수없이 많
은 아이디어와 전략 및 새롭거나 향상된 제품 · 서비스를 창출한다.
아이디어에 아이디어가 쌓이고, 성공이 성공을 낳는 경우도 많다.

그런데 문제는 성장과 더불어 자연히 조직, 계층, 구조, 공정, 시

스템 및 정책의 변화가 필요해진다는 점이다. 또한 이런 요소들은 기업이 섬겨온 사람들로부터 기업을 조금씩 더 멀어지게 만든다. 일종의 연막이 펼쳐져서 혁신과 성장을 할 수 있는 가장 큰 기회들을 보는 것을 매우 어렵게 만든다. 그런 기회들이 눈앞에 빤히 보이는 곳에 있는데도 말이다.

얼마나 어렵느냐고? 당신이 몸담고 있는 사업을 잠시만 잊고 공략하고 싶은 사람들의 일상 속에 당신 자신을 집어넣어보라. 제품이나 기술은 잊어라. 서비스도 잊고 브랜드도 잊어라. 그 사람들의 일상 활동과 목표를 생각해보라. 그들이 생활하거나 일하는 환경을 상상해보라. 그 시스템의 윤곽과 깊이와 구조가 그려지는가? 본능적으로 그 속에 당신 회사의 제품을 집어넣거나, 보이는 것을 당신 회사의 제품에 들어맞도록 왜곡시키지 않고 그렇게 할 수 있는가?

아마 쉽지 않을 것이다. 그렇지 않은가? 당신 회사가 소개할 수도 있었을 법한 새로운 혁신 개념이나 아이디어를 가지고 경쟁 기업이나 신규업체가 엄청나게 성공하는 모습을 보면 당신이 우울해지는 것은 바로 이 때문이다.

"왜 우리가 그 생각을 미처 못 했을까? 우리한테 머리가 없어, 자원이 없어? 당연히 그 생각을 해냈어야만 했어. 어떻게 그걸 빼먹을 수 있었느냐 말이야?" 하고 자문하는 것이다.

이 책이 마케팅 조사에 관해 상세한 논의를 하는 것, 고객중심이 되는 것, 고객들로 하여금 그들의 심리를 이해하게 이끄는 것, 고객과 더불어 가치를 창출하는 것, 고객을 기업의 가치 사슬 속에 통합시키는 것, 포지션을 더 명확하게 설정하는 것, 또는 기업의 신제품 개발 과정을 개선하는 것을 다루지 않는 이유가 바로 이 때문이다. 이 책은 이런 전형적인 뜨거운 관심사들을 다루지 않는 대신, 수익이 나는 사업 성장을 달성하기 위한 새로운 전략 혁신 모형을 소개한다. 이 책은 다음과 같은 일들을 하는 데에 도움이 될 것이다.

- 고객을 완전히 새로운 방식으로 '다시 보고' 바로 눈앞에 놓여 있는 가장 큰 성공의 기회들을 찾아낸다.
- 수많은 경쟁을 헤치고 나아가서 회사 관리자들을 기쁘게 하고 경쟁자들은 낙담하게 할(전략, 사업 모형, 그리고 새로운 제품과 서비스들을 아우르는 포트폴리오에서 시작하여 시장 전술 및 브랜드형성 과정에 이르는) 강력하고 새로운 혁신을 생각해냄으로써 완전히 새로운 기회의 공간들을 정의한다.
- 사람들의 일상적인 행동에 들어맞고 회사 또는 제품과 서비스를 통해 그들의 경험을 변모시키게 할 수익이 나는 성장을 달성하기 위한 전략을 수립해서 실행한다.

"우리가 그런 생각을 해냈으니 천만다행이야!"
기업 관리자들은 맑은 눈을 가져야만 진정으로 소비자나 고객의 마음을 끌고 그들의 경험을 변모시킬 수 있으며, 그렇게 함으로써 기업을 재창조하고 새로운 성장을 달성하게 해줄 혁신을 찾아내거나 구체화할 수 있다. 소비자와 고객 모두에게 진정으로 딱 맞아떨어질 뿐만 아니라 기업에 영속적인 우위를 창출하는 일을 한다면 얼마나 큰 희열을 느낄 수 있을지 상상해보라.

나는 지난 25년 동안 일부 혁신, 사업 모형, 사업 전략, 마케팅 전략 및 브랜드형성 전략들은 성공을 거둔 반면 다른 것들은 그러지 못한 이유를 연구해 왔다. 나는 산업재 기업, 소비재 기업, 소매유통업체, 금융 서비스 회사, 미디어 및 엔터테인먼트 기업, 전기통신 서비스 회사, 의료 기관 등등의 많은 기업과 기관에 컨설팅을 제공해 왔다.

그뿐만 아니라 그 이전에는 학자로서 이런 분야들을 연구했다. 그런데 내가 연구하고 경험한 모든 기업과 기관들에서, 조직의 유형이나 규모 또는 기업 고객을 상대하는지 아니면 소비자를 상대하는지와 무관하게, 항상 한 가지 생각이 떠올랐다. 그것은 가장 크고 좋으며 가장 밝고 성공적인 혁신과 성공의 기회들이 바로 우리 코앞에 있는데도 그런 기회들을 보지 못하거나 활용하지 못하는 경우가 많다는 것이었다.

그런 기회들은 찾아서 취하기만 하면 당신 것이 된다. 하지만 그런 기회들을 보고 이익을 얻으려면, 먼저 혁신과 마케팅 및 전략 수립의 관습들 중에서 사람들이 해봐서 효과가 없다는 것이 입증된 것들은 버려야 한다. 오늘날의 일반적인 이론 및 경영 관행들 중에

서 일부를 버리고 현재의 전략과 미래의 혁신 및 성장 전략을 수립
하고 이행하는 참신한 방법을 채택해야 한다는 말이다. 나는 이 책
이 그 방법을 보여줄 수 있으리라 생각한다.

에릭 요컴스탈러

C O N T E N T S

C O N T E N T S

제3부 | 고객 우위를 구체화하라

제 1 부

사람들의 행동이 변한다

Create Market >>

초월해야 할 과거

2005년 초봄, 소니의 고위 임원들은 당시 소니 아메리카의 CEO이던 하워드 스트링거 경(Sir Howard Stringer)이 미국 소니 본부의 엘리베이터에서 애플의 아이팟을 들고 있는 것을 보고는 깜짝 놀랐다. 뉴욕타임스는 이런 스트링거 경의 대범한 행동을 "소니의 기술 연구진이 음악을 플레이 하는 여러가지 전용 포맷에 집중함으로써 음악 내려받기 분야에서는 한 걸음 뒤처져 있는 데에 무언의 비난을 표시하는 듯했다."고 짧게 논평했다. 다른 매체들이며 학자들, 분석가들도 이에 공감했다. 소니 이사회가 당시 수석 기술담당 임원이던 쿠타라기 켄(久多良木 健: 1950~. 2006년 12월부터 소니 컴퓨터엔터테인먼트 회장직을 맡고 있다 - 옮긴이) 대신 스트링거 경을 소니 그룹 회장으로 선임하고 쿠타라기 켄의 경영상 책임이 줄어들자 그런 견해들이 입증되는 것처럼 보였다.

하지만 실은 그렇지 않았다. 내가 보기에 스트링거 경의 메시지는 그게 아니었다는 얘기다. 대부분의 분석가들과 평자들은 근시안적으로 비난거리를 찾느라고 더 큰 요점을 놓쳤다. 소니는 정교한 고객 조사 도구며 마케팅 방법과 분석 능력을 지니고 있었음에도 불구하고, 사람들이 반길 뿐만 아니라 철저히 즐기고 재미를 느낄 제품을 제공할 수 있는 엄청난 기회를 찾아내서 활용하지 못했던 것이다. 기술 연구진들이 어떤 스킬을 보유하고 무엇을 중시했는지는 별개의 문제였다.

바꿔 말해서 소니가 어떤 잘못을 했다기보다는 뭔가 치명적으로 중요한 일을 하지 않았다고 봐야 한다. 내 생각에 스트링거 경은 회사에서 아이팟을 들음으로써 당시 사람들이 일상적으로 하고 있던 일을 본보기로 보여준 것이었으며, 바로 이것이 가장 중요한 점이다. 사람들이 음악을 사서 듣거나 저장하고 지우는 방법이 변하고 있었던 것이다. 사람들의 행동이 변하고 있었으며 음악을 끼고 사는 일상에서 이용하는 제품과 서비스들도 변하고 있었다. 하지만 당시에 소니는 이런 변화로 인해 나타난 기회들을 간파해서 그에 따라 움직이지 못했던 것이다.

성장의 걸림돌이 된 위대한 유산

소니는 매우 성공한 회사의 훌륭한 본보기이지만, 과거의 성공 사례들 때문에 회사와 회사의 고객이 될 수 있었던 사람들 사이를 궁극적으로 가로막게 된 구조와 공정과 시스템 및 정책을 채택할 수밖에 없었고, 그에 따라 회사의 운영을 효율적이고 효과적으로 만들어야만 했다. 비록 일관적이지는 않더라도 여전히 시장에서 승자들은 출현하며, 그런 기업은 그나마 성장하면서 수익을 거둘 수 있다. 그러나 신제품과 서비스 또는 사업 모델을 가지고 알짜배기 시장을 공략할, 언제라도 모습을 드러낼 준비가 되어 있는 경쟁자가 점점 더 많이 기업의 눈에 띄게 되면 성장과 수익을 가로막는 장벽이 고통스럽게 분명해진다. "왜 그게 보이지 않았지? 바로 우리 눈앞에 빤히 보이는 곳에 있었는데도 보지 못하다니!"

나는 기업들이 고객과 연결되고 단절되는 것을 25년 넘게 연구해 왔고 그런 무수한 관계들 속에서 작업을 해왔다. 나는 알리안츠(Allianz) 그룹에서 자라(Zara)까지, 제너럴 일렉트릭(GE)에서 유니레버(Unilever)까지, 그리고 BMW에서 프리토레이(Frito-Lay: 미국 펩시의 자회사인 제과회사, 대표적인 제품으로는 썬칩이 있다 – 옮긴이)까지 여러 기업의 혁신 사례들을 연구해 왔다. 그런데 이 모든 연구에 걸쳐서 공통 주제 하나가 강하게 드러났다. 그것은 만약 어떤 기업이 정말 제대로 일관성 있게 혁신에 시간을 투자하려 하고, 수익이 나는 성장을 이룩하여 우위를 창출하고자 하는 바람을 지니고 있다면, 그 기업은 다음과 같은 세 가지 일을 해야 한다는 것이다.

첫째, 기업이 공략하고자 하는 사람들을, 기업과의 연관이나 상호작용과는 별도로, 있는 그대로의 개인들로서 이해해야 한다. 다시 말하면 기업은 단지 고객과 잠재 고객뿐만이 아닌, 사람들이 일상을 어떻게 보내는지 관찰할 때만큼은 기업의 기존 사업과 전략이며 제품과 브랜드들을 잠시 잊고 그것들에서 벗어나야 한다는 것이다. 기업은 사람들의 행동을 상황 속에서 이해하고, 변화하는 외부 세계에 대해 깊은 내적인 확신을, 즉 삶이라는 생태계의 변화가 사람들의 행동을 어떻게 변화시키는지에 대한 객관적인 시각을 형성해야 한다.

둘째, 기업은 스스로의 제품과 시장 및 역량의 한계를 벗어나는 방법을 알아야 한다. 기업은 여러 가지 가정이나 일반적인 관행 또는 사업 격언들을 떨쳐버리고 그것들에 도전해야 하며, 고객으로부터 배운 것들도 초월해야 한다. 그럴 때에만 기업은 애플이 고객의 다양한 음악 구매 및 청취 유형을 파악해냈던 것처럼 사람들의 모든 행동에 걸친 혁신을 함으로써 전혀 새로운 기회들을 생각해낼 수 있다. 아직까지 누구도 생각해 본 적 없는 가장 큰 기회가 있는 공간들을 정의하는 방법을 알아내야 한다는 말이다.

셋째, 기업은 스스로를 '밖에서 들여다봐야' 하며 단지 고객 니즈(needs: 공기, 물, 의식주뿐만 아니라 지식이나 휴식 같은 인간에게 기본적으로 필요한 것에 대한 욕구. - 옮긴이)와 원츠(wants: 니즈를 충족시킬 수 있는 특정한 객체들을 원하는 욕구. 예를 들면 밥을 먹고 싶은 욕구는 식욕이라는 니드를 충족시키고자 하는 원트이다. - 옮긴이)나 요구사항들을 만족시키려고 하기보다는 사람들의 행동 위주로 전략을 고안해야 한다. 기업은 고객을 끌어들이고 모든 종류의 혁신을 사람들과 고객의 행동에 또는 거래 기업의 업무 과정에 빈틈없이 들어맞게 하는 활성화 계획을 실행하여 사람들이 그 계획을 흡수하고 거기에 동화되도록 해야 한다. 기업은 기능이나 이점들만 전달하기보다는 삶을 변모시키는 경험들을 창출해야 한다. 그럴 때에만 기업들은 성공적인 혁신 방안을 찾아내서 지속적으로 시장에 제시할 수 있게 되고, 수익이 나는 새로운 성장을 달성할 수 있으며, 사업을 개혁하여 미래에 대비할 수 있게 되는 것이다.

물론 이렇게 하기는 쉽지 않지만 끔찍하게 어렵지도 않다. 대부분의 기업에 이렇게 하고자 하는 본능이 이미 존재하고 있으며, 결국 우리 스스로도 고객이자 소비자들인 사람이기 때문이다.[1] 뒤에 보기를 들어 다시 설명하겠지만, 경영자들은 사업의 본질을 이해하고 나날이 늘어가는 사업의 복잡성을 극복해야 할뿐만 아니라, 이런 본능을 보호하고 이끌어서 기업에 깊게 자리 잡도록 기업을 운영해야 한다.

기업을 위한 우리의 목표는 소위 고객 우위(customer advantage)를 추구하는 것인데, 고객 우위는 혁신 기회, 주된 추세의 흐름과 시장 불연속성, 생활 및 업무에서 사람들의 변화하는 행동과 경험, 그리고 경쟁력 있는 성공이 교차하는 지점에서 생겨난다. 나는 고객 우위를 추구하기 위해서 수요 우선 혁신 및 성장(Demand-first Innovation and Growth, DIG) 모형이라는 이론적 틀을 제안한다. '수요 우선' 모형이라고 부르는 이유는 이 모형이 기업들에게 스스로의 제품이나 서비스를 고려하기 전에 수요 기회들에 대해 순수하고 편견 없는 관점과 밖에서 안을 들여다보는 시각을 제공해주기 때문이다. 이 모형은 기업들로 하여금 다음과 같은 일을 하는 데에 도움을 줄 것이다.

- 변화하는 수요 생태계의 광범위함과 복잡성을 이해하고, 신제품과 서비스를 통해 니즈와 원츠를 단순하게 충족시키는 것을 넘어서는 혁신과 성장을 할 수 있는 최대의 기회를 찾아낸다.
- 그렇게 알아낸 지식을 적용하여, 고객이 보지 못하는 것을 보고 그것을 기반으로 확장하며 고객의 행동과 일상 전반에 영향을 미치는 혁신을 함으로써 완전히 새로운 기회의 공간들을 창출한다.
- 전통적인 관습에서 완전히 벗어난 새로운 전략 활성화 방법을 창출하고 사람들의 행동을 변화시키는 변화의 경험을 설계하는 것을 목표로 하여, 기업의 핵심 사업과 제품 또는 포트폴리오 및 행동에 관한 본질적인 전략들을 재검토한다.

- 기업의 시장 포지션과 규모 또는 조직의 복잡성과 무관하게, 기업이 왜 존재하고 누구를 위해 존재하는지 다시는 절대 잊지 않게 해주는 과정을 확립한다.

이 책에 들어 있는 아이디어들을 읽고 실행해보면 알게 되겠지만, 이 새로운 모형은 사업의 혁신과 성장에 매우 큰 의미가 있으며, 전략과 마케팅 및 혁신과 성장에 대한 독자의 생각을 바꿔놓을 것이다. DIG 모형의 일부만 실행해도 도움이 되겠지만, 이 모형을 전부 실행한다면, 가령 미국의 아이다호(Idaho)나 인도의 방갈로르(Bangalore)에서 소비자를 상대하거나 산업용 화학물질을 지역 제조 공장이나 글로벌 기업에 판매하거나 상관없이, 경쟁자들과 잠재적인 경쟁자들에 앞서 소비자 수요 생태계를 파악할 수 있게 될 것이다. 또한 기업은 현재와 미래의 혁신 및 성장에 도움이 될 기회를 파악할 수 있는 체계적이고 반복 가능한 과정을 보유하게 될 것이며, 상당한 이익을 얻을 수 있는 기회를 잡게 됨으로써 밝은 미래를 창출하게 될 것이다.

빤히 보이는 곳에 숨겨져 있는

어떤 기업이 "우리가 왜 그 생각을 못 했는지!" 하고 후회한다면 실제로는 무슨 일이 일어난 것일까? 간단히 말하면 그 기업은 공략 대상인 사람들의 소비나 이용 행태의 변화에 의해 나타나는 기회를 제대로 보는 능력을 잃은 것이다. 그 기업은 빤히 보이는 곳에 있는 풍부한 기회를 파악하거나 감지해서 활용하지 못한다는 말이다. 이런 일은 다음과 같은 몇 가지 양상으로 나타난다.

첫째, 많은 제품군 및 광범위한 계열사들에 걸쳐 있는 조직을 관리하는 데에 필요한 유형의 전략 또는 경영 관행들을 포함하는 일상적인 과정들이 고객을 보는 기업의 시각을 단편화시킬 수 있다. 서로 다른 계열사들이나 사업 단위들은 기업이 시장이라고 간주하는 서로 다른 측면들에 집중한다. 고객들은 인구통계학적이거나 심리특성적인 '세그먼트(segment)'가 된다. 기업은 사람들의 소비나 이용 행태 전체를 사람들이 살고 일하며 노는 상황 속에서 보지 않게 되는 것이다.

둘째, 이렇게 특정 세그먼트들을 추구하는 특성이 (기업으로 하여금 기업에 내재하는 지식과 가치를 유지하거나 기업이 하는 일에 전념하게 함으로써) 기업의 시야를 빠르게 제한한다. 기업이 추세선(trend line)을 계속 조사하려고 한 가지 시장 조사를 반복적으로 추구하는 쪽을 택하는 경우가 얼마나 많은지 생각해보라. 이와 유사하게 기업은 과거에 어떤 시장이 훌륭한 성장 기회를 제공해줬던 적이 있다는 이유로 그 시장에 계속 투자를 할 수도 있다. 또 기업은 과거에 위험을 완화시켜 줬던 기록이 있다는 이유로 크고 성공적인 계열사들에 자원을 배분할 수도 있는 것이다.

이런 모든 일들에도 불구하고 견실한 사업 사례를 만들 수는 있다. 하지만 교묘하게도 사람들은 물건들을 사서 이용하면서 물건들의 목적을 즐기며 사는 사람들로부터 기업을 단지 약간만 더 멀어지게 움직인다. 심지어는 립스틱 디자이너나 엔지니어가 미래의 큰 성장에 도움이 될 수 있는 제품이나 서비스를 고안해낼 경우조차도, 혁신은 기업의 기존 '강점(strength)' 이라는 관습 속으로 휩쓸려 들어가거나 '들릴 듯 말 듯한 칭찬' 을 받고 시장에서 제대로 힘을 써보기에는 충분하지 않은 약간의 지원과 자금을 받기만 하는 경우가 너무 많다.

셋째, 기업은 과거 50여년의 마케팅과 사업 전통을 지키느라 성장에 이르는 열쇠는 고객의 니즈와 원츠를 알아내서 만족시키거나 기업이 생각하기에 고객이 감당해내야 하는 과업이나 일에 대한 해결책을 제공하는데 있다고 믿기를 고집한다. 그런데 문제는 니즈와 원츠의(특히 충족되지 않고 잠재해 있거나 분명하게 드러나지 않는 니즈의) 관점에서 기회를 정의하는 것은 너무 편협하고 단순한 시각이라는 사실이다. 그렇게 하면 요점을 놓치고 미래를 예측하지 못하며 혁신과 성장 과정을 변화시키는 데에는 미치지 못하는 경향이 있다. 경영자들은 속성과 제반 특성의 개선에 집착하게 되며 사람들이 생활하거나 일하는 다차원의 복잡한 일상 경험을 포괄적으로 이해하지 못하게 된다. 복잡한 고급 산업 구매 거래이든 단순한 정서적 소

비자 구매이든 상관없이, 경영자들은 구매와 소비의 진정한 유인이
자 사람들을 굴복시키는 힘, 즉 사람들의 행동을 압도하고 애태우
며 자극하고 일깨우거나 통제하는 욕구, 충동, 희망, 유혹, 환상, 그
리고 꿈이 무엇인지 절대 완전히 이해하지 못한다.

저널리스트인 데니스 닐리(Dennis Kneale)가 2005년 11월 14일자
포브스지에 쓴 기사에서 발췌한 다음의 글을 음미해보라.

내가 새로 산 아이팟 나노(iPod Nano)는 작고 까만 드레스처럼 매끄럽
고 섹시하다. 이 녀석은 엄청나게 많은 양의 음성과 수천 곡의 노래를
잘 보이지도 않을 정도로 작은 케이스에 담아 두었다가, 얇고 하얀 긴
선 끝에 달린 밀크 더드(Milk Dud) 이어폰으로 쿵쿵거리며 들려준다. 나
는 이 녀석에게 한 눈에 반해버렸다.

하지만 이것은 변덕스러운 매력이다. 애플이 매번 새로운 모델을 출시할
때마다 주머니 속에 들어 있던 모델은 갑자기 볼품없고 낡은 것처럼 보
이면서, 도구에 빠져버린 자의 가장 두려운 감정을 불러일으킨다. '나는
너무 케케묵었어.' 하는 생각 말이다. 손에 들고 다니는 도구들의 세상에
서 우리의 모습은 우리가 무엇을 가지고 있느냐에 따라 달라진다. 우리
스스로에 대해 어떻게 느끼도록 만드는가에 따라 제품들을 고른다는 얘
기다. 최근 지하철을 타고 출근을 할 때 있었던 일이다. 목줄에 달려 있
는 150곡이 들어가는 아이팟 셔플(iPod Shuffle)로 음악을 듣고 있던 나
는 문득 고개를 들었다가 일순 부러움과 창피함을 느꼈다. 어떤 사람이

작고 반짝이는 신형 아이팟 나노를 들고 음악을 듣고 있었던 것이다. 며칠 후에 결국 나도 아이팟 나노로 바꿨고, 아이팟 서플은 선반 차지가 되었으며, 아이팟 나노를 보고 부러워하던 내 마음은 구형 아이팟을 가지고 있는 사람들에 대한 연민으로 바뀌었다.

이 고객에게 있는 기회는 MP3 플레이어의 속성이나 제반 기능을 개선시키는 것이나 일상적인 일에 도움이 되는 것 또는 이미 25년 전에 소니 워크맨이 하지 못했던 '걸어 다니며' 음악을 듣는 니드나 원트를 충족시키는 것과는 아무 관계가 없다. 단지 그런 것이 문제가 아니라는 말이다.

여기서 진정으로 중요한 것은 이 사람의 일상 행동, 즉 지하철을 타고 출근을 하거나 시내를 거쳐 가는 활동, 대도시의 사회문화적 삶의 배경, 그 자신을 표현하는 방법과 형식, 자기 자신에 관한 그의 감정, 그리고 아이팟이 그 모든 것에 의미를 덧붙이고 들어맞는 방법 등이 지난 몇 년간 바뀌었다는 사실이다. 그런데 그 스스로 이런 말을 하고 있지만 대부분의 기업들은 그것을 놓친다. 그 대신 기업들은 계속해서 충족시켜야 할 니즈와 메워야 할 구멍들을 찾으며 늘 똑같은 옛날 방식을 '더 많이 또는 더 좋게' 제공하기만 하는 것이다. 컴퓨터의 기능성이 대역폭에 의존하는 것보다는 칩에서 작동해야 하는 소프트웨어에 더 많이 의존함에도 불구하고, 컴퓨터칩 회사가 마이크로칩에 과거보다 더 많은 반도체를 넣어서 대역폭을 더 넓히고 점점 더 빠르게 만들기만 하는 것을 달리 어떤 방법으로 설명할 수 있겠는가? 만약 상상할 수 없을 만큼 엄청나게 많은 현대 마케팅과 혁신 관행들을 뒷받침하는 "더 싸고 빠르고 깨끗하고 강하고 섹시한" 제품을 내며 경쟁을 했는데도 결국 기업이 파산한다면 어쩌겠는가? 만약 내려받은 디지털 음악 파일을 쉽게 재생할 수만 있다면 제품에 메모리 스틱이 딸려 나오는지 막대사탕 막대기가 딸려 나오는지, 미남 레트 버틀러가가 〈바람과 함께 사라지다〉에서 했던 유명한 말처럼, 아주 솔직하게 고객이 "개뿔도 신경 쓰지 않는다(don' t give a damn)."고 하면 어쩌겠는가? 그 기업은 고객을 섬기거나 제품 혁신이라는 게임에서 이기는 일에 대해 고민하지만, 사람들에게 무엇이 중요한지는 전혀 감지하지 못하는 것이다.

그런 이유 때문에 이제 우리가 사람들이 해봐서 효과가 없다는 것이 입증된 '니즈 충족' 패러다임을 넘어서야 할 때가 된 것이다. 슈퍼마켓에는 4만개의 제품이 쌓여 있지만 평균적인 사람이 '니즈'를 충족하기 위해 필요로 하는 제품은 150개 밖에 되지 않는다. 다른 분야들에 대해서도 마찬가지다. 엄청나게 많은 사업 관행들의 근저에 깔려있는(고객 지향, 서비스 품질, 고객 관계 관리부터 가치 사슬 통합까지에 이르는) 니즈 충족 패러다임은 저절로 그 쓸모의 수명을 다했다는 말이다.

넷째, 고객에 관한 기업의 지식이 기업의 시각으로 가득 차버렸다는 것이다. 다시 말하면 기업의 종업원들이 자기들 앞에 놓여 있는 모든 정보를 자기네 제품과 공정 및 능력의 관점에서 바라본다는 얘기다. 고객 지향이나 고객 중점이라는 기치를 내걸고 고객의 경험에 관해 배우려고 노력하는 기업들조차도 거의 대개는 자기네 제품과 서비스에 대한 지식을 굳게 염두에 두고 정보를 살펴본다. 그런데 이런 열의 때문에 어쩔 수 없이 객관성을 잃는다. 기업 경영자들은 자기들만의 용어로 제반 문제점과 기회에 대한 정의를 하기 시작하는 것이다.

이런 환경 속에서 혁신과 성장 기회는 간과되거나 전혀 발견되지 않는 경우가 많다. 온갖 고객 설문조사, 브랜드 자산, 시장 점유율, 성공 및 타성이 전략과 과정 및 조직 구조와 합쳐져서 그런 것들이 없으면 바로 드러날 기회들을 숨기거나 왜곡시킨다. 이런 장벽이 치워진다면 기회들이 분명하고 풍부해질 것이다. 윌리엄 블레이크 (William Blake)가 〈천국과 지옥의 혼인〉에서 "인식이라는 창문이 맑아지면 모든 것이 있는 그대로 무한하게 인간에게 드러날 텐데." 라고 쓴 것처럼 말이다.

편견 없는 시각

당신 회사는 성공적으로 풍성한 한 해를 보내고 있을지도 모른다. 첨단 기술을 보유하고 있을 수도 있고, 시장지향 전략이 최상으로 먹혀들고 있을 수도 있으며, 종업원들로 하여금 자유롭고 창의적으로 혁신을 시도하도록 하는 데에 헌신을 다하고 있을 수도 있고, 사람들이 당신네 제품과 서비스를 쓰거나 경험하는 방법에 대한 상세한 조사를 수행하고 있을지도 모른다. 하지만 당신의 최상의 방법과 과정과 구조는 한편으로는 성공을 뒷받침하고 있으면서도 그와 동시에 당신을 내리막으로 굴러 떨어지게 만들 연막을 치고 있는지도 모른다.

사람들의 소비 및 이용 행태와 그들의 생활을 살펴보고, 그들이 하루 1,440분을 무엇을 하며 어떻게 보내는지, 언제 왜 어떤 일을 하는지 이해하기 위해 몰입할 때에는 편견 없는 시각을 유지하는 능력이 필요하다. 제인 구달(Jane Goodall)에 대해 생각해보자. 그녀는 침팬지들의 생활 속에 자신을 담그고 (단지 관찰하기만 한 것이 아니라) 침팬지들 옆에 살면서 기존 침팬지의 행동 및 행동 유발 요인들에 관한 선입관이나 이론들에 근거한 시각을 거부하거나 억누르면서 인간과 가장 가까운 동물의 행동을 연구한 획기적인 과학자였다. 당시 그녀의 동료들은 그녀가 '완전히 틀렸다'고 생각했다. 물론 현재는 그녀가 한 작업의 영원한 가치가 널리 알려져 있지만 말이다.

당신 스스로 이렇게 자문해보라. "나는 사람들의 생활이라는 복잡하고 변화무쌍한 생태계에서 가장 큰 기회의 영역이 무엇인지 진정으로 알고 있는가?" "니즈와 원츠가 일상생활의 행동이나 활동 및 목표와 어떻게 상호작용을 하는가?" "소비자는 어디에서 열정과 환상과 충동을 발견하는가?" "이런 열정들이 사회문화적 배경마다 어떻게 다른가?" "나는 이런 시스템이 어떻게 생겨나는지 정말 알고 있는가?" "나는 우리 회사 고객의 니즈와 원츠가 그들의 소비 또는 이용 행태 및 그들의 일상과 상호작용을 하는 방법에 대한 지식을 직접 흡수하고 있는가?" "나는 우리 회사의 최상의 기회들이 내 눈에 보인다면 조직 내에서 사라지지 않는다고 확실하게 말할 수 있는가?" "나는 단지 내가 이미 당연하다고 생각하는 시각과 내 나름대로 지지하고 있는 추세들로 정보를 해독하고 고려하기만 하는 것은 아닌가?" "나는 실제로 현 상태를 최적화하고 있는가?"

아니면 이 모든 질문은 재껴두고 다음 질문 단 하나만 해보라. "나는 혁신과 성장을 할 수 있는 최대의 기회들이 빤히 눈앞에 있는데도 못 보고 있는 것이 아니라고 확신할 수 있는가?"

기존 절차와 관행이라는 장벽

구체적으로 어떻게 하면 기업 자체의 매우 성공적인 관행과 정책들이 부지불식간에 기업을 고객으로부터 멀어지게 할 수 있을까? 《믿을만한 조언자 *The Trusted Advisor*》의 공저자들인 데이비드 마이스터(David Maister)와 찰스 그린(Charles Green) 및 로브 갤포드(Rob Galford)의 말을 빌면 "보기에 따라서는 모든 것이 다 그럴 수 있다." 이런 장벽을 우회할 수 있는 방법을 이해하기 위해서는 장벽이 존재하는 이유를 알아야 한다. 다음과 같은 일반적인 관행과 목표들을 살펴보자.

경쟁자들의 제품과 차별화하기

이 표준적인 열망은 오랫동안 부인할 수 없이 중요하고 귀중한 전략의 대들보였다. 지속 가능한 경쟁 우위의 놀라운 힘은 시간을 초월하여 거듭 입증되어 왔다. 하지만 경쟁 전략은 근본적으로 정해진 시장 내에서 다른 기업들과 일을 다르게(심지어는 다른 일을) 하는 것에 관한 것이다.[2] 경쟁 우위는 경쟁자들을 끌어들여서 그들로 하여금 가장 근소한 차이까지도 꾸준하게 깎아내도록 만들고 차이가 나는 부분들을 교묘하게 베끼게 만든다. 차별화는 기존 시장의 영역이나 분야를 확장시키거나 변모시키는 경우가 드물다. 어떤 기업들의 경우에는 차별화를 촉진하기 위해 전략과 전술을 수립하는 데에 쓰이는 시간과 자원이 새로운 미지의 영역을 탐험하는 것을 제한하는 편리한 핑계가 된다. 기업은, 기존 제품에 기능이나 서비스를 추가하는 데에는 시간이 매우 많이 들어가지만 거기서 생기는 차이는 근소하다는 핑계로, 최고 관리자들이 기존의 핵심 제품들을 초월하는 데에 쓸 자원은 없다고 느끼는 문화 속에 빠지게 되는 것이다.

시장 세그먼트를 설정하는 것은 또 다른 표준 운영 절차이며, 주어진 제약들 내에서 매우 큰 성공을 거두는 경우도 많다. 하지만 세그먼트설정을 하는 바로 그 행동이, 기존 고객 집단 또는 인구통계학적 집단에만 배타적으로 초점을 맞춤으로써, 잠재적으로 수익을 줄 수 있는 고객과 소비자를 배제할 수 있다. 세그먼트를 설정하는 것은 또한, 경영자들이 고객의 세상은 데이터를 총합한 것과 똑같은 방식으로 이뤄진다고 가정함으로써, 고객이 제품을 어떻게 받아들이고 이용하는지를 이해하는 측면에서는 기업들을 잘못된 방향으로 이끌 수 있다. 데이터가 타당한 경우라고 하더라도, 기업들은 마치 데이터가 전체를 대변하는 것처럼 행동할 수 있는데, 실은 그렇지 않은 경우가 매우 많은 것이다.

일반적으로 다른 기업을 인수함으로써 기업을 성장시키는 것을 뒷받침하는 논리는 비용이나 규모 또는 범위의 효율을 달성하는 데에 초점을 맞추고 있다. 그 기초를 이루는 전제는 시장 점유율이 커지면 기업들이 효율을 실현함으로써 이익을 보게 되기 때문에 수익성이 더 커진다는 것이다. 많은 경영자들과 학자들이 이런 믿음에 대해 심각한 의심을 제기했지만, 월 스트리트는 여전히 일반적으로 이 접근방법을 지지하고 있으며, 성공과 실패의 정도에 차이가 있기는 하지만 많은 기업들이 계속해서 인수를 통해 성장과 이익 증가를 시도하는 불행한 결과를 가져왔다. 여기서 다시, 성공적인 인수 및 합병의 경우들에서조차 경영자들은 가장 중요한 유기적 성장에는 초점을 맞추지 않으며 기회에 이르는 길들은 모두 불완전한 결합들이 지나간 자취에 묻혀 간과되는 경향이 있는데, 그것은 기업들이 보통 투자가들과 경영자들이 이미 정의해 놓은 시장들의 범위 내에서 기업 결합 작업을 하는 것에 초점을 맞추기 때문이다.

신제품 개발과 브랜드 확장

기존 브랜드를 인접 시장이나 분야로 확장시키는 것은 매우 인기 있는 성장 달성 접근방법이 되었다. 사실 최근에 새로 출시된 모든 제품의 3/4은 거의 브랜드 확장이었고 그것도 대부분 점증적 확장이었다. 하지만 이런 제품들 중 다수는 성장 기대를 충족시키지 못한다.

더 큰 문제는, 최근에 내가 크리스 쾨스트링(Chris Koestring)과 수행한 조사에 따르면, 브랜드 확장을 관리하는 데에 쓰이는 '표준 처방들'이 실제로는 최적에 미치지 못하는 브랜드 확장 기회들을 걸러내지 못하는 경우가 많다는 것이다. 바로 그 처방들이, 기존 고객들뿐만 아니라 신규 고객에게도 성공적으로 출시될 수 있는, 보다 근본적인 신제품들을 보는 경영자들의 시야를 가리는 경우가 빈번하다. 만약 뱅앤드올룹센 메디콤(Bang & Olufsen Medicom)의 인슐린 펜을 출시한 관리자들이 기존의 전통적인 브랜드 확장에 관한 지혜를 자신들의 작업에 적용했다면 인슐린 펜은 결코 결실을 맺지 못했거나 다른 제품군 내에 깊게 묻혀 있는 '부속품'의 하나로 매장되었을 것이며, 그 결과 획기적인 성공을 거두는 데에 필요한 포지셔닝을 받지 못했을 가능성이 매우 크다. 또 하나의 예를 들어보자. 만약 버진(Virgin) 그룹이 중고 레코드를 파는 것에서 예식 서비스와 항공사업 및 음반점들까지 사업을 전개하는 데에 도움을 준 관리자들이 재래식 브랜드 확장 지혜를 이런 유기적인 과정에 적용시켰다면 오늘날 이 기업의 면모가 달라졌을 가능성이 크다. 그것도 아마 훨씬 덜 알려진 기업이 될 뻔 했을 것이다.

고객이나 소비자의 소리를 경청하기

이것이 당연히 우리 시대의 사업 과제이다. 경청은 고객과 함께 가치를 창출하는 것, 고객 관계 관리, 고객 중심, 수직적 고객 통합 및 공급 사슬 관리 등등의 여러 가지 접근 방법들 중에서 핵심적인 요소이다. 하지만 현실적으로는 경청이 고객으로 하여금 "이 제품이 나오기 전에는 무엇을 썼는지 기억도 나지 않아요."라고 말하게 만들어주는 신제품이나 서비스를 드러나게 해주는 경우는 별로 없다. 헨리 포드는 "내가 고객에게 무엇을 원하는지 물었다면, 그들은 아마 더 빠른 말이 있으면 좋겠다고 했을 것이다."라고 신랄하게 말했다. 가장 효율적으로 운영되는 포커스 그룹과 고객 설문조사들조

차도 꾸며낸 환경에 지나지 않으며, 우리가 의당 기대하는 것과는
달리, 기업과 거래를 하는 사람들의 실제 생활을 해석해내는 결과를
이끌어 내지 못하는 경향이 있는 것이다.

고객 경험에 대한 이해를 증진시키기 위해 고안된 최근의 가장
인기 있고 흔한 고객조사 방법들, '경청', '참관', '민족지학(民族誌
學: 민족학 연구와 관련된 자료를 수집·기록하는 학문 – 옮긴이)' 또는 '관
찰' 조사 방법들 중 한 가지를 활용하는 기업들조차도 수집된 정보
를 기업에 가장 유리하게 활용하는 방법을 제안하는 데에는 이르지
못하는 경우가 많다. 특정한 제품들을 구매하는 사람들이 무엇을
하고 어떻게 생활하는지에 관해 얻어진 놀라운 통찰력들이 기존 제
품군과 공장 내의 혁신 및 경쟁자들의 시장 포지션들에 대해 이미
잘 알고 있는 기업의 사고방식에 빠르게 흡수되어 버리고 마는 경
우가 너무 많은 것이다.

가장 위험한 것은 고객 경험과 기업의 기존 환경 사이의 연결이
절대 깨지지 않는다는 것이다. 경영자들이 그들만의 제품과 서비스
와 능력으로 이뤄진 환경을 절대 포기하지 않는다는 말이다. 이론
과는 달리 실제로는 기업들 대부분이 고객의 경험에서 배움을 얻으
려고 최선의 노력을 다 해도 결국은 고객이 해당 기업을 경험(구매
시점 또는 서비스 관계의 지속)하는 부분에서 점증적인 향상만 이뤄지
는 결과가 나오는 것이다. 시장 내에서 독창적인 혁신이 발생하기
전에 이미 그림이 정해져 있다는 (그리고 그 한계가 태생적으로 정해져

있다는) 말이다.

이런 관행들 중 대부분이 각각을 뒷받침하는 논리가 명확하며 어느 정도까지는 일리가 있다. 하지만 이 모든 것들에는 기업의 시각으로 행해진다는 공통의 약점이 있다. 즉 기업의 정해진 대역폭 내부에 깊게 뿌리를 내린 시각으로 행해진다는 말이다. 그 결과 이것들로는 진정으로 고객과 소비자를 사람들로서 이해하는 영역까지는 절대 파고들지 못한다. 경영자들은 이렇게 더 큰 그림을 제대로 또는 전혀 이해하지 못하면서 생명력이 있고 독특한 성장 기회를 간과하거나 전혀 감지하지 못하거나 찾아내지 못하는 경우가 많은 것이다.

드릴을 팔려면 구멍을 팔아라

하버드대학교의 마케팅 교수인 테드 레비트(Ted Levitt)는 고객이 1/4인치 두께의 드릴 날을 원하지 않고 실제로는 1/4인치 지름의 구멍이 뚫린 석고보드를 선호한다는 것을 재미삼아 조사해본 적이 있다. 그는 기업들이 제품에 초점을 맞추면 안 되고 특정한 문제들을 해결할 수 있는 특정한 해결책이나 명확한 편익을 개발하는 데에 중점을 둬야 한다고 조언했다. 그의 생각에 따르면 드릴 날의 굵기를 논하지 말고 드릴 날이 석고보드에 뚫는 매끄러운 구멍에 대해 연구해야 한다는 것이다.

그런데 당시에 발전했던 그런 접근방법이 실제로 오늘날을 제한하고 있다. 요즘 고객들은 드릴을 사거나 심지어는 구멍 뚫린 석고보드를 (즉, 해결책이나 편익을) 사는 것에는 신경을 쓰지 않는다. 그들은 집안에 사진을 걸어서 장식하거나 가정적인 측면에서 개인적인 취향을 표현함으로써 삶을 풍요롭게 만들기를 원하는 것이다. 그들이 진정으로 바라는 것은 가정개선 프로젝트를 추구함으로써 일상생활을 향상시키는 데에서 오는 성취감을 경험하는 것이다. 드릴 굵기나 구멍 크기 따위의 성가신 세부사항은 사람들이 많은 시간을 들여 생각하고 싶어 하지 않는 요소들에 불과하다는 말이다.

고객 우위를 달성하는 것은 '총수요'를 하나의 영역으로서, 즉 마치 역동적으로 변화하고 상호 작용하는 고객 니즈, 원츠, 환상, 욕망 및 충동뿐만 아니라 구체적인 일상생활의 관심사, 프로젝트, 활동 및 그와 관련된 일들로 이뤄진 하나의 생태계처럼 이해하는 것을 의미한다. 그 영역의 여러 가지 요소들은 역동적이고 복잡한 전체인 수요 조망(demandscape: 전망을 뜻하는 landscape에서 land를 demand로 대체한 조어 - 옮긴이)을 형성하며, 수요 조망은 더 나아가서 다른 수요 조망들과 상호 작용을 한다.

고객 우위는 사람들이 제품과 서비스를 일상생활에 흡수시키거나 동화시키는 방법에 대한 깊은 이해를 활용하는 능력을 반영한다. 고객 우위의 목표는 고객의 생활에 들어맞고 고객이 직면하는 매일의 과제에 적절하며 고객의 경험을 변모시키는 제품과 서비스, 새로운 사업 모형, 시장지향 모형, 마케팅 프로그램 및 서비스 구성 등등의 혁신분야들을 찾아내서 개발하는 것이다. 고객 우위는 제품, 브랜드, 솔루션 또는 서비스를 고객의 반복적인 일상 내에 새로운 방법으로 집어넣거나 고객이 자신들의 활동 영역을 직관적이고 풍요로우며 바람직하다고 느끼는 방법으로 확장하는 것을 도움으로써, 고객이 일상생활이나 작업흐름 과정에서의 과업과 프로젝트 및 활동을 처리하는 방법에 맞추거나 변화시키는 것을 추구한다.

네트플릭스(NetFlix)의 예

1999년에 설립된 영화 대여 회사인 네트플릭스는 고객 우위가 어떤 모습인지 보여주는 간단하고 좋은 예이다. 공동 창업자이자 CEO인 리드 헤이스팅즈(Reed Hastings)는 영화를 반납하러 가는 사람들의 번거로움(어쩌면 차에 어린이들이 있거나, 비가 내리거나, 영화 대여점에 들를 시간이 정말 없거나 할 수 있다)과 연체료를 내야할 때 (반납기일을 잊었거나 영화를 반납해야 하는 날에 시간이 없었다거나 아직 영화를 보지도 못했다거나 해서) 그들이 느끼는 좌절감에 주목했다. 그 자신도 〈아폴로 13호〉라는 영화를 늦게 반납해서 40달러의 연체료를 물었던 적이 있었는데, 그것이 아마도 궁극적인 촉매였을 것이다. 그래서 그는 영화를 빌려서 보는 반복적인 일을 더 좋고 더 즐겁게 만드는 일을 시작했다. 네트플릭스는 기존 제품(가정에서 보는 영화)과 영화를 고를 수 있는 간단한 웹사이트와 기존 서비스(정규 우편배달 서비스)를 연결해서 새로운 서비스를 제공하도록 모양을 갖추고 개선시켰고, 사람들은 안도를 하면서 그 서비스를 그들의 삶에 쉽게 동화시켰다.

중요한 것은 네트플릭스가 단지 우편을 통해 규칙적인 간격으로 영화를 받아 보고 기일이 지나 반납해도 연체료가 없는 구매와 배달이라는 물류를 제공하는 일만 하는 것이 아니라는 점이다. 네트플릭스의 기회는 그보다 훨씬 더 크며 거의 무한에 가깝다. 진정한 고객 우위를 창출할 수 있는 잠재력이 매우 뚜렷하게 보인다는 말이다.

이렇게 생각해보라. 네트플릭스는 시네워치(Cinewatch) 시스템을 통해 시간의 흐름에 따라 6백만 명에 이르는 가입자 각각의 니즈와 원츠가 어떻게 변하는지 파악한다. 고객에게 평점 매기기에 참여하도록 권장한다. 이용자 평균 200개 이상의 영화에 평점을 매기며, 네트플릭스는 고객의 대여 이력과 영화 평점들을 분석하여 그들이 어떤 영화를 좋아할지 예측한다. 그렇게 해서 고객이 네트플릭스의 웹사이트를 방문할 때마다 고객 경험이 진정으로 고객에게 맞춰진다. 고객이 더 많은 피드백을 제공함에 따라 네트플릭스는 더 많은 영화를 추천한다. 게다가 가족 구성원 각자가 자기만의 프로필을 보유할 수 있으며, 그에 따라 영화 추천이 진정으로 개인화되는 것이다.

이것도 물론 고객에게 좋은 기능이지만, 실상은 빙산의 일각에 지나지 않는다. 고객의 선호와 혐오에 관해 수집하는 정보는 네트플릭스가 DVD 저작권의 구매 여부와 수량을 결정하고, 영화나 기록물, 또는 후원이 없다면 제작되지도 못할 독립 영화의 후원 여부까지 결정하는 데에 도움이 된다. 잠재적으로는, 콘텐츠를 확보할 때 할리우드를 거치지 않기 때문에, 네트플릭스가 사람들이 원하고 바라고 보기를 꿈꾸는 영상물들에 대한 최고 권위자로서 연예 및 영화 산업 전체의 꼭대기에 앉아서 영화 제작자와 프로듀서 및 에이전트들에게 영향력을 행사할 수 있다. 예를 들면 네트플릭스는 다른 영화들에 대한 고객 평가들을 검토 및 분석한 후에 다른 스튜디오들은 거들떠도 보지 않은 〈매음굴에 태어나다*Born into Brothels*〉라는 다큐멘터리 영화에 투자를 했다. 영화가 나오자 네트플릭스 편집자들은 그 영화를 추천했고 결국 약 50만 명에 이르는 고객이 이 영화를 빌려 봤다. 그리고 이 영화가 최고 다큐멘터리 부문 오스카상을 거머쥐게 되었던 것이다.

네트플릭스는 궁극적으로 이케아(IKEA: 네덜란드에 본사가 있으며, 2007년 현재 세계 30여개 국가에 수백 개의 매장을 운영중이다. 주요 제품은 조립식 가구, 침구, 주방용품, 욕실용품 등이며 카탈로그 통신판매를 주로 한다. - 옮긴이)가 디자인과 가구 분야에서 했던 일을 영화 분야에서 할 수 있다. 네트플릭스는 그들이 연예 산업에 빠져들게 만든 사람들을 즐겁게 만들려고 노력함으로써 영화 제작을 민주화하고 젊은 영화 제작자들을 도울 수 있으며 영화 산업 전체를 좌우할 수도 있는 잠재력을 지니게 되었다. 이것은 수요 생태계를 최대로 장악한 것이다.

물론 문제는 네트플릭스 임원들이 자기들의 기회가 무엇인지, 그 기회 공간 속에는 무엇이 있고 밖에는 무엇이 있는지 이해할지의 여부이다. 네트플릭스는 이런 기회 공간의 둘레를 규정하기 위해 해야 하는 혁신적인 일들을 창출할 것인가, 아니면 정교한 우편 주문 서비스 회사의 하나로 시들어버릴 것인가? 이 회사가 앞으로 수십억 달러의 매출을 올리는 닷컴 기업이 되면서 역시 고객 수요 생태계를 파악해서 일련의 혁신을 창출하여 시장에 영향을 줄 것인가? 그런 미래 혁신이 원래 DVD 대여 서비스가 그랬던 것처럼 고객의 일상생활에 들어맞아서 동화될 것인가? 이 회사가 그런 일을 또 할 수 있을까? 계속해서 새롭게 다시 할 수 있을까?

소니의 예

어떤 회사들의 경우에는 "그 회사 있잖아."라고 하면 "아! 그 회사"하고 사람들이 모두 안다. 또 어떤 회사들은 최고 임원 한 명 이상의 영향력에 따라 고객을 편견 없는 시각으로 관찰하는 능력이 오르락내리락 한다. 또 어떤 회사들은, 우리가 논의했던 것처럼, 독창적인 아이디어를 기반으로 회사가 충분히 성장하면 고객의 마음을 지닌 기업가적인 사람들을 고용하여 고무시킴으로써 기업을 뒷받침하는 동시에 제한하면서 미래의 혁신들이 튀어나오게 하고 성공적인 기업의 과정과 정책들이 뿌리를 내리게 한다.

소니는 마지막 두 가지 점을 모두 지닌 예이다. 공동 창업자인 모리타 아키오(盛田昭夫: 1921~1999)는 일본에서 '관찰의 대가'로 널리 알려져 있다. 워크맨의 뿌리는 관찰에서 나왔던 것이다. 모리타는 젊은이들의 일상생활이 건강과 기타 레저 활동을 중심으로 변화하고 그들의 행동과 일상적인 행태가 변모한 것을 눈여겨보았다. 모리타는 거실을 벗어나서 엄청난 기회 공간을 보았다. 젊은이들이 걷고 달리고 운전하면서 그들의 행동 경험을 변모시키고 있었던 것이다. 그는 시장 세그먼트를 보통에서 세련된 청자들을 위한 고급 스테레오 장치까지 나누는 것을 초월한 전략을 보았고, 다양한 품질 수준을 중심으로 포지션을 설정하는 관례에 도전장을 던졌다. 워크맨의 출시는 젊은 소비자를 타겟으로 한 비전형적이고 비정통적인 활성화 프로그램을 이용하여 진전되었다. 젊은이들에게 워크맨을 가지고 긴자 거리를 걸어 다니면서 샘플을 보이게 했던 것이다. 그렇게 50년이 넘도록 소니의 방향타를 잡았던 모리타와 그의 동업자인 이부카 마사루(井深大: 1908~1997)는 단지 몇 가지 두드러진 불운을 겪은 것을 빼고는 기술자들뿐만 아니라 고객에게까지 낙원을 창출했다. 그런데 그런 불운을 겪은 것(VTR 분야에서 VHS 방식에 참패했던 베타맥스Betamax 방식을 예로 들 수 있다)은 소니의 대단한 규모와 성공이 기업의 시각과 그에 동반한 기업과 고객간을 가로막는 연막을 창출했기 때문이었다.

그러므로 고객 우위의 추구를 조직의 짜임새 속에 뿌리박히게 만드는 것을 목표로 삼아야 한다. 그렇게 되면 혁신이 단지 한차례에 그치는 명제가 되지 않을 뿐만 아니라 기회를 찾아내는 또는 생각해내는 기업의 새로운 능력도 정적인 관점이 아니라 동적인 관점에서 갈라져 나오게 될 것이다.

스타벅스의 예

고객 우위의 추구가 조직의 짜임새 속에 뿌리박히면 어떤 모양으로 나타날까? 스타벅스는 최소한 이 글을 쓰는 시점에서는 그에 관한 좋은 예이다. 스타벅스의 성공 사례는 거의 너무 많다고 할 정도로 미디어와 학술 서적들에서 언급되었다. 스타벅스의 초기 사실들은 잘 알려져 있는데, 그것은 하워드 슐츠(Howard Schulz)가 이태리를 여행하다가 카페가 고객의 일상생활을 이루고 있는 것을 보게 된 것이 계기라는 것이다. 그는 미국인들의 생활 속에서 그런 사업이 들어맞을 수 있는 공간을 상상해보았는데, 그것은 가정이나 직장이 아닌, 사람들의 환영을 받고 일상적인 삶에 흡수될 수 있는 '제3의 장소'였다. 그 후 그는 미국으로 돌아와서 스타벅스 커피 회사를 현재 우리가 알고 있는 성공적인 카페 체인으로 변모시켰던 것이다.

이 '원판' 스타벅스 역사는 그 자체로 고객 우위 추구를 훌륭하게 설명해 준다. 다음에 대해 생각해 보라. 예를 들면 뉴욕시에 사는 어떤 사람도 고품질 커피를 사고 카페라테에 3.93달러를 내거나 매일 공무원, 학생, 관광객 또는 회사 직원들이 대부분인 사람들 속에서 줄을 서서 기다리면서 15분에서 20분, 심지어는 40분까지 보내야 하는 새로운 장소를 필요로 하지 않았다. 그런데도 뉴욕 사람들은 고객 당 평균 한달에 16번씩 떼를 지어 스타벅스로 몰려들었던 것이다.

하지만 여기서 중요한 것은 스타벅스가 고객 추구를 지속한 방법, 스타벅스의 활동들이 합쳐져서 제3의 장소(커피와 분위기 및 서비스라는 내용의 관점에서보다는 슐츠가 이태리에서 본 최초의 통찰력의 측면에서)를 창출한 방법, 그리고 카페가 사람들의 생활의 일부가 된 방법이다. 스타벅스가 비전통적인 소매 전략을 이용하여 새로운 매장들의 위치를 어떻게 정했는지 생각해보라.

슐츠는 전형적인 프랜차이즈 배치 방법을 이용하여 전국에 수백 개의 스타벅스 매장을 급속하게 세우는 쪽을 선택하지 않았다. 그런 전략을 쓰면 어디든지 사람들이 사는 지역에 자리가 날 때마다 매장을 열어서 성장을 확실하게 기속화할 수 있었을지도 모른다. 하지만 그런 전략으로는 진짜 제3의 장소를 절대 만들어 낼 수 없었을 것이다. 사람들이 커피를 중심으로 일상생활을 영위하는 방법을 진정으로 변화시키기 위해서는 사람들이 살고 일하며 노는 곳에 매장을 밀집해서 위치시킬 필요가 있었다. 비록 그런 지역의 경쟁이 이미 매우 치열하고 '수요'가 외견상 이미 충족되어 있을지라도 말이다. 이런 직관에 반하는 접근방법은 스타벅스로 하여금 몇 개의 매장을 서로 직접 경쟁하는 위치에 세울 수밖에 없게 만들었는데, 역설적이게도 그것은 모든 사람의 편익을 위한 것이었다.

또는 스타벅스가 브랜드를 어떻게 구축했는지 생각해보라. 식음료 서비스 회사의 가장 자연스러운 브랜드 확장 방법은 메뉴를 늘리는 것이다. 스타벅스는 그 중 일부를 매우 성공적으로 수행했다. 하지만 스타벅스의 기회 공간인 제3의 장소의 경계를 정의함에 있어서 훨씬 더 중요했던 것은 음악과 영화 제작, 후원 및 유통으로의 확장이었다. 스타벅스는 자체 음반 회사까지 설립했다. 1994년에 시작하여 이제 자리를 잡은 스타벅스의 음악 사업은 처음에는 라디오에서 전통적인 음악 산업의 후원을 거의 받지 못했던 앤티곤 라이징(Antigone Rising) 같은 새로운 그룹들에 도움을 줬다. 앤티곤 라이징의 앨범은 7만장이 넘게 팔렸는데, 무명 그룹치고는 비교적 많은 양이었다. 2004년에 스타벅스는 그해 6월에 사망한 레이 찰스(Ray Charles)가 만든 〈천재는 친구들을 좋아해 *Genius Loves Company*〉 음반을 775,000장 팔았다는데, 레이 찰스의 음반은 2005년에 그래미상을 8개나 받았다.

아니면 스타벅스가 수요 생태계 내에 생긴 변화에 적응한 방법을 생각해보라. 2002년경에 스타벅스는 카페가 보유하고 있는 20만 곡이 넘는 노래를 이용하여 고객이 자기만의 CD를 쉽게 구울 수 있는 '미디어 바(media bar)'를 갖춘 캘리포니아주 산타모니카에 있는 히어 뮤직 커피하우스(Hear Music Coffehouse)를 시험해 보았다. 스타벅스는 미국 매장의 대부분에 고객이 음악을 내려받거나 인터넷을 하거나 온라인에서 필요로 하거나 원하는 것을 무엇이든 할 수 있는 'T-모바일 와이파이 핫스팟(T-Mobile WiFi HotSpot)'을 갖췄다. 스타벅스는 이런 창의력으로 매장들을 변화시켜 고객의 더 많아진 일상생활 활동, 목표 및 중요한 일들을 충족시켰던 것이다.

다른 식음료 서비스 소매점들이 메뉴에 과일 샐러드를 추가하여 미국의 건강과 웰빙 추세 변화에 따라가느라 바삐 움직이는 동안, 스타벅스는 전략 청사진을 활성화하고 제3의 장소를 창출하며 고객 수요 생태계를 고객에게 중요한 것, 즉 휴식을 취하고 음악을 들으며 사람들과 어울리고 일하고 쇼핑하며 긴장을 풀고 대화할 수 있는 장소를 점점 더 많이 확보하고 있는 것이다.

전방핵심 동기유발자

근본적으로는 고객 우위 추구는 기업이 전방핵심 동기유발자로서의 경쟁 우위에 대한 초점을 포기할 것을 요구한다. 이론상으로는 선뜻 이렇게 하기가 꺼려질 수 있다. 하지만 실제로는 이렇게 하면 기업이 자유롭게 훨씬 더 창의적이고 의미 있는 혁신을 할 수 있게 되며 눈앞에 빤히 보이는 커다란 기회들을 볼 수 있게 된다. 그것은 또한 기업의 존재이유에 대한 강한 논리가 된다. 고객 우위 추구를 기반 철학으로 삼는 기업은 '만병통치약' 같은 변화에 대처하는 노력, '뱁새가 황새 따라가기' 같은 무리수를 수반하는 위험, 또는 제품이나 서비스에 기능을 추가하고자 애쓰는 '기능집착증'에 거의 취약해지지 않는다.

사실, 고객 우위 추구가 기업의 짜임새에 뿌리박힌 사업은 생태계 내의 변화를 감지함으로써, 지속되는 새롭고 활기찬 성장 영역이나 토대가 지속적으로 창출되는 흐름을 향해 자연스럽게 움직이게 된다. 즉, 그런 성장 영역들은 고객의 발전과 더불어 발전하며 고객의 삶에 반응하고 합치하는 가장 중요한 능력을 유지하게 된다. 기업은 다음과 같은 일들을 통해 이런 성장 영역들을 개발할 수 있다.

- 기존 또는 신규 제품이나 서비스를 고객의 소비와 이용 행태가 자연히 교차하는 곳에 위치시키기. 제3장에서 우리는 프리토레이의 사례를 살펴볼 텐데, 프리토레이는 기존 제품이 얼마나 성공적이고 쉽게 고객의 일상적인 삶 속에서 새로운 소비 행태에 스며들 수 있는지를 보여준다. 제8장에 나오는 마스터카드의 사례는 기업이 사람들의 삶 속에 브랜드의 목적을 새롭게 자리 잡게 만든 방법을 보여준다.
- 고객의 일상생활을 변화 또는 향상시키고 그들의 활동과 프로젝트 및 과업을 아우르는 변모의 경험을 새롭고 환영 받는 방

식으로 창출하기. 제5장에서 설명하는 GE헬스케어의 사례는
마취제 공급 장치가 수술실에서 의사들과 마취담당자들이 직
면하는 일련의 현실을 어떻게 변화시켰는지 보여주는 좋은 본
보기이다. 프록터앤드갬블(P&G)은 사람들의 가사 일상을 스
위퍼(Swiffer)나 맥클린 자동건조(McClean AutoDry) 제품들을
통해 향상시켜줬다. 이 두 회사는 모두 여러 가지의 친숙한 제
품들을 근거로 해서 새로운 시장들을 창출했다.

- 이전에는 통제되지 않고 명확하지 않던 욕망, 꿈, 환상 및 충
동을 사람들의 삶이라는 사회 문화적 배경에서 이끌어내기.
앞서 언급한 것처럼, 고객 우위의 추구에는 고객이 말하는 니
즈를 충족시키는 것보다 훨씬 많은 것들이 있다. 제6장에서 설
명하는 액스(Axe)의 사례, 제7장에 나오는 BMW의 사례, 그
리고 제8장의 마스터카드의 사례는 고객 우위를 추구하는 것
이 또한 과거에는 그다지 높은 수준의 정서를 자극하지 않았
던 사람들의 삶의 양상들에 맞는 열정을 불러일으킬 수도 있
음을 보여준다.

의류회사인 J. 피터먼사(J. Peterman)의 제품 카탈로그 표지 안쪽에
적혀있는 포지션설정에 관한 간단한 글 중에 "사람들은 자기들의 삶
을 자기들이 바라는 식으로 되게 만들어 주는 물건들을 원한다."는
문장이 있는데, 이 문장이 고객 우위의 정수를 잘 나타내 준다.

초월해야 할 7가지

바깥에서 들여다보는 시각을 채택하기를 내켜하지 않는 기업들은 미래에 거의 곧바로 확실한 쇠퇴와 범용품 지옥으로 떨어지는 경로를 향해 가게 될 가능성이 크다. 그 경로는 경쟁자들의 제품과 차별화를 하기 위해 시도하는 과정에서 원가가 꾸준히 증가하면서 시작된다. 높아진 원가는 필연적으로 이익의 감소를 수반하고, 줄어든 이익은 차별화에 투자할 자금이 적어지는 것을 의미하며, 차별화가 줄어드는 것은 고객이 적어지는 것을 의미하고, 고객 감소는 이익 저하를 의미하며, 이렇게 악순환이 지속되면서 범용품 지옥으로 내려가게 되는 것이다.

DIG 모형을 채택하면 이런 운명의 굴레를 벗어나는 길이 생긴다. 그렇게 되는 이유는, 고객을 그들의 일상 속에서 바라보고 그들이 사는 세상을 기업의 대역폭 밖에서 바라보면, 당신이 하는 사업에 대한 특유한 시각을 얻을 수 있기 때문이다. 그것은 빤히 보이는 곳에 있으면서 보이지 않았던 것을 보거나 연막을 제거하는 길이며, 미래의 획기적 성장을 달성하고 기업의 사업을 개혁하는 방법인 것이다. 다시 말하면 이 모형은 기업으로 하여금 내가 '초월해야 할 7가지' 라고 부르는 다음과 같은 광범위하고 유리한 관점에서 시장을 바라볼 수 있게 해준다.

1. 기존 고객 초월

많은 기업들에게 세상에는 기존 고객과 잠재 고객이라는 두 가지 유형의 사람들이 존재한다. 또한 많은 기업들에게 단지 두 개의 성장 경로만이 존재한다. 하나는 잠재 고객을 기존 고객으로 바꾸는 것이고, 다른 하나는 기존 고객이 훨씬 더 많은 상품과 서비스를 구매하도록 하는 것이다(더 높은 가격으로 팔면 더 좋다). 기업들이 이런 경로를 시도하는 가장 인기 있는 방법은 기존 고객들에 대한 많은 정보를 수집하는 것이다. 대부분의 마케팅 조사는 예를 들면 고객 '선호도'를 매우 정밀하게 측정해서 수치로 표시한다. 문제는 기존 고객이 유한한 집단이라는 점이다. 기업들은 과도한 변화나 무변화에 따라 선호도가 달라지는 매우 피상적인 수준에서 선호도를 측정 또는 정의한다.

경영자들이 기존 고객에게 집착하는 당연한 이유 중 하나는 그들이 마케팅 조사를 기꺼이 받으려드는 조사대상자들이라는 점이다. 경영자들은 자기들이 구매하는 제품과 서비스의 품질에 관심이 많기 때문에 조사에 잘 협조하는 경향이 있다. 게다가 대부분의 마케팅 조사는 처음에 조사대상자들이 브랜드나 제품에 대해 알기를 요구한다. 그렇지 않으면 고객이 전혀 알지 못하는 문제들에 대한 답변을 하게 되기 때문이다. 그러면 당신 회사의 브랜드를 아직 모르거나 구매한 적이 없는 사람들에 대해서는 어떻게 해야 하는가?

고객 우위 추구는 조사의 출발점이 다르기 때문에 섬기지 못했던

고객이나 비고객들로부터 깊고 유용한 통찰력을 얻을 기회를 제공
해준다. 그 출발점은 분명 기존의 고객들만이 아니고 그냥 고객들
도 아니며 생활이라는 배경 속에 살고 있는 사람들의 행동이다.

잠재적으로 관련이 있는 모든 사람들의 삶의 양상과 차원들을 이
해함으로써 우리는 보다 쉽게 브랜드와 제품들이 사람들의 삶을 어
떻게 향상시키고 풍요롭게 만드는지 평가할 수 있다. 그리고 그런 통
찰력이 새로운 고객을 창출할 수 있는 최고의 기회를 주는 것이다.

2. 기존 브랜드 초월

최근 몇 십 년간 브랜드 포트폴리오라는 개념이 마케팅 임원들의
교본에 나왔다. 물론 기본적인 개념은 브랜드들을, 다른 팀들과 경
합하기 위해 필드에 팀을 구성하여 내보내는 축구팀과 다름없는 하
나의 팀으로 봐야 한다는 것이다. 팀이 더 많은 경기에서 이기기 시
작하려면 팀원들 또는 브랜드들 간에 정해진 역할이 있어야 하며,
구성원들 간의 관계가 포트폴리오 가이드라인이라고 알려진 잘 정
의된 경기장 원칙으로 분명하게 확립되어 있어야 한다. 이 유추가
흥미롭기는 하지만 고객들은 신경도 쓰지 않는다. 어쨌든 고객은
포트폴리오 전체를 보지 않으며, 기껏해야 포트폴리오의 일부만 볼
뿐이다. 고객 우위 시각은 기존 브랜드와 제품 · 서비스 및 전체 포
트폴리오를 그 조합 또는 팀이 고객의 일상생활에 얼마나 잘 맞고
어느 정도까지 가치를 부가하는지의 관점에서 살펴보는 데에 도움

을 준다.

3. 범주 초월

옛날에는 제품이나 서비스들을 깔끔하게 하나의 범주로 분류해 넣을 수 있었다. 고객이 하나의 브랜드나 제품을 해당 범주 내에 있는 경쟁 대체품과 비교했던 때에는 분류가 유용했다. 브랜드들 간의 경쟁이 있었고 제품들 간의 경쟁이 있었던 것이다. 하지만 이런 때는 지났다. 오늘날 하나의 분석 단위로서의 범주는 모호하다. 분명히 사람들이 치약을 살 때는 매우 쉽게 경쟁 브랜드들을 하나의 '범주'로 인식한다. 하지만 껌, 구취제거사탕, 구강세척제 및 일상생활의 배경을 고려해보면, 경계들이 얼마나 모호해지는지 알게 될 것이다.

그리고 이것도 생각해보라. 코닥과 HP는 다른 범주 또는 산업들 내에서 사업을 영위했었지만(코닥은 사진 사업, HP는 프린터 사업) 이제는 정면으로 경쟁하고 있다. 예를 들어, 당신은 시간을 알고 싶을 때 어디를 쳐다보는가? 시계? 휴대폰? 승용차 계기판?

4. 업종 초월

업종 경계도 모호해졌다. 개리 하멜(Gary Hamel)이 말했던 것처럼 "우리는 업종 경계들이 발칸반도내의 국경들처럼 모호한 세상에 살고 있다." 팜 파일럿(Palm Pilot)이 전화일까, 전자수첩일까, 휴대용 컴퓨터일까, 아니면 이메일 장치일까? 팜 파일럿의 경쟁 업종은 무엇일까? 리서치 인 모션사(Research In Motion)의 블랙베리나 오래 전부터 써온 그냥 종이보다 노키아나 소니나 게이트웨이에 더 가까운가? 당신이 쓰는 전화기에는 얼마나 많은 기능이 있는가?

고객 우위를 살피는 밖에서 들여다보는 관점으로 보면 "당신은 누구와 경쟁하고 있는가?"가 아니라 "고객 우위의 관점에서 당신이 성취하고자 하는 것은 무엇인가? 고객의 일상생활에 당신 회사가 뿌리내리도록 하기 위해 당신이 하려는 것은 무엇인가?"하는 것이 문제이다.

5. 기능별 조직 초월

기능별 부서들을 중심으로 조직된 기업들은 그 구조에 내재한 장벽들 때문에 커다란 기회들을 지속적으로 놓친다(최근 수년 동안 여러 기능들에 걸친 커뮤니케이션의 커다란 진전이 있었음에도 불구하고 이렇다!). 리바이 스트라우스(Levi Strauss)가 10년 넘게 의류 업계의 변화하는 트렌드를 어떻게 놓쳤는지 생각해보기만 해도 된다. 영업직원들이 일상적인 일 같지만 귀중하고 통찰력을 줄 수 있는 고객 정보를 마케터들에게 전달해주지 않아서 브랜드들이 잠재력을 발휘하지 못하는 지도 모른다. 마케팅 부서가 귀중한 차별화의 기초를 제공할 수도 있는 독특한 제조나 유통 능력을 인지하지 못하고 있을지도 모른다. CEO에게 계속 정보가 전달되지만 CEO가 묵묵부

답일 수도 있는데, 최고경영자는 자기가 듣고 싶어 하는 정보만 듣는 경우가 많기 때문이다. 성장 전략들은 실제 시장 기회들을 근거로 하는 대신 예상 재무 모형에 맞춰서 수립되는 경우가 많다. 기능 조직은 고객이 아니라 기능에 봉사하는 것이다. 대부분의 최고 경영자들이 이 모든 것을 아는데도 이런 상황이 지속된다. 타성이 변화를 막는 것이다.

수요를 우선시하는 고객위주 시각을 도입하면 기능별 부서들에 공통의 관점을 부여함으로써 시각을 통일시키는 데에 도움이 된다. 이런 시각이 기업 전체에 걸쳐 공유되면 기능적 장벽들이 점점 더 통과할 수 있게 바뀐다. 모든 사람이 가치 제안을 향상시키는 작업을 하게 되며, 가치를 부가할 수 있는 새로운 기회들이 기업 전체에 걸쳐 더 자유롭게 움직이게 되는 것이다.

6. 전략 사업 단위의 경계 초월

전략 사업 단위 수준에서는 시각이 더 넓어지기는 하지만 여전히 너무 좁다. 제2장에서 프록터앤드갬블의 사례를 소개하는데, 프록터앤드갬블은 자사의 섬유, 가정용품, 구강용품, 기업 R&D 부서 출신의 사람들을 모아서 가정용 치아 미백제 같은 완전히 새로운 범주들을 창출할 수 있었다. GE가 또 다른 예이다. GE는 고객을 대신하여 전략 사업 단위들에 걸친 사업들을 활용할 때 유기적 성장 기회를 찾아내는 데에 최고이다. 그런 예 중 하나는 GE의 시장 주도자들을 수평적으로 조직한 것이다. 2년 전에 GE는 각 사업 단위에 시장 주도자들을 임명했는데, 그들에게는 수직적 책임은 부여하지 않고 GE 조직 전반에 걸쳐 기회를 찾고 개발하는 임무를 맡겼다. 고객위주 시각과 기능별 또는 제품군별 부서들을 초월해서 말이다. 제5장에서 이 사례 연구를 소개한다.

7. 습관적 영역 초월

새로운 기회와 아이디어와 혁신은 다른 영역에서 나온 아이디어들을 혼합해낼 수 있는 사람들로부터 나온다. 따라서 당신의 분야를 초월해서 습관적 영역을 확장할 필요가 있다. 만약 당신이 마케터라면 경영 관리자들의 시각에서 고객 우위가 창출되는 것을 지켜보라. 만약 당신이 사업을 하고 있다면 의학, 생물학, 또는 사회과학이 똑같은 문제를 어떻게 해결하는지 지켜보라. 인류학자, 언어학자, 엔지니어, 심리학자, 사회학자, 예술가, 제품 디자이너 또는 사업 분석가들로 하여금 밖에서 안을 들여다보는 시각으로 기회를 바라보게 하라.

그렇다면 당신 회사의 미래에는 무엇이 펼쳐져 있는가? 고객 우위 추구를 빼면 우리는 아마도 수익이 나는 유기적 성장을 실현할 수 있는 가능성은 돌에서 물을 짜내는 것만큼 어려울 것이라는 꽤 영리한 추측을 할 수 있을 것이다. 하지만 당신이 연막을 걷어 내거나 인식의 창문을 밝게 만들기 시작한다면 눈앞에 숨어 있는 기회들을 볼 수 있을 것이고, 그것도 그 기회들을 무한하게 있는 그대로 볼 수 있을 것이다. 게다가 그 결과로 나오는 새로운 기회의 길들은 고객에게 너무 잘 맞고 고객에게 변모의 경험을 주기 때문에 다른 기업들은 따라하기가 어렵거나 거의 불가능하다는 것을 알게 될 것이다.

기업을 이끄는 원칙을 경쟁 우위의 추구에서 고객 우위의 추구로 대체하더라도, 그에 따라 초점이 새로 바뀌는 것 때문에 필연적으로 기업이 구조나 관행의 측면에서 완전한 조직재편을 수행해야 한다는 것을 의미하지는 않는다. 사실 새로운 초점 때문에 기업이 성공적으로 기존 제품군을 판촉하거나 확장하던 데에 이용하던 전략들을 버려야 할 필요는 없을 것이다. 그 대신, 눈앞에 있는 기회들을 보고 새로운 기회 공간들을 찾아내며 새로운 성장을 창출하고 핵심 사업 모형을 개혁하는 데에 도움이 되는 전략과 조치들을 찾아서 실행하는 데에 필요한 탄력성을 주기 위해서, 그런 활동들을 중시하던 것을 일시적으로 멈추기만 하면 된다.

다음 장에서는 DIG 모형을 한 조각씩 꼼꼼히 살펴보고 고객 우위의 추구를 성공적으로 채택한 기업에 대한 사례 연구를 해보기로 하자.

수요의 생태계 탐사

수요 생태계를 이해하고 이해한 내용을 효과적으로 이용하는 구체적인 방법은 기업마다 다르다. 바로 이 때문에 이 책의 대부분을 다양한 기업들의 경험을 통해 조직이 고객 우위를 추구할 수 있는 수단인 DIG 모형(〈그림 2-1〉 참조)을 자세하게 탐구하는 데에 할애했다. 우선은 커다란 그림을 이해하는 것이 중요하다. 이 모형은 기업들이 고객 우위 추구를 조직 내에 깊숙하게 뿌리박히도록 하는 데에 도움이 되는 체계적이고 반복 가능한 과정을 제공한다. DIG 모형은 수요 조망과 기회 공간 및 전략 청사진이라는 서로 연결된 3개의 부분으로 구성되어 있다. 핵심 내용을 요약하자면, 이 모형은 기업들에게 다음과 같은 일을 할 것을 요구한다.

<그림 2-1> 수요 우선 혁신 및 성장 모형(DIG)

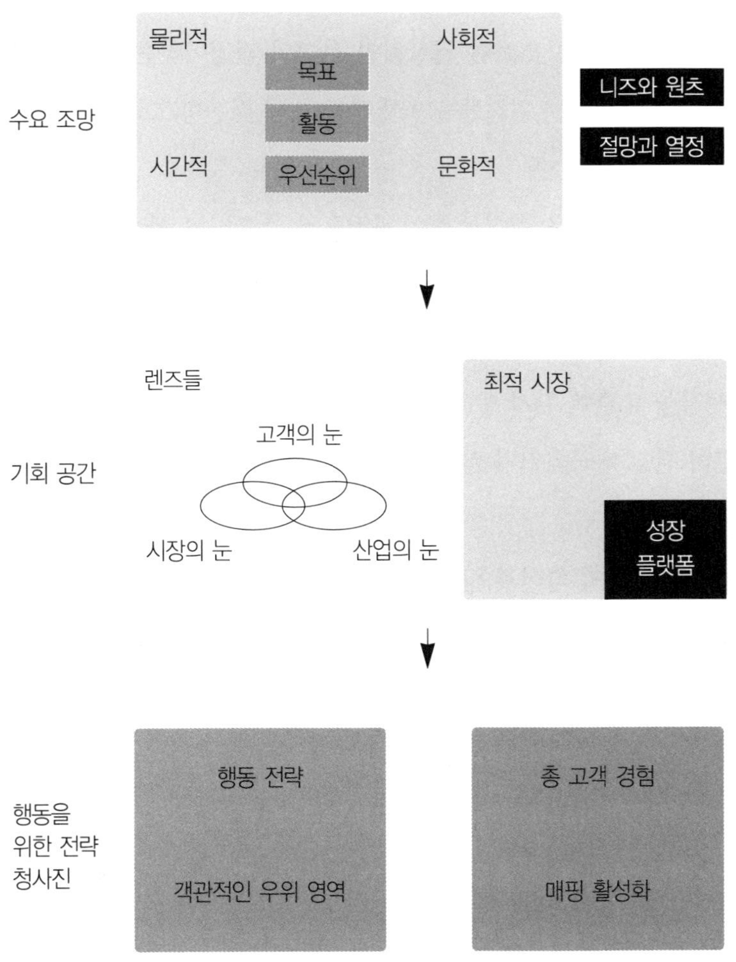

　1. 기업이 기존에 제공하고 있는 제품 또는 능력과는 별도로 사람들이 행동하고 삶을 영위하며 작업 과정을 추구하고 소비하는 방법을 더 잘 이해함으로써 수요 조망을 창출하라.

　2. 혁신적이고 구조화된 일상적인 사고의 과정이라는 렌즈를 고객이 말하지 못하는 기회들을 식별하는 데에 적용함으로써 기회 공간을 재구성하라.

　3. 기업이 새로운 기회들을 효과적으로 추구하고 사람들의 일상 경험으로 이뤄진 사회문화적 배경 속에 적합하게 만들 수 있는 전략 청사진을 만들어라. 전략 청사진은 또한 수요를 바라보는 생태계 시각을 조직에 깊게 뿌리박히도록 해서 고객의 삶과의 직접적인 연결이 결코 왜곡되거나 끊어지지 않도록 해준다.

　기업은 미래의 혁신과 성장 전략을 찾아내서 실행하기 위해 DIG 모형의 이 3가지 부분을 모두 이용해야 한다. 오늘날 대부분의 기업은 고객 조사를 매우 잘 수행하고 민족지학적 조사에서 얻는 통찰력도 풍부하며, 많은 기업이 기업들을 둘러싸고 있는 수요 조망에 대해 잘 이해하고 있다. 하지만 그런 수요 조망에 놓여 있는 진정한 기회 공간을 굳이 찾으려 들지 않는 기업이 많다. 고객이나 소비자로부터 통찰력을 꽤 많이 얻는 기업들도 일부 있기는 하지만, 이런 기회들을 계량화하거나 그렇게 얻은 통찰력을 행동과 결과로 바꾸는 방법은 모르는 기업들이 많다.

또 어떤 기업들은 충실한 고객 조사를 수행하지 않고, 그 대신 전통적인 시각으로 기회를 추구하는데, 그런 기업들은 보통 고객의 일상생활에 연결되거나 들어맞거나 일부가 되거나 하는 것과는 동떨어진 채 기술적으로만 우월한 제품을 출시한다. 그 결과 기업들은 고객 통찰력부터 기술 개발, 마케팅, 행동 및 주요 세부과정들까지 이르는 가치 창출 과정 전체에 걸쳐 존재하는 혁신과 성장을 위한 모든 기회를 찾아내서 이용하지 못하는 것이다.

가장 큰 실수는 DIG 모형이 단지 기업의 주요 사업 과정들 중의 한 부분에만 초점을 맞추는 경우에, 즉 DIG 모형이 기능적 조직 또는 전문성의 일부가 되는 경우에 일어난다. 신제품 부서 또는 R&D 부서가 신제품 개발을 책임지고 있고, 마케팅 부서가 광고와 커뮤니케이션 및 영업을 책임지고 있다고 말하는 것으로는 충분하지 않다. 그렇게 되면 DIG 모형이 조직들 내부에 이미 많이 자리 잡고 있는 단편화와 분할을 약화시키는 것이 아니라 강화시키게 된다. 자원은 하향식으로 분배되어야 하고, 성과 목표들은 명시적으로 설정될 필요가 있으며, DIG 모형은 기업 전체에 전파할 의지와 스킬을 지닌 사람들에 의해서 이끌리는, 체계적이고 반복적인, 분명하게 정의된 과정으로서 실행되어야만 한다.

이 장의 뒷부분은 DIG 모형에 이르는 한 층을 파고 들어갈 것이다. 우선은 한 기업이 고객 위주의 편견 없는 접근 방법을 전방핵심에 둠으로써 어떤 성과를 거뒀는지 간단히 살펴보도록 하자.

프록터앤드갬블(P&G)은 고객 위주의 신중한 시각이 종업원들로 하여금 눈앞에 숨어 있는 적절한 종류의 기회들을 찾아서 개발하는 것을 도움으로써 일반적으로 어떻게 혁신과 성장을 촉진할 수 있는지 보여주는 본보기가 되어 왔다.

이 사례를 읽어 내려가는 동안 DIG 모형의 세 부분과 그것들이 어떻게 함께 작용해야 하는지를 염두에 두는 것이 중요하다. P&G는 내가 이 모형에 쓰려고 만든 용어들을 쓰지 않았지만 그들이 한 행동은 분명히 DIG 모형에 해당한다. 구매 행동 또는 더 나아가서 소비 행동을 제품지향 시각으로 연구하기보다는 고객의 일상생활 속으로 더 깊게 파고드는 것이 수요 생태계에 대한 조망을 제공함으로써 고객들로부터의 '견인력'을 보는 기업의 시각을 완벽하게 새롭게 만든다. 그런 견인력을 성취하는 방법에 대해 더 넓고 창의적으로 생각하면 수요 생태계에 이끌리는 성장 기반의 개발을 통해 새로운 기회들이 드러난다. 그리고 이런 기회들을 성과로 전환시키기 위해 더 신중하게 행동하는 것이 고객과의 새로운 연결과 관계를 가져오며 궁극적으로는 고객 우위로 귀결되는 것이다.

P&G는 핵심 브레인도 빌렸다

2000년 여름에 P&G의 CEO인 앨런 래플리(Allen G. Lafley)가 신

시내티에 기반을 둔 이 거대 소비재 기업의 지휘권을 넘겨받았을 때, 이 유서 깊은 기업의 167년 역사 중 가장 최근의 내용은 결코 굳건한 성장 스토리와는 거리가 멀었다. 래플리의 선임자인 네덜란드 출생 두르크 야거(Durg Jager)가 회사를 이끄는 동안 P&G 핵심 브랜드들의 매출 성장률은 마이너스였고 원가는 치솟았으며 이익은 줄어들었고, 그에 따라 한 때는 바위처럼 굳건했던 P&G라는 블루칩 주식은 이전 17개월에 걸쳐서 43%나 떨어졌는데, 그 기간은 아마 독자들도 예상할 수 있겠지만 야거의 임기와 정확히 일치했다.

애타는 P&G 투자가들에게 특히 신경이 쓰인 것은 P&G가 핵심 브랜드들인 타이드(Tide)와 팸퍼스(Pampers) 및 크레스트(Crest)에서 공격적이고 혁신적인 경쟁자들의 맹공에 맞서서 의미 있는 성장을 달성하지 못한 것이었다. 그 전에는 팸퍼스와 크레스트가 각각 킴벌리 클라크(Kimberly-Clark)와 콜게이트 팜올리브(Colgate-Palmolive)에 대해 오랫동안 분야 주도권을 쥐고 있었는데 말이다. 킴벌리 클라크의 하기스(Huggies)는 탁월한 걸음마 연습용 팬티형 기저귀를 출시함으로써 팸퍼스를 추월했고, 콜게이트는 감탄을 자아내는 치아미백 및 구강청량 치약 신제품들을 소개함으로써 교묘하게 크레스트의 허를 찔렀다.

21세기의 길목에서, 한 때는 CEO 닐 맥엘로이(Neil McElroy) 휘하에서 대공황 시기에 브랜드 관리를 자랑스럽게 개척했던 P&G가 관측가들의 눈에는 코카콜라부터 유니레버(Unilever) 및 크래프트

(Kraft)에 이르는 전설적인 소매 대기업들 몇 개가 일련의 곤란을 겪고 있던 것과 매우 유사한 방식으로 흔들리고 있는 것처럼 보였다. 모두가 그 이전의 어느 때와는 극적으로 다른 고객 환경 속에서 경영을 하면서 혁신을 유발하고, 인수합병에서 나오는 이득을 제외한 핵심 사업들에서 나오는 수익인 유기적 성장을 촉진하기 위해 진화론적인 분투에 몰두하고 있었다. 래플리가 그 상황을 그럴싸하게 요약했던 것처럼, 지축이 흔들리는 듯했던 당시의 변천의 중심에는 제조업체와 소매업체들로부터 고객들로 한꺼번에 옮겨가는 힘이 놓여 있었던 것이다.

문제는 대응 방법을 찾아내는 것이었다. 래플리는 대부분의 CEO들이 기업의 중대한 방향 전환에 착수할 때 하는 것과 똑같은 일을 함으로써 시작했다. 그는 전사적인 재편을 통해 17억 달러에 달하는 원가를 절감했고 두발용품 업계의 핵심 기업들인 웰라(Wella)와 클레어롤(Clairol)의 인수를 지휘했으며 2005년 1월에는 P&G 역사상 단연 최대의 인수 건이었던 질레트(Gillette)와의 670억 달러짜리 합병을 주관했다.

하지만 어느 모로 보나 래플리는 운영 간략화나 뉴스 1면을 차지하는 인수 작업들이 아니라 P&G의 핵심 사업에 젊음을 되살리고 부진한 제품군의 성과를 극적으로 끌어올리는 데에 경영 노력의 큰 부분을 신중하게 집중시켰다. 래플리는 일시적으로 손익 결과에 손해가 나더라도 지속 가능한 일류 성장을 촉진하는 데에 최대의 중점을 두는 경영 철학의 기본 윤곽을 제시하면서, "유기적 성장이 가장 귀중한 성장의 유형이며, 유기적 성장이 더 귀중한 것은 그것이 핵심 역량들에서 나오기 때문이다. 그것은 근육과 같아서 쓰면 쓸수록 강해지는 것이다."라고 역설했다.

P&G의 아시아 및 북미 책임자였을 뿐만 아니라 피부미용 사업을 총괄하기도 했던 래플리는 올레이 데일리 페이셜즈 포밍 마사지 클로스(Olay Daily Facials Foaming Massage Cloths)와 올레이 토털 이펙츠(Olay Total Effects)라는 두 종류의 혁신적인 피부미용 제품을 출시함으로써 올레이(Olay) 브랜드의 중대한 확장을 성공적으로 감독해 본 적이 있었기 때문에 혁신이 낯설지 않았다. 래플리는 액체 타이드(Liquid Tide)와 표백제 함유 타이드(Tide with Bleach)를 성공적으로 출시했었으며, P&G의 유일하고 중요한 전자상거래 사업이었던 리플렉트닷컴(Reflect.com)을 당당하게 데뷔시킨 적이 있었던 것이다.

하지만 13개 브랜드로 이뤄진 포트폴리오에서 연간 매출이 10억 달러가 넘는 기업의 의미 있는 성장에 박차를 가하는 훨씬 더 어려운 과제에 도전하기로 마음을 먹었을 때, 래플리는 구태의연하고 편협한 것으로 유명한 기업 문화와 사고방식을 급진적으로 변모시키는 작업을 시작함으로써 혁신에 박차를 가하는 일에 초점을 맞췄다. 의심 없이 믿으나 여전히 수수께끼처럼 남아 있는 P&G 문화의 정통성 속에서 아마도 가장 두드러지게 널리 퍼져 있었던 것은 모든 귀중한 발명품과 제품들이 P&G의 자체 연구소 내부에서 나왔음에 틀림없다는 안도의 마음이었을 것이다. 그와 똑같은 생각으로 추론할 수 있었던 것은 P&G의 제품들이 마찬가지로 착안에서 프로토타입까지 P&G의 자체 기술직원들에 의해 애정을 가지고 만들어졌음에 틀림없다는 것이었다. 하지만 그 모든 것이 빠르게 변했다.

글로벌 라이선스 및 외부 사업 개발 담당 부회장인 제프리 위드먼(Jeffrey Weedman)은 래플리가 P&G의 신제품 개념의 절반을 회사 외부에서 창출하겠다고 야심에 찬 계획을 내놓자 "우리 회사에서 '여기에서 발명되지 않은 것'이라는 말을 처음 들어봤다."라고 논평했다. "P&G 연구소 내부에서 할 수 있는 것처럼 쓰레기통 안에서도 발명을 찾을 수 있을 것"이라는 단호한 생각을 지닌 래플리는 '공개 소스' 혁신 때문에 회사의 R&D가 아웃소싱으로 도매금으로 넘어가게 될 것이라는 엄청난 내부의 우려를 무시했다. 그는 회사의 기존 영역을 초월하는 마케팅 조사를 지지했다. 래플리는 최고 마케팅 책임자인 짐 스텐겔(Jim Stengel)과 함께 기업 전반에 걸쳐 최고의 아이디어와 성공 사례들을 새로운 수준으로 교차 활용하는 것뿐만 아니라 새로운 수준의 사업과 마케팅 책임을 촉진하는 활동들을 드러내 놓고 권장했다. 여기에는 부분적으로 성과 측정의 재편도 포함되어 있었다. 그리고 그는 일련의 획기적인 신제품들을 출시하기 시작했는데, 그 중 놀랍도록 많은 제품이 순수하게 P&G 외부에서 라이선스를 받은 지적 재산에 의존해서 만들어졌다. P&G의 신제품들 중에서 자랑스럽게 '여기에서 발명되지 않은 것'이라는 꼬리표가 붙은 제품들로는 다음과 같은 것들이 있다.

- 올레이 SK-II 리제너리스트(Olay SK-II Regenerist). 베이비 붐 세대(baby boomers: 2차 대전 이후인 1945년에서 1965년 사이에 태어난 사람들 – 옮긴이)가 보톡스의 기적에 점점 더 심취하는 것에 편승하여 고안된 노화 방지 안면 크림으로서, 프랑스의 세더마 연구소(Sederma Labs)에서 라이선스를 받은 상처 치유 효과가 있는 펩티드 분자를 함유하고 있다.

- 크레스트 스핀브러시(Crest SpinBrush). 전지로 작동하는 중저가 전동칫솔로서 2001년에 개인 발명가인 존 오셔(John Osher)로부터 취득했는데, 곧 1억6천만 달러의 매출을 올리며 북미에서 제일 잘 팔리는 칫솔이 되었다. 이 중요한 기술에서 전기 얼룩제거 솔인 타이드 스테인브러시(Tide StainBrush)라는 또 다른 신제품인 나왔다.

- 미스터 클린 매직 이레이저(Mr. Clean Magic Eraser). 바스프(BASF)와 제휴하여 개발한 제품으로서, 일본 P&G 임원의 부인이 찾아낸 잘 알려지지 않았던 벽 청소용 제품에서 파생된 것이다. 이 제품은 독일의 거대 화학 기업인 바스프가 개발한 굉장한 오염 제거 성질을 지닌 거품 제품을 기반으로 개발되었는데, 그 계기는 바스프가 우연히 P&G의 주요 납품업체 중의 하나가 된 것이었다.

- 글래드 프레스엔실(Glad Press' n Seal). 클로록스(Clorox)와 공동으로 개발한 폴리머(중합체) 재질의 식품 포장용 랩인데, 클로록스 영국 법인은 한 때 P&G의 퓨어(Pur) 정수기 브랜드와 직접 경쟁 관계에 있었다. 이 제품에 이용된 접착 필름 기술은 P&G가 크레스트 화이트스트립스(Crest Whitestrips)에 들어가는 필수 자재로 개발했던 전용 필름에서 도출된 것이었으며, 크레스트 화이트스트립스는 당시에는 새롭던 3개 P&G 계열사 간의 제휴로 개발된 또 하나의 신제품 출시 사례였다.

중요한 것은 이런 성공적인 제품들의 기원이 P&G의 영역이나 담장에서 먼 바깥이라는 점이다. 그런데 더 중요한 것은 아웃소싱된 것이 기술만이 아니었다는 사실이다. 그보다 더 중요한 것은 그런 제품들이 P&G가 안주했던 전통적인 시장의 경계들을 허무는 데에 필요로 했던 힘을 만들어냈다는 점이다. 혁신과 고객들에 관한 기업의 사고를 여는 과정 덕택에 기존 브랜드들을 전달하는 새로운 방법을 창출하는 것이 가능해졌던 것이다. 그것은 조직의 벽을 허물어서 브랜드들이 여러 분야로 확장될 수 있게 해줬고, 냄새 제거와 날마다 할 수 있는 얼굴 마사지 및 가정용 치아 미백 같은 새로운 분야들을 형성할 수 있게 해준 경우도 있었다.

크레스트 화이트스트립스의 개발은 이런 점을 분명하게 설명해준다. 비록 P&G의 내부 R&D 과정의 산물이기는 하지만, 이 완전히 새로운 치아건강 제품은 이전에는 서로 멀리 단절되어 있던 사업 단위들 간의 커뮤니케이션을 증진함으로써 혁신을 조장한 래플리의 특징적인 전략을 잘 보여준다. P&G의 최고 기술 책임자인 길버트 클로이드(Gilbert Cloyd)는 이렇게 회상한다. "크레스트 화이트스트립스의 경우에 우리에게는 치아 미백에 대해 매우 잘 아는 구강 건강 분야의 직원들과 상당히 새로운 필름 기술을 개발한 우리 회사 R&D 부서 직원들이 있었고, 거기에 섬유와 가정용품 분야에서 뛰어난 표백 전문가들을 몇 명 불러들였다." 그 결과는 단순히 하나의 신제품을 P&G의 제품 라인업에 추가하거나 크레스트 브랜드에 대한 전통적인 브랜드 확장을 한 것이 아니라 새로운 분야를 창출한 것이었으며, P&G가 최근에 크레스트 브랜드를 크레스트 나이트 이펙츠(Crest Night Effects) 바르는 미백용 젤을 추가한 인기 있는 제품군인 가정용 치아 미용 분야로 개념적으로 확장한 것과 완벽하게 조화를 이뤘다.

〈비즈니스위크〉가 경외심에 가까운 존경의 톤으로 언급한 것처럼, "P&G는 제품이나 분야의 경계들로 스스로를 정의하는 대신 스스로의 영역을 확장하여 가정 내의 모든 문제를 해결하는 기업이 되었다." P&G는 콜게이트 팜올리브가 했던 것처럼 특정 제품 속성들을 개선시키는 데에 집중하기보다는 크레스트 브랜드를 위한 기회 공간을 치아 건강에서 구강 건강으로 재조정했는데, 이는 외견상 단순해 보이지만 크레스트가 차지하던 공간 속에 크레스트 스핀

브러시 프로 전기 칫솔과 크레스트 화이트스트립스 같은 중요한 혁신을 위한 여지를 열어 놓은 심오한 의미론적 전환이었다.

이 새로운 시나리오 속에서, '과거에 치약이라고 알려져 있던 제품'이 고객에게 '건강하고 아름다운 미소'를 제공해주는 어떤 제품이나 서비스로서 고객의 일상생활 속에 있는 더 넓은 시간과 공간에 자연스럽게 들어맞도록 대두되었는데, 그것은 치약이었던 크레스트에서 확장된 새로운 기회 공간이었던 것이다.

이와 똑같은 맥락에서, 전에는 가정의 부엌을 청소하는 여성들을 타겟으로 하는 브랜드로서 확실하게 포지션이 설정되었던 미스터 클린(Mr. Clean)이 이제는 정원용 수도 호스가 달린 플라스틱 다리미처럼 생긴 가정용 차량관리 제품인 미스터 클린 오토드라이(AutoDry) 및 오토드라이 프로(AutoDry Pro) 시리즈의 형태로 주택 진입로와 차고 속으로 옮겨갔다. 이는 자동차도 사랑하고 토요일 아침도 되찾고 싶어 하는 남성들을 위한 솔루션의 형태로 기업에 대해 고전적인 고객 우위를 준 사례이다. 충실한 솔루션과 총체적인 고객 경험을 만들어 내기 위해 다른 P&G 제품들도 개발되었다. 예를 들면 스위퍼 오토더스터(Swiffer AutoDuster), 페브리즈 오토 패브릭 리프레셔(Febreze Auto Fabric Refresher), 미스터 클린 매직 이레이저 휠 엔 타이어(Mr. Clean Magic Eraser Wheel & Tire) 및 대걸레, 빗자루와 청소용 천 등은 단지 하나의 고객 '니드(어려움 없이 얼룩을 제거하거나 청소하는 것)'만을 충족시키지 않고 더 큰 수요 생태계 영역을 공략해서 토요일 오전을 우울한 일상적인 잡일에서 벗어나게 해주는 제품, 서비스, 능력 및 도구로 이뤄진 하나의 통합 시스템을 '완성'하는 데에 도움이 된다.

매출이 50억이 넘는 P&G의 단일 최대 브랜드인 팸퍼스도 기저귀에서 유아용품 및 더 넓은 범위의 육아 제품군으로 재편되면서 정상을 회복했다. 타이드는 '세제만 파는' 브랜드에서 섬유용품 분야의 전문 브랜드로 변모했다. 이런 대범한 재편과 확장 및 오래 된 브랜드들을 위한 기회 공간의 확대로 인해 이런 브랜드들이 그전에는 단지 제품 시각으로만 그었던 경계선을 넓힐 수 있었던 것이다.

편견 없는 통찰력과 전략을 동시에

P&G의 최고 마케팅 책임자인 짐 스텐겔은 수요 우선 시각으로 혁신과 성장을 중시하는 것으로 회사의 초점이 바뀐 것에 대해서 "소비자의 삶에 들어맞는 부분이 어디인지 이해하는 것으로 시작하라. 그러면 모든 것이 거기에서 시작된다."고 말했다.

이 말은 수요 생태계와 그 안에 있는 기회들을 거의 다 간파하고 있다. 이 말은 또한 수요 조망에서 파악된 수요 생태계에 대한 깊은 이해에 수반되어야 하고 그것을 따라야 하는 전략을 암시하고 있다.

P&G에서 '전부'라고 할 만한 가장 중요한 것은 무엇인가? 그것은 단지 제품들뿐만 아니라 새롭게 발전하는 분야나 사업 또는 성장의 토대를 이끄는 고객 통찰력부터 기술 개발 및 마케팅까지 이

르는 모든 영역에 걸쳐 혁신을 창출하는 것과 회사의 전진을 뒷받침할 수 있게 해주는 전략이다.

과거의 P&G에서는 전통적인 지혜가 "브랜드의 상대적인 효력에 집중하라."는 것이었다. 그런데 새로운 P&G에서는 초점이 옮겨졌다. 부모들이 아기들 바지의 상대적인 건조 정도에 정말로 신경을 쓰는가? 아니면 어린이들의 발전에 관해 신경을 쓰는가? 고객위주 시각은 팸퍼스로 하여금 P&G를 전통적인 성공 모형(여기에는 엄마들에게 직접 이메일을 보내는 것, 아기들의 주요 발달 단계를 추적하는 것, 그리고 그 과정 내내 지침을 제공하는 것이 포함된다)을 훨씬 능가해서 움직이게 하는 고도로 상황에 적합한 일련의 소비자 지향 정책으로 이끌었다.

이와 비슷하게, 미스터 클린 오토드라이는 처음에 인터넷을 통해 출시되었고, 전형적인 TV 광고 마케팅 방식을 따르는 대신, 뒤이어 구전 커뮤니케이션을 생성시키는 버즈 마케팅(buzz marketing. 입소문 마케팅) 노력으로 향상시킨 직접 반응 마케팅이 이뤄졌다. 여성위생 브랜드인 탬팩스(Tampax)는 P&G 트레머(Tremor. 떨림) 부서가 호의적인 입소문을 퍼뜨리기 위해 고용한 '커넥터(connector. 연결하는 사람)'라고 불리는 25만 명의 미혼 여성들과 50만 명의 엄마들을 이용한다.

이런 사례는 이 밖에도 많다. 개인위생에 관한 정보와 인생의 어떤 단계에서 여성들에게 중요할 수 있는 정보를 제공하기 위해 P&G는 비잉걸닷컴(Beinggirl.com)이라는 '여성들의, 여성들을 위한’ 웹사이트를 운영하고 있다. 차민(Charmin) 화장실용 휴지는 제품의 더 부드럽고 강하며 오래 가는 탁월한 일련의 기능을 선전하는 대신 시골 장터, 음악 공연장이나 스포츠 행사장 같은 곳에 있는 공공 화장실에 가는 가장 불쾌한 경험을 ‘매력적이고’ 편안하며 깨끗한 경험으로 변모시킨다.

이런 노력들은 모두 P&G가 대중 마케팅 모형과 30초짜리 TV 스폿광고에서 벗어나 고객과 연결하고 관계를 맺으며 그들의 삶에 적합해져서 그런 상태를 유지하는 쪽으로 전략을 활성화하는 방법을 보여준다. 중요한 것은 그것이 매장 내의 영업을 강화하는 쪽에 지출 배분을 조정하고 고객이 관심을 갖는 것들, 즉 고객의 활동, 프로젝트, 과업, 또는 일상적인 일 등을 위주로 활성화시키는 것을 의미한다는 점이다.

P&G는 정확히 어떻게 고객에게 의미가 있는 것을 찾아내는가? 래플리는 “우리는 비교적 포커스 그룹을 덜 이용한다. 그보다는 실제 세계의 경험을 이해하는 쪽을 선호한다. 우리는 실제 쇼핑 경험에 가까이 다가가기 위해서 매장 전체 또는 매장간의 가상시험을 택하는 편이다. 우리는 가정 내에 들어가서 직접 이용 경험을 하는 것을 좋아한다.”고 말한다. 스텐겔은 재래식 고객 조사와 포커스 그룹에서는 “통찰력을 주는 내용을 별반 얻을 게 없다”고 주장하면서, 더 관측적인 일련의 조사 수단과 기법을 채택하는 선봉에 서 왔다. 그는 회사의 마케팅 직원들에게 단지 고객의 관점을 채택하기

만 하는 것이 아니라 그들 스스로 물리적·심리적으로 사람들의 삶과 그들의 가정 속에 가능한 경우라면 언제나 들어가기를 강력하게 권장했다. 고객이 옷을 세탁하고 바닥을 청소하거나 아이들을 돌보는 방법을 가까이서 살펴보는 것이 P&G의 모든 것은 아니다. P&G는 고객 만족과 기쁨 및 좌절의 더 깊은 근원에 관해 더 파고드는 질문을 할 수 있게 해주는 유용한 인류학적 준비 단계로 쓰인 일련의 도구들도 개발해 왔던 것이다.

시장 성과와 재무 실적

P&G가 기업의 시각에서 밖에서 들여다보는 고객 우위 시각으로 쉽지 않은 전환을 기민하게 관리하기로 결심을 굳힌 것을 명확하게 보여주는 증거는 인상적인 시장 성과와 재무 실적에서 드러난다. P&G의 핵심 브랜드 9개 중 7개의 시장 점유율이 줄었던 2000년의 결과와 비교해보면, 2004년에는 가장 큰 20개의 브랜드 중 19개의 시장 점유율이 늘어났다. 전반적인 핵심 외형이 4분기에 12% 늘어났으며 유기적 매출은 2000년에 비해 3배로 늘어났다. 최근 조사에서 소매업체들은 8개 분야 중 6개 분야에서 P&G를 1등으로 꼽았는데, 그 6개 분야는 가장 명확한 전략, 소매업체들에게 가장 중요한 브랜드, 가장 혁신적인 기업, 가장 큰 도움이 되는 고객 정보, 최고 공급 사슬 관리, 최고 소비 범주 관리 및 고객 마케팅이었다.

P&G의 실적이 바닥을 쳤던 2000년 여름에는 P&G의 기업 가치

(시가 총액 더하기 순부채)는 대략 850억 달러였다. 그런데 2005년에는 기업 가치가 1,570억 달러로 치솟았다. 흥미롭게도 P&G의 여러 사업체에서 창출된 현금 흐름은 그 기간 동안 놀랍게도 큰 변화가 없어서 2000년에 50억 달러였던 것이 2005년에도 56억 달러에 그쳤다. 이 특정 요소가 변하지 않았다는 사실은 4년이라는 기간 동안 늘어난 720억 달러의 기업 가치에서 압도적인 비율인 93%가 P&G의 굳건한 성장 잠재력에서 실현될 투자가들의 미래 수익 기대치에 기인했음에 틀림없다는 점을 보여준다. 기업 가치 증가에서 상대적으로 중요하지 않은 7%는 원가 절감과 기타 운영 효율에서 얻은 수익 탓으로 돌릴 수 있다.

바꿔 말하면, P&G 주주들이 4년 동안 720억 달러를 벌었는데, 그것은 마케팅 분야뿐만 아니라 광범위한 사업 단위들에 걸쳐서 신중하고 체계적으로 '제품 우선'이나 '회사 우선' 시각 대신 '고객 우위' 시각을 채택한 회사에 투자했기 때문이었다는 말이다. 이런 여세에 질레트 인수를 더하면, P&G의 추가적인 유기적 성장과 주주 가치에 도움이 될 기회 공간은 훨씬 더 커진다.

니즈와 원츠에 대한 액션플랜

그런데 모형이 필요한 이유는 무엇인가? 왜 방법론과 도구 및 과정들이 명시적으로 조직 내에 뿌리박히고 성과 기대치와 측정치에 반영되어야 하는가? 그 대답은 이렇다. 우위와 영역을 설명하고 정의하는 전략을 수립하는 명시적인 접근방법과 고객 수요 생태계에서 적합한 부분을 파악하기 위해 필요한 노력을 명시하는 행동 계획이 없으면, 기업이 기회를 놓치고 있다는 사실을 절대 깨닫지 못하는 법이다. 반면에 생태계에 대한 이해가 혁신과 사업 일정을 촉진하고 조직의 절차들을 제대로 조절하게 되면 지속 가능하고 복제 가능하며 예측 가능한 성장 가능성이 엄청나게 더 커진다.

이 장의 앞에서 우리는 DIG 모형의 세 부분을 간단히 살펴봤었는데, 이제 그 내용을 조금 더 깊게 파고들어가 보자.

1. 수요 조망 창출

"하늘을 보고 싶다면, 스스로 죽어야 한다."
　- 인도 펀자브 지방의 속담

고객을 연령과 생활방식 및 지역적·사회적 특징에 따라 세그먼트를 나누는 것과 달리 수요 조망을 창출하는 것은 고객의 행동을 그려내고 그들이 활동과 프로젝트 및 일상 과업에 들이는 시간을 나누고 이런 일들이 일어나는 상황 배경을 연구하는 것으로 시작한다(〈그림 2-2〉 참조). 여기서 가정은 행동을 가장 잘 예측할 수 있는 요인은 행동이라는 것이다. 사전 조사를 통해 당신이 고객에게 부여한 심리적 요인이나 인구통계학적 요인 또는 경제적 속성은 잊어라. 그리고 당신 회사의 기존 제공품들을 잊도록 노력하라. 우선 "이 사람들은 매일 무슨 일을 하는가? 그들이 하고자 하는 일들은 무엇인가?"하는 질문을 하라. 어쩌면 당신은 그들이 자녀들을 야유회에 데려가거나 학교 상담 선생님을 찾아가거나 퇴근 후에 친구와 만나 한 잔 하거나 체육관에 운동을 하러 간다거나 하는 사실을 알게 될지도 모른다.

사람들의 생활이라는 배경, 즉 물리적·사회적·문화적·시간적 배경 속에 놓일 경우 이런 행동에 대한 이해는 엄청나게 풍부하고 깊어진다. 그것은 전략가들로 하여금 사람들이 제품과 서비스와 관련해서 가지고 있거나 갖게 될 수 있지만 말이나 행동으로 표현하지 않는 원초적인 니즈와 원츠 또는 열정적인 충동과 강렬한 욕망을 탐색할 수 있게 해주는 강력한 출발점을 창출해준다. 대상을 바라보던 렌즈를 즉각적인 배경 내에서 이뤄지는 실제 행동을 보는 쪽으로 옮기면 극도로 새롭고 달라진 시각을 제공해준다. 완전히 새로운 수요의 형태와 부분들이 드러난다. 예를 들면 행동으로 이뤄지는 삶의 배경과 관련된 소비 환상들을 연구하면 완전히 새롭고 알려지지 않았던 욕망과 희망과 열정의 패턴들이 드러날 수도 있다. 소비자 수요 생태계의 대화식 성질과 역동성이 전면에 나타나는 것이다.

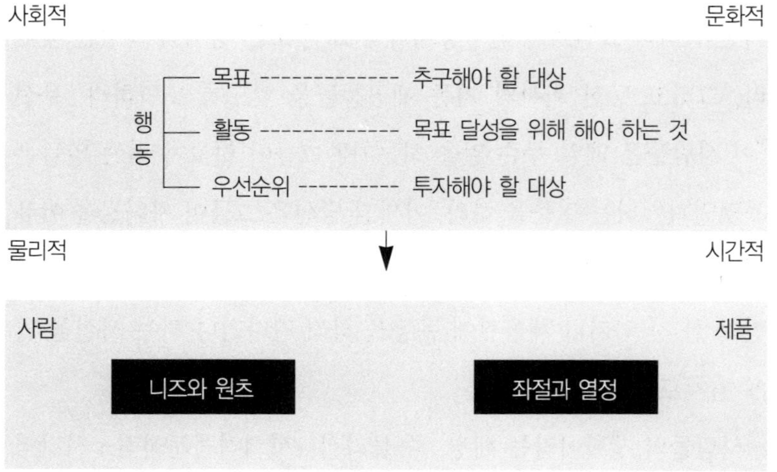

〈그림 2-2〉 수요 조망의 일반 구조

다음과 같은 쌍으로 이뤄진 일련의 수들을 생각해보라. 처음 쌍은 6(six)과 3이고, 둘째 쌍은 12(twelve)와 6이며, 셋째 쌍의 첫째 수는 14(fourteen)이다. 그러면 셋째 쌍의 둘째 수는 무엇일까?

대부분의 사람들은 7이라고 생각한다. 하지만 7이 아니다. 답은 8이다. 왜냐고? fourteen에는 알파벳이 8개 들어 있기 때문이다(마찬가지로 six에는 3개, twelve에는 6개가 들어 있다).

어떤 패턴을 파악하기는 쉽지 않다. 우선 그 패턴이 어떠할 것이라는 편견을 깨뜨려야 하고, 그 다음에 실제로 어떤 일이 일어나고 있는지를 설명하는 논리나 과정을 이해하려고 노력해야 한다.

첫째 단계는 기업이나 제품 또는 기술이나 능력에 관한 기존의 가정을 떠나서 수요 생태계의 깊은 곳에 있는 은밀한 장소들을 이해하고 수요 조망 위에 매핑(mapping. 寫像)될 수 있는 혁신과 성장을 위한 기회들을 깊게 이해하는 것이다.

수요 조망은 행동의 교차점(사회 문화적 배경 내의 목표, 니즈, 충동, 흥분, 희망 및 욕구에 의해 추구되는 활동, 프로젝트, 과업 및 해야 할 일)에 사람들이 매일 삶을 영위하는 방식에 들어맞고 뿌리를 내릴 수 있는 혁신 능력을 매핑시킨다.[4] 수요 조망의 형성 또는 매핑을 주관하는 주요 통찰력은 사람들은 알지 못하거나 경험하지 못한 것에 대해서는 말해주지 못한다는 점이다.[5] 사람들이 무엇을 하는지 경험하고 지켜보는 것이 훨씬 더 중요하다는 얘기다.

다양하고 많은 관측적, 인류학적, 민족지학적 방법 또는 내부 보고서들을 효과적으로 이용하여 포괄적인 수요 조망을 창출하는 데에 필요한 데이터를 수집할 수 있다. 노키아 직원들은 휴대폰 이용자들의 사무실에서 한 달을 보낸다. 마이크로소프트는 마이크로소프트 오피스 스위트를 쓰는 사무직원들을 그림자처럼 지켜본다. GE헬스케어는 큰 수술 중에 마취의들이 수술팀과 상호 작용하는 방식을 더 잘 이해하기 위해 수술실에서 의사들을 관찰한다.

이 모든 것은 기업 스스로가 사람들의 일상생활 경험 속에 파고들고, 사람들의 매일 매일의 움직임을 지켜본 후 기업이 유용한 통찰력을 얻을 수 있는 방식으로 사람들의 행동을 분류하고자 하는 똑같은 열망을 반영하는 것이다.

내가 이용하는 분류는 목표와 활동 및 우선순위이며, 이것들이 DIG 모형을 이루는 기본적인 건축 블록이다.

- 목표는 그 정의상 '추구하는 대상'을 말한다. 모든 활동은 특정한 하나 이상의 목표를 달성하는 것을 목적으로 수행된다. 예를 들면 옷을 헹구는 활동은 양복 셔츠에 밴 세탁실 냄새를 없애는 특정 목표와 관련되어 있을 가능성이 크다. 더 잘 알려진 니즈와 원츠 또는 가치에 비교해보면 목표는 더 구체적이며 보통 정해진 시간과 장소의 배경 내에서 표현된다.

- 활동은 사람들이 관여하는 모든 행동, 행위, 과업 또는 일을 포함한다. 활동은 목표 달성을 위해서 해야 하는 것으로 정의된다. 일부 활동은, 최소한 피상적으로는, 사소하고 불필요하며 목적에 부합되지 않고 단지 목표 지향과 거리가 먼 것으로 보일 수도 있다. 이런 활동의 예로는 점심시간에 혼자 공원에서 시간 보내기, 근무 중에 시간을 내서 휴식하기, 영화 보러 가기 또는 2주 동안 이태리에서 휴가 보내기 등을 들 수 있다. 타이드 같은 브랜드는 옷을 사고 관리하고 버리는 활동과 관련해서 고객이 하는 특정 활동에 대해 이렇게 극도로 포괄적인 지식을 얻는 것에서 상당한 편익을 도출할지도 모른다. 이런 활동에 대해 깊이 분석을 하면 고객이 옷을 입고 관리하는 데에는 최소한 입기, 빨기, 헹구기, 말리기, 다리기 및 보관하

기라는 6가지 활동이 관여된다는 것이 드러날 것이다. 고객은 더러운 빨래 더미 문제를 어떻게 해결하거나 때로는 해결하지 못하는가?

- 우선순위는 고객이 들이는 시간부터 노력 및 돈의 양에 이르기까지 일상생활에서의 다양한 활동과 목표와 관련하여 상대적으로 연관되는 정도에 대한 중요한 측정 수단이다. 이 단계에서 다시 조사는 전적으로 사람들이 하는 말이 아니라 사람들이 하는 일에 관해 이뤄진다. 경제 용어로 말하면, 우선순위는 사람들과 고객의 '드러난 선호도'로서의 자격을 갖는다. 조사 결과는 대부분의 미국인이 잘 먹고 자주 운동을 하는 것이 중요하다고 믿는 것처럼 보일 수도 있지만, 가용한 행동 데이터를 객관적으로 조사해보면 실제로는 미국인들이 건강이나 영양보다는 먹는 즐거움에 더 높은 우선순위를 할당한다는 것이 드러난다. 거의 어디에서나 도넛과 아이스크림을 살 수 있으며, 미국인들의 허리선이 늘어나고 있는 것을 보면 이런 사실을 짐작할 수 있다.

일상의 과업과 프로젝트들에 딸린 목표와 활동 및 우선순위는 새로운 유형의 세그먼트가 되는데, 우리는 이런 것들을 수요군 (demand clusters)이라고 부른다. 이런 수요군을 보는 시각을 갖추게 되면 기업은 배경 내의 층에 도달하는 다음 단계를 밟을 수 있다.[6] 이런 행동들(수요군)이 스스로를 드러내는 배경은 무엇인가? 수요군은 어떤 설정에서 발생하는가? 배경이나 문화가 어떻게 의미를 도출하는가?

거의 모든 고객 행동은 근본적으로 배경이나 문화에 종속된다. 가령 내가 벡스(Beck's) 맥주를 좋아한다고 해보자. 이 말은 특정 배경 내로 틀을 한정하면 맞는다. 하지만 현실적인 측면에서 볼 때는 내가 야구장 안에서(물리적 배경) 내 아들과 함께 여름 주말 오후에(시간적 배경) 몇몇 가족 친구들과(사회적 배경) 경기를 보고 있을 때는 벡스 맥주를 주문할 가능성이 더 크고, 집에서 마실 맥주를 살 때에는 하이네켄(Heineken)이나 코로나(Corona)를 더 좋아할 수도 있는 것이다. 전략가는 브랜드와 제품 및 서비스가 이런 배경들과 교차될 때의 특정한 역할을 보다 명확하게 파악하기 위해서 다양한 차원의 배경과 문화를 이해할 필요가 있다.

기업은 배경이 확실히 자리를 잡고 나서야 고객의 니즈와 원츠에 대한 조사를 시작할 수 있다. 그런데 고객의 니즈와 원츠는 기업에 친근한 영역처럼 보일지도 모르지만, 대부분의 기업들에게는 그런 영역들이 어떤 특이성을 띠며 확립되어 있을 때에 새로운 조사를 시작하는 토대가 되는 것이 현실이다.

고객이 하는 모든 활동에는 많은 니즈가 관련되어 있다. 예를 들면 오스카 메이어(Oscar Mayer)는 부모들이 두 가지 일과 만만치 않은 경력을 추구하느라 자녀들의 등교 전에 건강에 좋은 점심을 준비해줄 시간이 부족해진 변화하는 사회적 배경에서 아이들이 재미있어 하는 바로 먹을 수 있는 식사 솔루션에 대한 강력한 니드가 생겨났지만 충족되지 못하고 있다는 것을 오래 전에 알았다. 이런 통찰력이 런처블즈(Lunchable: 크래커, 고기, 치즈 등이 들어 있는 점심 도시락 브랜드 - 옮긴이)의 출시로 귀결되었던 것이다.

하워드 슐츠와 스타벅스에게 다행스럽게도, 미국인들 중에서 만약 적절한 설정(물리적 사회적 배경인 제3의 장소)에서 커피를 대접받는다면 고급 커피 한 잔을 마시기 위해 4달러까지 쓰고 싶다는 사실을 표현할 수 있었던 사람은 극소수였지만, 많은 미국인들에게 스타벅스의 발단이 된 '원트'는 행동적이고 배경에 종속되어 있었으면서도 빤히 보이는 곳에 감춰져 있으면서 내내 상존했던 것이다.

더 깊게 파고들어가 보면, 기업은 이제 고객의 '열정과 고통'에 대한 탐구를 개시할 수 있다. 더 자세히 보려면 더 깊이 파고들어야 한다. 고객 수요 생태계의 전체 윤곽을 탐구할 필요가 있다는 말이다.

기본적인 니즈와 원츠 너머에는 욕망과 쾌락과 갈망을 충족시키기 위한 더 열정적인 추구가 놓여있다. 배경 내의 고객 행동에 대해 깊이 이해하는 것은 우리들의 삶 속에 있는 이런 강력한 힘들을 탐구하는 데에 도움이 된다. 쟌 론지노티 뷔토니(Gian Longinotti-Buitoni: 페라리 북미 지사 CEO - 옮긴이)가 《꿈 팔기: 모든 물건에 저항할 수 없는 매력을 부여하는 방법 *Selling Dreams:How to Make Any Product Irresistible*》에서 말한 것처럼 "꿈은 문화에 의해 형성된다." 결국, 고객의 꿈과 충동 및 환상을 파고들지 못하면 우리는 그들에게 효과적으로 호소력을 발휘할 수 없다.

사람들은 보통 제품이나 서비스를 찾지 않고 그보다는 필요한 일을 마치게 해 주는 니즈와 원츠를 찾으며 자신들의 마음에 드는 방식으로 시간을 보낸다. 제품이나 서비스는 단지 필요한 일을 해주거나 그들만의 방식으로 시간을 보내게 해주는, 즉 삶을 즐기고 경험하게 해주는 수단에 불과하다. 사람들은 경험 속에서 기쁨을 찾는 것이다. 따라서 니즈와 원츠를 초월해서 사람들이 추구하는 것을 탐색하는 것이 극히 중요하다. 우아함, 고상함, 의의, 독창성 및 재미에 관해서는 어떤가? 우리들의 일상 경험 내에서 연속적으로 일어나는 이런 감정을 유발하는 현실은 무엇인가? 스타일과 디자인 및 미학 속에 들어 있는 본질을 찾을 수 있는 곳은 바로 사람들의 일상인 것이다.

사람들의 고통 역시 최초의 통찰력을 얻을 수 있는 굉장한 기회가 된다. 사람들이 달성할 필요가 있는 것들, 또는 사람들이 마칠 필요가 있는 일들인 특정한 활동이나 목표를 알아내면 사람들이 삶 속에서 느끼는 고통과 좌절 및 번민도 드러난다. 2005년에 뉴욕 타임스지는 성난 고객이 (문제들을 해결하는 더 편리한 솔루션에 반대되는) 외견상의 장애물과 난제들이 산재한 고객 조망 때문에 늘어나는 좌절감을 표현하는 매우 다양한 방법을 보도했다. 이 보도에 따르면 일부 영리한 고객들은 수신자가 착불로 우편요금을 내야 하는 광고

물 봉투에 말도 안 되게 무거운 것들을 담아 보낸다. 어떤 고객은 끈질긴 텔레마케터들을 좌절시키는 영리한 전략을 고안해낸다. 어떤 고객은 잡지사들에서 날아드는 수십 장의 구독 카드를 찢어서 봉투에 담아 구독 접수 대행사에 돌려보낸다. 또 어떤 고객들은 음성 메일과 콜센터에서 오는 녹음 멘트를 거치지 않고 실제로 살아 있고 숨 쉬는 고객 서비스 담당자들과 통화를 할 수 있는 방법을 끊임없이 찾아내는 전략을 구사한다.

이런 모든 요소들을 이해하면, 기업은 수요 생태계에 대한 이해를 진정으로 시작할 수 있으며, 수요 조망을 그려내기 시작할 수 있게 된다.

2. 기회 공간 재구성

"통찰력은 IQ 50점의 가치가 있다"
– 앨런 케이

DIG 모형의 둘째 부분은 기업이 수요 조망을 자세히 조사하여 탐색자가 탐색하고자 하는 영역의 지도를 살펴보는 데에 쓸 수 있도록 할 것을 요구한다. 의도적으로 다른 각도에서 보도록 만드는 전통적인 브레인스토밍에 반대되는 개념상의 렌즈와 구조화된 혁신적 사고의 도구들은 고객이 스스로 보지 못하고 전통적인 시장 조사가 밝혀내지 못하는 시각을 창출하는 데에 도움이 된다.

DIG 모형의 이 조각을 제자리에 놓으려면 전략가들은 책상과 사무실 공간에서 벗어나서 밖에서 들여다보는 3가지의 특유한 시각으로 나눠놓은 12개의 렌즈로부터 지도를 살펴볼 필요가 있는데, 그 3가지 시각이란 고객 시각과 시장 시각 및 산업 시각이다. 중요한 것은 전략가들이 그런 작업을 할 때 기존 제품이나 서비스, 또는 심지어는 개발 중인 제품이나 서비스를 중심으로 발명하고 아이디어를 창출하는 것(이런 경우가 매우 많다)보다는 사람들의 일상적인 문제나 인생 전반에 걸친 문제를 해결하는 데에 초점을 맞추거나 일상적인 삶의 경험을 위주로 한 특정한 일이나 순간에 대한 이해를 심화하는 것에 중점을 둬야 한다는 점이다.

이런 창의적이면서 구조화되고 체계적인 탐구와 자세한 조사를 통해서, 기업은 가장 큰 기회 또는 총 기회 공간의 영역을 재구성하거나 확장 또는 재조절할 수 있게 된다. 이런 단계를 달성하면 기업은 더 나아가 고객이 제공한 통찰력과 고객이 설명한 기회들을 넘어서 볼 수 있게 된다. 그것은 인식의 창문을 맑게 만들고 연막을 제거하는 데에도 도움이 된다. 그것은 또한 혁신과 성장을 할 수 있는 새로운 가능성을 밝혀주며 기업으로 하여금 진한 파란색 틀 속에 있는 파란색 그림이 더 밝게 보이거나 진한 붉은색 틀 속에서 붉은색 그림이 더 밝게 보이는 것과 같은 방식으로 배경 내의 기회들을 볼 수 있게 해준다.

이렇게 초원을 탐색하고 나면, 이제 마침내 기존 능력과 고객에게 제공되는 제품과 서비스 및 브랜드들을 비평적인 시각으로 조사해봐야 할 때가 된다. 광의로 보면 이 단계에서 물어야 할 질문은 "최적 시장은 무엇인가?"이다. 이것은 바꿔 말하면 "고객의 시각에서 보는 수요 조망 내에서 브랜드가 활약할 수 있는 허락을 받은 곳은 어느 부분인가?"하는 질문이 된다.

P&G가 고객의 시각에서 볼 때 구강건강 전문기업이 될 수 있는가? 아니면 고객이 크레스트를 단순히 매우 좋은 치약이라고 간주하는가? 사람들은 버진 그룹 회장 리처드 브랜슨(Richard Branson)이 자기들을 우주 관광객으로서 달에 보내줄 수 있다고 믿을 것인가? 여기서 목표는 최적 시장들을 찾고, 그 다음 그런 최적 시장들을 성장을 위한 토대로 만드는 것이다.

기회 공간을 재구성하는 것은 제품이나 브랜드가 고객의 삶이라는 배경 속에 들어맞을 수 있는 기회의 최대 영역까지 생각의 폭을 넓혀서, 잔이 반밖에 안 찼다고 부정적으로 생각하기보다는 잔이 반이나 차 있다고 긍정적으로 생각하면서, 단지 눈으로 살펴봐서는 보이지 않는 것을 보고 고객이 보지 못하는 것까지 볼 수 있도록 하기 위한 것이다.

이 과정은 상충을 피하고 판단을 배제하는 설정 내에서 이뤄지던 전통적인 자유연상 기법(브레인스토밍이라고 더 잘 알려져 있다)과 완전히 상반되는 구조화된 사고와 문제 해결 방식을 통해 이뤄진다.

DIG 모형의 세상에서는 다양한 부서 출신의 폭넓고 다양한 임원들로 팀을 구성하여, 고객이 자신들이 아는 것을 우리에게 말해 줄 수는 있지만 단지 기업만이 수요 조망으로부터 고객이 말하지 않거나 애매하거나 흐리게 표현하는 경우가 많은 니즈와 욕망과 요구사항을, 즉 수요 생태계를 수익을 내면서 공략할 수 있는 제공품이 무엇인지 추론해낼 수 있다는 개념을 전제로 하여 과정을 진행한다.

DIG 모형의 셋째이자 마지막 과정에서는 브레인스토밍 기법을 이용하여 특정한 제품이나 서비스 개념에 대한 아이디어를 창출할 수 있다. 수요 조망은 분명히 기업이 고객 행동, 활동, 목표, 니즈 및 원츠에 대해 수집할 수 있는 정보에 의해 제한되기는 하지만, 체계적이고 혁신적인 구조화된 사고는 그런 수요 조망의 경계를 확장해주고 수요 조망에 대한 우리의 이해를 심화시켜준다. 이것은 천문학자가 더 넓은 영역을 명확하게 보기 위해 광각 렌즈를 끼우는 것이나 마찬가지다.

목표는 적합한 생태계로부터 고객이 말하지 못하는 시초의, 경험해 보지 않은 니즈를 파악해내는 전체 잠재 기회 공간, 즉 사람들의 좌절과 고통을 다루거나 사람들이 소비 및 사용 경험을 하는 동안 그들의 환상을 자극하는 혁신을 찾아내는 방법을 정의하는 것이다.

아이팟이 전체 기회 공간을 보는 방법을 생각해보라. 그 중 하나의 시각은 브랜드이자 상상력, 창의력, 재미 및 다르게 생각하는 태도를 지닌 기업으로서의 애플에서 바라보는 것이고, 또 다른 시각은 제품으로서의 애플에서 바라보는 것이다. 여기서 아이팟은 더 높은 이용도를 지니며 속도, 디자인, 가격 및 기능을 독특하게 조합하여 소비자 니즈를 충족시키는 애플 컴퓨터의 장식품 중 하나가 된다.

기회 공간을 바라보는 또 한 가지 방법은 애플 브랜드가 소비자가 날마다 하는 활동 및 여러 가지 일, 소비자에게 문제가 되는 행동과 과업, 음악 듣기나 영화나 비디오 보기 또는 친구나 가족들의 사진 찍어주기처럼 소비자가 평화와 마법과 재미를 찾는 부분과 어떻게 통하는지 살펴보는 것이다. 기회들을 단지 브랜드나 제품 관점에서가 아니라 복잡한 소비자 수요 생태계의 관점에서 바라볼 때, 애플이라는 전체 기회 공간이 아이팟뿐만 아니라 아이튠즈(iTunes)에 의해서도 확장되어 중대한 음악 사업뿐만 아니라 사람들의 전반적인 디지털 생활 속에 적합한, 놀랍도록 많으면서도 늘어나고 있는 다른 기회들까지 포함하게 되는 것이다. 최근 애플이 동영상 기능이 포함된 신형 아이팟에서 동영상을 제공하는 가능성을 탐색하기 시작했을 때, 그것은 당연해 보였다. 비록 애플이 더 나아가 자사의 기회 공간을 컴퓨터부터 음악, 동영상, 영화 및 아마도 사람들의 일상생활에서 모든 종류의 일을 디지털적으로 처리하는 데까지 이르도록 확장하겠다고 약속했음에도 불구하고 말이다.

아이앰즈(Iams) 브랜드는 또 어떤가? 약 5년 전에 최고급 개 및 고양이용 식품 제조업체를 인수한 후, P&G는 곧바로 유통 경로를 전문 애완동물 가게뿐만 아니라 다른 경로로 넓혔고, 그 결과 전 세계 매출은 2배가 되었고 이익은 3배가 되었다. 영국에서는 그 조치 하나만으로도 애완동물 식품 분야 전체가 뒤흔들렸다. 하지만 유통 경로의 확대 뒤에는 P&G가 전체 기회 공간에 대해 생각하는 새로운 접근방법이 놓여 있다. 아이앰즈 브랜드가 붙은 개와 고양이용 MRI의 가능성은 어떤가? 아이앰즈 브랜드가 붙은 보험은? 얼마 안 있어서 아이앰즈 브랜드가 붙은 애완동물 미용실, 침구, 의류 및 여행용 장신구 등이 생길 수 있을 것이다.

GE는 스스로를 헤아릴 수 없을 만큼 다양한 솔루션을 공급하는 기업으로 포지션설정을 함으로써 고객이 보는 것만을 뛰어넘어서 전체 기회 공간을 재정의하고 크게 확장했다. 세계적인 기후 변화 및 임박한 화석 연료의 쇠퇴 같은 끔찍한 세계적인 혼돈과 도전에 대한 상상력 있는 해결책을 만들어 내기 위해 통합 마케팅 노력인 '에코매지네이션(ecomagination: 생태상상력이라는 뜻의 조어임 – 옮긴이)' 활동을 고안했다. 이 활동은 에너지부터 엔진까지 여러 개의 사업에서 이뤄지고 있다. 고객위주 시각을 갖게 되면 모든 기업과 브랜드가 경쟁을 주도할 잠재력을 지니게 되는 것이다.

기회 공간을 재구성하는 것에 관한 핵심 요점은 단순히 혁신과 성장을 위한 잠재적 기회들에 관해 더 넓은 시각을 갖는 것이 아니라 소비자 또는 고객 활동의 관점에서 볼 때 적합한 의미 있는 그룹들로 수요를 구성하는 것이다. 나는 이런 그룹들을 '수요 우선 성장 기반(demand-first growth platform)'이라고 부른다. 수요 우선 성장 기반은 기업이 시간의 흐름에 따라 적합한 고객 수요 생태계를 파악하는 방법을 안내하며, 제품부터 전략, 디자인, 유통 경로 및 시장들에 걸친 마케팅 및 활성화에 이르는 혁신과 성장 일정에 초점을 맞춘다.

3. 행동을 위한 전략 청사진 작성

"만약 네가 어디로 갈지 모른다면, 어느 곳이든 상관없는 거야."
– 이상한 나라의 엘리스

DIG 모형의 셋째이자 마지막 부분은 행동을 위한 전략 청사진이다. 전략 청사진은 기업의 눈에 보이는 새로운 기회들을 추구하는 데 필요한 전략과 행동 및 활동을 설정하고 정의한다. 중요한 점은, 수요 우선 관점으로부터 전략 청사진이 작성될 때 단지 기업이 경쟁 우위를 달성하기 위해 추구할 필요가 있는 활동들을 규정하기만 하는 것이 아니라는 것이다. 전략 청사진은 또한 소비자의 일상생활이라는 사회문화적 배경 속에서 수요 우선 성장 기반을 의미 있는 방식으로 활성화시키고, 그에 따라서 고객 우위를 창출하기 위해 필요한 활동을 정의한다.

수요 우선 시각은 기업의 근본적인 전략, 조직구성 원칙, 시스템 및 과정 중 많은 것에 도전하는 경우가 많으며, 이행 및 실행에 대한 급진적인 새로운 접근방법과 메커니즘으로 귀결되는 경우도 많다. 수요 우선 시각은 그 핵심 속에서 다음과 같은 전략의 근본적인 질문들에 대한 재고를 요구한다. 당신은 어떤 사업을 하고 있는가? 당신은 무엇을 추구하고 있는가? 당신은 어떻게 가치를 획득하는가? 행동을 위한 전략 청사진은 전략과 이행 및 활성화를 위해 이런 중요한 의미와 결과를 요약하고 파악한다.

수요 조망을 그려내고, 수요 조망을 탐색하는 데에 구조화된 사고를 적용하고, 기회 공간을 재구성하라. 무엇이 보이는가? 수요 우선 시각에서 보면 홈데포(The Home Depot)가 철물과 집수리용 제품이나 설치 서비스를 판매하는 사업을 하고 있는 것으로 보이지 않으며, 소니도 사실 가전제품 제조업체로 보이지 않게 된다. 또한 헨켈(Henkel: 생활용품 및 접착제, 실런트 따위를 생산하는 독일의 다국적 기업 – 옮긴이)과 유니레버도 단지 성공적인 세제와 기타 화학제품 또는 소비재 제조회사로 보이지 않게 된다.

만약 헨켈이나 유리레버가 세제 사업과 퍼실(Percil: 유니레버의 가루 세제 – 옮긴이) 브랜드를 이런 식으로 생각해보지 않는다면 그들은 수요 조망 내에 매핑되어 있는 가정 내에서의 소비와 사용 및 일상 행동으로 구성된 변화하는 조망뿐만 아니라 주로 새로운 세탁기들이 더 이상 세제로 세탁을 하지 않고 (소위 비세제기반 세탁 솔루션) 세탁용 화학물질 소요량 자동조정 장치를 갖추고 있는 아시아에서 이뤄지고 있는 기술적 변화 내에서도 그들이 보유하고 있는 기존의 엄청난 기회를 놓치게 될 것이라는 점을 고려해 보라. 이런 기라성 같은 기업들도 20세기 초에 유럽인들을 미국에 운송하던 때에는 지배적인 선적 회사였으나 오늘날에는 단지 운송 산업의 일부만을 차지하고 있는 큐나드(Cunard)처럼 끝날 수 있는 것이다.

당신은 어떻게 이기는가? 하루가 다르게 항상 변하는 수요 생태계와 새로운 기술들에 맞서서 차별화로 우위를 달성할 수 있는가? 수요 우선 시각에서 보면, 중요한 것은 어떻게 고객의 삶이라는 연속적인 현실 속에 섞여 들어가거나 들어맞느냐의 문제와, 어떻게 고객이 혁신적인 제품이나 서비스를 흡수하고 동화시켜서 소비의 일부로 만드느냐의 문제이다. 차별화를 하는 대신, 전략 청사진은 기업으로 하여금 경쟁자들로부터 어떻게 두드러질 것이냐의 관점에서 뿐만 아니라 사람들의 삶에 어떻게 들어맞고 어떻게 고객 우위를 실현하느냐에 대해 생각하게 만든다.

차별화는 포지션설정을 통해 달성된다. 전통적인 전략 시각에서 포지션설정을 하는 것은 하나의 요점, 즉 한 가지 속성이나 차원 또는 가치 곡선이라고도 불리는 어떤 분야 내에서의 경쟁자들에 상대적인 일련의 속성들에 관한 것이다. 나는 이런 전통적이고 단순한 관점을 다른 영역, 즉 고객 수요 생태계의 적합한 영역을 위주로 포지션설정을 하는 것으로 대체할 필요가 있다고 주장한다. 품질 차원이나 일련의 차원들을 근거로 하여 (예를 들면, 렉서스는 J. D.

Power 최고 품질 등급을 받았다든지, 에이비스는 더 열심히 노력하기 때문에 더 좋다든지 하는 식으로) 포지션설정을 하는 대신, 전략 청사진에서의 포지션설정은 고객 수요 생태계의 적합한 영역을 공략하기 위한 다차원적인 활동이 된다.

완전히 새로운 브랜드형성 모형이 출현하고 있다. 사람들이 오늘날 알고 있는 전통적인 브랜드형성 모형은 완전히 뒤엎어졌다. 제품으로 시작하여 기능적, 정서적 및 자기 표현적 편익으로 시작하는 대신, 고객의 일상생활에 들어맞는 방법에 대한 아이디어가 출발점이 되며 제품과 서비스는 그 다음이다. 더 넓은 기회 공간을 파악하고 종합을 시도하는 수단으로서의 브랜드 포지션설정과 브랜드 포트폴리오 관리 분야에 대해서는 제7장과 제8장에서 더 심도 있게 다룬다. 마찬가지로 브랜드 포트폴리오 전략에 대한 기존 개념도 새로운 방식으로 생각할 필요가 있다. 전략 청사진은 포트폴리오 전략을 단지 기존 및 미래 제품이나 서비스로 이뤄진 포트폴리오를 설득력 있는 전략으로 조직하고 구성하는 관점에서 보기보다는 소비자 수요 생태계의 적합한 부분을 공략하는 방법의 관점에서 생각할 것을 요구한다.

행동을 위한 전략 청사진은 시장 구조와 세그먼트설정의 기본요소들을 변화시킨다. 일반적으로 시장 구조는 제품, 지형 또는 고객 차원들에 따라서 정의되며, 세그먼트설정은 고객을 유사성을 지닌 그룹이나 군으로 나누는 일이다. DIG 모형에서는 그 대신 수요 생태계에서 드러나는 사회문화적 배경 내에서의 사람들의 행동이나 소비가 시장 구조 또는 세그먼트설정의 1차적인 차원이다. 세그먼트설정이 시장을 인위적으로 단편화시키기만 하기 때문에 세그먼트설정을 필요로 하지 않거나, 고급형과 표준형 및 저가형 호텔 서비스 같은 단순한 제품 세그먼트설정 또는 생활 형태적, 심리적 또는 인구통계학적 세그먼트설정 같은 단순한 인적 또는 소비자 세그먼트설정을 버리거나 한다. 그 대신, 수요 우선 세그먼트설정은 행동을 기술하는 순간과 사례 및 다른 일련의 현실들에 초점을 맞춤으로써 일상생활 경험을 정의하는 행동적 측면들을 고려해야 한다. 이런 세그먼트설정은 더 포괄적이고 더 배경에 적합하며 분석 단위를 완전히 바뀌게 한다. 이 점은 세그먼트설정이 여러 가지 행동을 예측하는 능력을 매우 커지게 하며 그 능력을 더 귀중하게 만들어준다.[7]

기업의 전략을 이루는 각 요소를 수요 우선 시각에서 검토해볼 필요가 있다. 제6장에서 기업의 전략 목표, 우위의 원천 및 기업이 경쟁하는 범위에 대한 검토와 평가의 관점에서 전략의 요소들을 살펴본다.

전략 청사진에 담기는 행동들은 기업이 우위를 실현할 수 있도록 정밀하게 정의할 필요가 있다. 전에는 유지 가능한 경쟁 우위로 귀결되는 일련의 활동들을 정의하면 충분했었지만, 이제는 이런 활동들을 수요 우선 성장 기반을 효과적이고 의미 있게 활성화시키는 정도의 관점에서도 정의할 필요가 있다. 이는 성장 기반이 전체 기회 공간에서 도출되고, 기회 공간은 또한 수요 조망으로부터 결정되기 때문에 당연한 일이다. 수요 조망은 사람들의 일상 경험을 이루는 활동과 목표 및 우선순위에 따라 그려지는 것이다.

수요 우선 시각은 기존 혁신 관리 관행으로부터의 급격한 이탈로 귀결된다. 혁신은 새로운 제품이나 서비스, 기술 또는 사업 모형을 중심으로 이뤄지는 것보다는 소비자 또는 고객의 행동에 걸쳐서 이뤄져서 수요 우선 성장 기반의 한계를 충족시킬 필요가 있다. 소비자의 일상생활을 구성하는 사회문화적 배경 내에 있는 이용과 소비 및 행동과 모든 활동의 연계가 절대 끊어지지 않도록, 제품부터 사업 모형까지에 이르는 혁신을 행동에 집중시킬 필요가 있다. 따라서 스티브 잡스(Steve Jobs)에 대한 나의 조언은 가장 경쟁력이 있고 가장 아름다운 MP3 플레이어를 만드는 방법을 찾는 것(제품-속성 함정을 위주로 혁신하는 것)보다는 사람들의 음악을 관리하는 행동이나 기반을 위주로 하여 혁신을 하라는 것이다. 기업은 적합한 행동 패턴과 명확하게 정의된 수요 우선 성장 기반에 초점을 맞춘 혁신을 창출함으로써, 혁신의 배경을 귀중한 고객 우위로 귀결되는 구체적인 문화의 일부로 만들게 된다.

수요 우선 성장 기반의 관점에서 사고하는 것은 혁신과 성장 기회의 잠재적 효과를 수없이 많은 방법으로 더욱 향상시킨다. 모든 활성화와 이행 노력 또한 성장 기반에 의해 구동된다. 이는 유통 경로 정의, 신제품 출시 및 확장, 가격정책 일정 결정, 브랜드구축 계획 수립 및 통합 커뮤니케이션 믹스 결정 같은 모든 노력과 활동을, 발전하는 수요 생태계에서 기업에 가장 적합한 영역을 공략하는 데에 최대의 효과를 주는 부분에 맞춰 결정되도록 해 준다.

따라서 행동을 위한 전략 청사진은 완전히 새로운 전략 수립 방법을 구체적으로 정의하고, 기존의 시장지향 노력과 경쟁 우위를 달성하기 위한 기업의 혁신적이고 새로운 활동들에 도전장을 던진다. DIG 모형이 기업으로 하여금 기존 제품 및 시장과 관련하여 이미 하고 있는 훌륭한 작업을 모두 버리기를 요구하지는 않지만, 어떤 기업들은 조직의 변화와 개혁을 창출하는 기회를 보게 될 것이며, 또 어떤 기업들은 심지어 사업체의 전체 문화를 변화시킬 기회를 보게 될 것이다. 래플리는 패스트 컴퍼니(Fast Company)와 인터뷰를 하던 중에 P&G의 문화적 전환이 얼마나 어려웠는지에 대해 이렇게 말한다. "예수의 사도들 중 한 명은 피가 흐르는 상처에 손을 대보고 나서야 믿었다는 점을 상기해보세요. 회사에도 의심이 많은 사람들이 꽤 있죠." 스테이트 스트리트 보스턴 코퍼레이션(State Street Boston Corporation) CEO이었던 마샬 카터(Marshall Carter)는 그의 모든 참모들이 이런 전략적 변화를 받아들이도록 만드는 일이 가장 중요한 지도력의 과제였다고 말한다(마샬 카터에 관한 이야기는 제6장에도 나온다).

코디스: 핵심을 설명해 주는 짧은 사례

플로리다에 본사를 둔 의료 장비 제조업체인 코디스(Cordis)는 DIG 모형의 일부 핵심 요소들이 어떻게 작동하는지를 잘 설명해 주는 B2B 기업의 사례이다. 결과기반 면담(outcome-based interviewing)이라고 알려진 유용한 방법론을 통해 코디스는 부분적인 수요 조망을 그려내고 그것을 도약대로 이용하여 신제품과 솔루션들을 정의하고 출시했다.

1993년에 코디스는 심한 심장병 환자들의 동맥을 확장시키는 데에 쓰이는 수술용 장치인 혈관성형술용 풍선 분야에서 미국 국내 시장 점유율이 1% 미만이었다. 이 분야의 시장 점유율을 증가시키겠다는 목표를 천명한 코디스는 비교적 소수인 심장전문의들과 몇 차례의 심층 면접을 했는데, 그들 중 일부는 여러 차례 혈관성형술을 시술했던 사람들이었고, 또 일부는 혈관성형술을 비교적 많이 시술하지는 않았지만 만약 그들이 생각하는 난점과 문제들이 해결되면 시술 횟수를 늘리도록 설득시킬 가능성이 있는 사람들이었다.

처음에는 면담을 이끄는 사회자들이 외과의들에게 몇 가지 분명하게 정의된 속성들에 관하여 코디스 제품을 개선시킬 방법에 관한 아이디어를 제시해달라고 요청했다. 예를 들면 더 딱딱하게, 더 얇게, 더 가볍게, 더 매끈하게, 코팅 처리를 해야 하는지, 또는 선으로 연결해야 하는지 등의 아이디어 말이다. 질문을 받은 간호사들은 자진해서 제품을 더 밝은 색으로 포장해 물품창고 선반에서 더 쉽게 찾을 수 있게 해주면 좋겠다고 말했다.

그 다음 코디스는 면담 과정을 더 자세하게 하기로 하고 외과의들에게 혈관성형술용 풍선 삽입 절차를 삽입, 동맥 열기, 동맥 환부에 장치 설치 및 장치 제거 등의 일련의 활동 및 과업으로 나눠달라고 요청함으로써 수집한 데이터에 대해 분석 요소의 수를 늘려서 훨씬 심도 있는 분석을 했다. 이런 명확한 활동들 각각을 논리적으로 구체적인 목표 또는 바람직한 결과를 달성하는 것과 연결시켰다. 코디스의 조사담당자들은 이런 목표를 거의 50가지나 찾아냈으며, 그런 목표에는 혈액 차단 반복 최소화하기, 환부를 풍선으로 가로지르는 데에 필요한 힘의 양을 최소화하기, 풍선을 굽은 정맥들을 통해 더 빨리 움직이기 등이 포함되어 있었다.

코디스는 더 나아가 이런 목표들을 의사와 간호사 및 연구 인력으로 구성된 수술팀을 통해 분석했는데, 그들은 모두 수술 과정에서 경험한 구체적인 필요에 대한 다양한 '고객 시각'을 보여줬다. 기존 혈관성형술용 제품의 구체적인 용도를 조사해본 코디스는 몇 가지의 성장 기반을 찾아냈다. 코디스는 심장 전문의들을 연령, 소득 수준, 심리적 또는 인구통계학적 요인, 개업 기간 또는 병원 위치 등이 아니라 목표와 활동들을 기준으로 세그먼트를 설정함으로써 이런 성장 기반들을 정의했다. 예를 들면 어떤 외과의들은 시술을 더 빠르게 마치도록 해주는 장치를 훨씬 더 선호했다. 다른 의사들은 흉강 내에서 다루기가 더 쉬운 장치를 선호하는 것으로 나타났다. 이런 각각의 선호가 코디스에게 혁신 가능성의 새 길을 열어 줬다.

이런 데이터를 축적한 코디스는 연구, 개발, 제조를 계속했으며, 십여 가지의 새로운 혈관성형술용 풍선에 대한 FDA 승인을 받았는데, 그 장치들 각각은 혈관성형술용 풍선 삽입 절차의 활동과 관련된 특정한 희망 목표를 달성할 수 있도록 맞춰진 것이었다. 코디스가 이런 혁신적인 제품 포트폴리오를 갖춘 후, 미국 내에서 이 외과용 장치 분야 내의 코디스의 점유율은 2년도 안 되어서 10%로 치솟았다.

수요 우선 시각이 코디스의 개발 및 마케팅 노력에 가치를 더해 줬을 것이다. R&D 분야의 투자에 집중했을 수도 있고, 의사들의 일상사에서 두드러지거나 빈번한 핵심 수술 절차에 초점을 맞추는 것에 도움이 되었을 수도 있으며, 잠재 기회 공간에 대해 더 잘 이해함으로써 체계적이고 효과적인 개발을 하는 결과를 가져왔을 수도 있다.

DIG 모형에 숨은 사회적 전이의 반복

래플리가 말했던 것처럼 우리는 소비자의 시대에 살고 있으며, 이런 사회적 변화가 의미하는 바는 진정 심오하여 단지 초기 실현 단계일 뿐이다.

DIG 모형은 단지 이런 변화를 이해하려고 시도할 뿐만 아니라 그로부터 가치를 도출하고자 노력한다. 이 새로운 시대에, 기업들에게 주어진 잠재 기회들을 이해하기 위해서는, 정말이지 우리들 자신의 제품 또는 우리의 개발 경로 내에 있는 제품들을 가지고 시작할 수는 없다. 아마도 그것들을 초점을 맞추기 위해 이용할 수는 있겠지만, 우선은 사람들이 일상생활 속에서 매일 1,440분을 어떻게 보내는지 이해하고 수요 생태계의 전체 윤곽을 파악하려고 노력함으로써 시작해야만 한다. 모든 실질적인 목적을 위해서 그 1,440분을 하루를 구성하는 활동과 과업 및 해야 하는 일들로, 예를 들면 공원에서 산책을 하거나 바닷가로 여행을 가거나 신선한 사과를 한 입 베어 무는 것 등으로 나눠야 한다. 활동들을 순간들로, 즉 (스타벅스가 했던 것처럼) '일별 부분' 또는 '일별 할당분'으로, 또는 심지어는 '일생 할당분'으로 나누거나 합쳐서 이런 행동들을 분석하여 소비와 이용 배경을 정의해야 한다. 그러면 연간 수입 금액의 문제가 1,440분의 문제가 된다.

하지만 일별 할당분 또는 일생 할당분(라이프스타일과 혼동하지 않도록)은 경쟁 개념이 아닌데, 그것은 단지 제품이나 서비스가 잠재적으로 고객의 가용한 시간을 장악할 수 있는 총 공간의 양을 시간과 노력과 우선순위의 관점에서 측정한 것이며, 그것을 획득하기 위한 경쟁은 경쟁력 있는 제품이나 서비스가 아니라 고객이 해당 시각에 관여하기를 고려하는 다른 어떤 활동일 수도 있기 때문이다. 이것이 이야기의 요점이고 아마도 또한 가장 이해하기 어려운 점일지도 모르는데, 그것은 DIG 모형을 이용하는 것은 전통적인 경쟁이 아니라 바로 고객에 의해 자극되기 때문이다. 아이러니컬한 것은 이 접근방법에 순환적인 성질이 있다는 점인데, DIG 모형을 이용하는 결과는 다른 회사들과 상대적인 성과의 측면에서 측정되는 경우가 많다.

우리가 질문해야 하는 것은 "12세 이하의 여학생들로 구성된 시장에서 이 제품을 어떻게 성공적으로 판매할 수 있는가?"가 아니라, "내가 11살 먹은 한 여학생의 생활에 어떻게 들어가서 그 학생의 1,440분 중에서 최대의 점유율을 올리기 위해 해야 하는 것은 무엇인가?" 같은 문제이다.

그에 대한 답변은 어떻게 찾을 수 있을까? 아마도 11살 먹은 여학생에게 직접 묻는 것이 아니라 관찰을 통해, 그 학생의 삶과 활동, 프로젝트, 과업 및 일상적인 일들을 그려냄으로써, 그 학생이 가장 열렬히 성취하기를 바라는 목표와 니즈와 일들을, 즉 그 학생이 거기에 도달하기 위해 하는 일들과 우리 모두가 날마다 똑같이 보내는 1,440분에서 삶을 영위하고 즐거움을 이끌어 내기 위해 그 학생이 알아낸 모든 방법을 깊게 탐구함으로써, 그 학생이 어떻게 삶을 살아가는지 이해할 방법을 찾아야 할 것이다.

마케터들은 고객이 어떻게 제품을 구매하는지, 어떻게 하면 고객이 돈을 더 쉽게 쓰도록 만들 수 있을지 연구하면서 수없이 많은 시간을 보낸다. 하지만 우리가 힘의 균형이 옮겨가고 있다는 것을 이해하더라도, 이 접근방법의 단점은 매우 명백하게 드러난다. 한 여학생이 보내는 하루 1,440분의 삶에 있어서, 엄마와 함께 쇼핑을 하고 물건을 사거나 노래를 내려 받거나 주문형 동영상을 구매하는 데에는 사실 그렇게 많은 시간이 들지 않는다. 875명이 넘는 성인이 참여하고 52만 5천 건이 넘는 활동을 기록한 25개가 넘는 연구에서, 나와 내 동료들은 소비 활동에 상대적인 구매 활동은 성인들의 평균 일상생활에서 15% 미만의 시간을 차지하며 나머지 시간은 '생활'에 쓰인다는 것을 확인했다.

그러면 그런 '생활' 시간 동안에 무슨 일이 일어나는가? 아마도 11살 먹은 여학생의 삶에 더 적합해지기를 바라는 기업에 대한 답은 또 다른 제품이거나 심지어는 더 좋은 하나의 제품, 더 끝내 주는 제품 또는 더 싼 제품이 아닐 것이다. 아마 그 학생에게 바로 그 제품, 즉 글자 그대로 구글(Google), 랩소디(Rhapsody. 무료 음악, 뮤직 비디오 가사와 다운로드를 제공하는 웹사이트 –옮긴이), 클럽 펭귄(Club Penguin. 소셜 네트워킹 웹사이트 –옮긴이), 아이튠즈(iTunes), 키도넷닷컴(kiddonet.com), 친구들과 실시간 대화를 할 수 있는 스카이프(Skype), 그리고 인스턴트 메시징 계정을 쓸 수 있는 에임(AIM) 같은 그 학생의 삶에서 중요한 부분에 도움이 되는 제품을 제공해서 강한 브랜드가 되는 것이 답이 될 것이다! 그 학생의 삶에서 더 큰 점유율을 획득하는 것, 즉 그 학생의 삶에 더 잘 들어맞기 위한 답은 기술 혁신이거나, 사업 모형 혁신이거나, 마케팅 혁신이거나, 혹은 전혀 혁신적이 아닌 어떤 것이 될지도 모른다.

이 세상에서 혁신은 더 이상 일련의 기능, 즉 획기적이거나 파괴적이거나 점증적인 혁신에 의해 정의되지 않는다. 게다가 경쟁은 반드시 다른 기업들과 똑같은 유형의 기능이 있는 똑같은 종류의 제품을 만들어서 파는 어떤 기업에서 나오지도 않는다. 사실 일련의 기능들을 제거하거나 기존 제품에서 완전히 벗어나는 것이 진짜 혁신일지 모른다.

음료 산업 분석가들은 음료 업계의 주도권을 놓고 싸우는 최대의 라이벌인 코카콜라와 펩시코(PepsiCo) 간의 시소처럼 끝없이 오르내리는 시장 점유율을 칭송하거나 예측하는 책을 몇 권이고 쓸 수 있을 것이다. 하지만 두 기업이 직면하고 있는 진짜 조망은 서로 간의 경쟁이나 여타 음료 회사들과의 경쟁과 연관되어 있다고 하기보다는 음료 산업의 경계를 초월하는 식품부터 스포츠, 음악, 영화까지에 이르는 광범위한 출처들에서 나오는 경쟁, 또는 자녀들과 고품질의 시간을 보내는 부모들, 또는 친구들과 고품질의 시간을 보내는 학생들과 더 깊게 연관되어 있다고 볼 수 있다. 그들이 직면하는 실제 조망은 경쟁 조망이 아니라 수요 조망인 것이다.

수요 생태계가 우리에게 말해주는 것은 무엇인가? 음료 회사들은 통상적으로 광고 대행사들에게 '대단한 아이디어'를 짜내라고 요청함으로써 그 어느 때보다도 희박해진 시장 점유율을 경쟁자로부터 획득하려고 시도하면서 엄청난 마케팅 자원을 쓰지만, 아마도 더 생산적인 질문들은 어떤 사람의 삶에 있어서 '음료가 필요한 일'을 만들어 내는 독특한 사회상황적 배경들은 무엇이고, 코카콜라, 펩시콜라 또는 닥터페퍼(Dr Pepper)가 그 삶에 들어맞을 수 있는 방법은 무엇인지 결정하는 것을 위주로 해야 할 것이다.

이런 연결점에 접근하는 데에는 단지 니즈와 원츠를 식별하고 고객을 이해하는 것 이상이 필요하다. 사람들의 삶이나 라이프스타일을 관찰, 미행, 민족지학적 또는 인류학적으로 영감을 받은 조사를 통해 이해하는 것 이상이 필요하다. 성공을 달성하는 것은 생활을 향상시킬 수 있는 방법에 관한 핵심 질문을 더 깊고, 더 열심히, 남과 다르게, 더 오랫동안 생각할 것을 요구한다. 단지 어떻게 태도로부터 행동을 예측할 수 있는지가 아니라 어떻게 행동이 지속적으로 변할 수 있는지에 관해 생각해야 한다는 말이다. 그러려면 충족되거나 충족되지 않은 니즈, 말하거나 말하지 못하는 니즈, 사회문화적 배경에서의 현재 또는 시초의 니즈 같은, 니즈와 원츠를 식별함으로써 창출되는 기회를 초월하는 사고가 필요하다. 말하지 못하는 니즈란 적합한 제품이나 서비스가 실용적이고 고상한 솔루션을 제시할 때까지는 사람들이 알지 못하는 니즈를 말한다.

궁극적으로는 이런 시각의 변화는 고객과의 협력이라는 전체 개념을 다른 수준으로 바꿔놓는다. 그것은 고객이 제품과 서비스를 찾는 것이 아니라 기업이 고객을 위한 제품과 서비스를 찾는 문제이다. 그것은 사람들의 일상 경험과 일생 속에서 혁신을 정의하는 문제이다. 그것은 오늘날의 지배적인 경영과 마케팅의 패러다임이 변하는 것을 의미한다. 기존 패러다임이 모든 경우에 쓸모없다는 것은 아니지만, 기존 패러다임이 무의미한 경우가 많다는 것은 분명하다.

이 책의 제2부에서는 DIG 모형의 각 요소를 차례대로 자세한 사례 연구를 거쳐 살펴본다. 실제로는 DIG 모형의 요소들을 구별하기는 어렵다. 따라서 DIG 모형의 풍부한 의미를 설명하기 위해 특정한 하나의 요소를 강조하는 사례들이기는 하지만, 모든 요소가 포함된다. 다음 장은 수요 조망을 창출한 프리토레이(Frito-Lay)의 접근방법으로 시작한다.

각 기업이 DIG 모형을 접근하는 방법은 물론 모두 다를 수 있다. 따라서 프리토레이가 선택한 특정 조사 방법과 분석이 당신 회사에는 맞지 않을 수 있다. 적절한 사례 연구를 따라가면서 DIG 모형의 각 요소에 대한 단계별 지침을 제공하고, 다양한 조사 및 분석 방법도 논의할 것이다.

제 2 부

시장을 재정의하라

Create Market >>

새로운 수요를 전망하는 방법 

2003년이 끝나갈 즈음에 펩시코(PepsiCo) 계열 사이자 미국 최대 스낵 제조업체인 프리토레이에게는 즐거운 일이 꽤 많았다. 텍사스주 플라노에 근거를 둔 프리토레이는 레이즈 (Lay's), 도리토스(Doritos), 토스티토스(Tostitos), 퀘이커(Quaker), 치토스(Cheetos), 러플즈(Ruffles) 및 프리토스(Fritos) 같은 몇 십억 달러짜리 브랜드들의 신성한 고향이었다. 프리토레이는 또한 세계 10대 스낵 칩 제조업체들 중 절반에서 타 기업의 도전을 불허하는 시장 주도자이기도 했다.

프리토레이는 미국에서 150억 달러의 짠 맛이 나는 스낵 세그먼트에서 압도적인 65%의 점유율을 장악하고 있었다. 게다가 2004년에 매출이 5.6% 성장하여 96억 달러가 되면서 (2003년에는 86억 달러였다) 프리토레이는 또한 370억 달러에 달하는(사탕, 과자, 페스트리 및 아이스크림 같은 들고 다니며 먹을 수 있는 간식류를 포함하는 더 큰 범주인) '전체 스낵군' 시장에서 더 큰 점유율을 차지하기 위한 경쟁에서 스낵 및 시리얼 업계 경쟁사인 켈로그(Kellogg), 허시(Hershey), 제너럴 밀즈(General Mills) 및 크래프트(Kraft)를 간단히 앞질렀다. 프리토레이는 2003년말에 이 거대 시장의 15%를 차지했으며 점유율을 더 높이기 위해 굶주린 듯 돌진하고 있었다.

프리토레이가 성공한 이유 중 하나는 예를 들면 건강과 웰빙의 추구 같은 고급 고객 트렌드의 꼭대기에 머무를 수 있는 탁월한 능력이었다. 프리토레이는 2003년 초에 도리토스와 토스티토스 및 치토스에서 동맥을 막히게 하는 트랜스 지방을 쓰지 않는다고 발표했었는데, 그 발표는 이 3개 브랜드가 레이즈, 러플즈, 프리토스 및 롤드 골드(Rold Gold) 프렛즐(pretzel: 딱딱하고 짭짤한 과자의 일종 – 옮긴이)로 이뤄진 트랜스 지방을 함유하지 않은 브랜드 포트폴리오에 포함될 수 있게 되었음을 뜻하는 것이었다. 프리토레이는 또한 회사 최초의 천연 스낵군을 출시하고 내추럴(Natural) 상표와 로고로 마케팅을 했으며, 펩시코는 스마트 스폿(Smart Spot) 운동을 전개하면서 "근본적으로 건강에 좋은 성분을 이용하거나 개선된 건강 편익을" 제공하지 못하는 브랜드의 제품군은 없애겠다고 공약했다. 미국 내의 짠 맛이 나는 스낵 제조업체들 대부분이 혼합 튀김 기름(옥배유, 면실유 또는 해바라기유)을 쓰고 있었는데, 프리토레이는

2006년에 모든 제품에 100% 해바라기유를 쓰겠다고 발표했다.

이렇게 브랜드 확장과 이익이 늘어나고 매출이 치솟으며 시장 점유율이 올라가고 모회사인 펩시코의 이익 중 거의 절반을 차지하고 있는 이 모든 것이 바로 순익과 연결되는 상황에서 프리토레이가 불평해야 할 것이 무엇이었겠는가?

모든 성공적인 대기업을 괴롭히는 한 가지 걱정거리는 바로 그들의 큰 규모와 성공이, 높은 성장률을 유지하는 것을 어렵게 만든다는 사실이다. 게다가 새로운 성장과 기회의 문제도 있었다. 프리토레이는 어떤 방향으로 성장할 생각이었으며, 추가적인 성장을 어떻게 달성할 계획이었을까?

소비자에겐 경계가 없다

예를 들어 프리토레이에 '즉시 소비(Immediate Consumption)' 경로 마케팅 담당 부사장으로 새로 임명되었던 카를로스 베라자가 직면했던 과제를 생각해보자.

프리토레이 멕시코 담당 부서의 선임 마케팅 임원직을 맡았던 베라자는 즉시 소비 분야에 그다지 친숙하지 않았다. 하지만 그는 IC 분야에 대해 더 많이 알게 될수록 그만큼 더 많은 관심을 갖게 되었다. 다음은 그가 상관들에게 올린 보고서에 썼던 내용이다.

즉시 소비 경로는 우리의 가장 중요한 파트너이다. 즉시 소비 경로에는 전국적인 체인 및 독립 체인, 소형 식용품점, 약국, 저가 상품 판매점 및 가족 경영 점포를 포함하는 소위 'C-점포들'이 포함되어 있다…… 즉시 소비 단위 성장은 몇 년 동안 기대보다 성장률이 낮았던 반면, 우리 회사는 제품 판매에 주는 마진을 늘려서 소매업체들을 지원하려고 한다. 이 상황은 모기업인 펩시코와 우리 회사가 소매 판로 중에서 중대한 부분이며 강력한 유통 경로인 '편의점'에 강한 초점을 맞추는 것과 매우 상반되는 것이다.

요약하자면, 그는 단지 "우리는 의당 성장했어야 할 속도로 성장하지 못하고 있다."고 말한 셈이다. 베란자의 시각에서 보면 중대한 몇 분야에서 프리토레이의 생산과 유통의 압도적인 힘이 보이지 않는 기회들뿐만 아니라 잠재적으로 회사를 쇠약하게 만드는 약점들을 가리고 있는 것처럼 보였다. 하나만 예로 들어보면, 그는 독립 기업이었던 프리토(Frito)와 레이(Lay)가 합병되어 펩시코에 인수되기 한참 전인 1941년에 시작된 프리토레이의 매장 직송 시스템을 지적했다. 이 시스템은 오랫동안 의도적으로 유통 효율에 초점을 맞췄던 기업의 사고방식을 촉진했으며, 브랜드에 대한 더 큰 고객 수요를 자극할 수도 있었던 유망한 정책들을 희생시키는 경우도 많았다.

그 밖에도 베라자는, 프리토레이가 짠 맛이 나는 스낵 분야에서

80%를 점유하고 있다는 사실이 마케터들에게는 상당한 의미가 있을지 몰라도, 그것이 소비자에게 무슨 의미가 있는지 의문을 던졌다. 소비자는 시장이 그런 식으로 구별되는지 모르고, 그보다는 짠맛이 나는 스낵을 단지 더 넓은 스낵류 분야 내의 여러 가지 잠재적인 선택 대상 중의 하나로 간주한다고 생각한 것이다.

즉시 소비 경로 내에서는 몇 가지 다른 혼란스러운 추세도 생겨나고 있었다. 그런 추세 중의 하나는, 편의점들이 최근 몇 년 동안 더 큰 성장을 달성할 목적으로 제품 믹스를 다변화해 왔다는 사실이었다. 그보다 10년 전에는 소비자가 편의점에서 8개 분야의 상품을 볼 수 있었겠지만, 당시에는 20개 분야의 상품을 볼 수 있을 가능성이 컸다. 이런 발전이 프리토레이에게 의미하는 바는 결코 하찮은 것이 아니었는데, 그 이유는 스낵류 분야 전체가 전반적인 편의점 제품 구성의 한 부분으로 찌그러들고 있었기 때문이었다.

이런 추세에도 불구하고, 프리토레이 마케터들은 베라자가 '용량과 가격 올리기'라고 말하는 수단을 써서 그 전의 10년 동안 매출과 이익 성장에 있어서 점증적인 향상을 이뤘다. 그 보다 10년 전에는 편의점 내의 프리토레이 매출의 대부분이 25센트짜리 1온스 들이 봉지로 이뤄졌었는데, 당시에는 프리토레이 사업의 대부분이 99센트짜리 4온스 들이 봉지로 이뤄졌다. 하지만 베라자의 생각으로는 그런 향상은 궁극적으로는 계속 유지될 수 없는 것이었다.

베라자의 설명에 따르면, "매출도 훌륭하고 이익 역시 훌륭했다.

하지만 단위 물량은 줄어들고 있었다. 우리의 고객 기반은 급속하게 잠식되고 있었고, 이런 용량과 가격 올리기 모형은 오래지 않아 효과를 잃게 될 것이 분명했다."

회사의 판매 수량 기반이 잠식되면서, 소비자가 프리토레이와 관계를 맺는 거래 건수는 날마다, 주마다, 달마다, 그리고 해마다 줄어들고 있었다. 그에 못지않게 경종을 울린 것은 P&G 같은 소비자 마케팅에 뛰어난 기업과 비교하면 베라자의 마케팅팀에는 프리토레이 브랜드들과 관련한, 특히 편의점 구매에 관한 소비자 추세와 선호도 이력을 기록한, 유용하고 확실한 데이터가 없었다는 점이었다. 베라자는 "정말로 알 수 없었던 것은 우리가 고객을 너무도 모른다는 점이었다."고 말했다. 프리토레이와 펩시코 운영 조직들 내에서 기존 운영 시스템과 합치되고 기존 운영 시스템으로 뒷받침되는 정책만을 생각해내는 강하고 맹목적인 편견이 그런 문제를 더 크게 만들었다.

베라자가 쓴 표현 방법에 따르면, 드러나고 있던 문제는 두 갈레였다. "첫째, 우리는 고객에 관해 너무 몰랐고, 둘째, 소비자가 프리토레이 스낵류를 왜, 그리고 어떻게 소비하는 지에 대해서는 더욱 몰랐다."

편견 없는 관찰

베라자의 팀이 수행한 조사의 첫 단계는 편의점 몇 군데에 보안용처럼 보이는 비디오카메라를 체계적으로 설치한 것이었다. 하지만 베란자와 그의 동료들은 24시간 녹화한 테이프를 보안 침해가 있는지 찾기보다는 소비자가 어떻게 프리토레이 제품을 찾고 구매하는지에 대한 실마리를 찾기 위해 몇 시간씩 들여다보았다. 그들은 고객이 편의점에 걸어 들어와서, 진열대 사이를 걸어 다니고, 어떤 제품들은 그냥 지나치고, 또 어떤 제품들 앞에서는 멈춰서며, 구매를 결정하거나 결정하지 않고, 걸어 나가는 것을 지켜보면서, 인류학자나 사회과학자들처럼 편의점이라는 특유한 상업적인 생태학에 몰두했다. 프리토레이는 편의점 선반과 진열대 사이에서 무슨 일이 일어나고 있는지 알 필요가 있었던 것이다. 그들이 알아낸 것은 기존 시스템, 즉 오래 전에 확립된 신념으로 이뤄진 시스템에 꽤 큰 충격을 줬다. 그들이 수집한 데이터는 잘 분석해 보면 프리토레이에서 오랫동안 신성시되어 온 전통적인 지혜에 정면으로 대치되었던 것이다.

당시 프리토레이 제품은 모든 매장에서 전방상품진열대(front-end merchandiser. FEM)라는 특별히 디자인된 철사로 된 선반 위에 배타적으로 보관 및 진열 되었는데, FEM은 모든 프리토레이 제품에 대한 독특한 판매시점(point of sale. POS) 집기 역할을 했다. 베라자는

"언제인지 모를 오래 전부터, FEM을 계산대에서 1.8미터 위치에 놓아서 계산대에 서있는 고객이 여러 가지 프리토레이 제품에서 손을 뻗치면 닿을 거리에서 절대로 벗어나지 않게 하는 전략을 써 왔었다"고 회상했다. FEM은 까다로운 것으로 생각되는 고객의 시계(視界) 속에 다량의 제품을 비치할 수 있도록 시각적 및 물리적으로 디자인했으며, 이렇게 많은 양의 제품을 쌓아두고 고객의 주의를 끌기 위해 많은 표지판도 붙였었다. 하지만 매장에서 녹화된 비디오테이프에서 밝혀진 것은 대부분의 고객이 매장에 들어와서 그들이 전에 와봐서 아는 것으로 보이는 선반들 내의 특정 지점으로 바로 간다는 사실이었다. 마케터들은 이 사실에 꽤 놀랐다. 비디오테이프를 살펴보던 마케터들이 예상했던 것보다 더 많은 경우에, 고객들은 살까말까 고민하기는커녕, 완벽한 위치에 놓인 FEM에 단 일초도 눈길을 주지 않고 그 곁을 지나갔다. 베란자는 "소비자는 FEM 곁을 휙 지나쳤다. 설령 FEM 위에 춤추는 원숭이를 올려놓더라도 소비자는 알아채지 못했을 것이다."라고 말했다. 대부분의 고객에게 있어서는 사랑받는 브랜드를 모시는 엄숙한 제단이 없는 것이나 마찬가지였던 것이다.

구매시점(point-of-purchase. POP) 진열품으로서의 FEM의 기원은 분명히 수년 동안 스낵 식품 제조업체들이 모두 믿어온 아주 오래되고 매우 깊게 뿌리박혀 있었지만 대개는 효과가 입증되지 않았던 '짠 맛이 나는 스낵 구매는 십중팔구 충동구매'라는 신념에 근거를

둔 것이었다. 의문의 여지가 있는 이런 가정에 근거하여 매장 내에
서 고객의 시선을 잡기 위해 FEM을 적절하게 디자인하고 배치하는
데에 엄청난 노력과 비용을 써왔던 것이다. 하지만 녹화 테이프가
보여준 바에 따르면, 대부분의 고객은 필요한 것이 무엇인지 이미
아는 상태로 매장에 들어오는 것 같았다. 세븐일레븐 매장에서 프리
토스, 도리토스, 또는 레이즈 상품을 집는 것은 정신적이고 물리적
인 욕망이 저절로 터져 나오는 것보다는 미리 생각해 둔 일이거나
의도구매에 가까운 경우가 많은 것으로 보였다. 베란자와 그의 동료
들은 경악하면서 "우리가 몇 년 동안 그렇게 많이 투자했던 충동구
매 개념은 완전히 틀렸다."고 결론을 내렸다.

이런 사실은 주요 프리토레이 제품 모두에 대해 매우 깊은 의미
가 있었다. 베라자가 솔직하게 표현한 것처럼 "우리가 하고 있던 모
든 것이 그때 명확해졌다. 고객의 구매가 어느 정도 계획되고 의도
적인 것이라면, 그 점이 우리 회사의 마케팅 전략에 무엇을 뜻하는
지 결정해야 했다." 예비 데이터만 가지고도 도출할 수 있었던 한
가지 확실한 결론은 프리토레이의 당시 마케팅 전략은 창밖으로 던
져버려야 할 운명이라는 것이었다.

베라자는 이렇게 설명했다. "소비자가 우리 제품을 어떻게 구매
하는지는 그만 생각하고, 우리 제품을 왜 소비하는지에 관해 더 많
이 생각해봐야 했다. 소비자의 면전에 칩을 담은 커다란 진열대를
붙여놓기만 하는 것과는 반대로, 우리 회사 브랜드들이 고객의 일

상생활과 어떻게 교차하는지에 대해 더 많이 알아야만 했다."

수요 파악 5단계

베라자는 이런 문제들을 전적으로 물류의 관점에서 보는 대신 극적으로 다른 관점에서 접근하기로 결심했다. 회사가 얼마나 많은 양의 스낵을 매장에 내는지, 또는 제품 상자들이 얼마나 빨리 공장에서 매장과 FEM 선반 속으로 이동되는지에 대해 강박관념을 가지고 집중하기보다는, 베라자와 그의 직원들은 마케팅 문제의 초점을 기업의 시각이 아니라 고객의 시각으로 바꿔야 했다. 카를로스 베라자의 지대한 관심사는 3U, 즉 프리토레이 제품 이용(usage) 빈도, 고객(user)들의 수와 정체성, 그리고 프리토레이 제품이 소비되는 용도(use)인 변화하는 삶의 배경을 더 깊이 이해하는 것이었다.

이런 구매 과정과 구매 행동 즉, '구매 시점'에 주안점을 두던 것에서 소비 또는 이용 배경, 즉 '의도 시점(point of purpose)'으로 개념적이고 실질적으로 전환하는 것을 용이하게 하는 첫 단계로, 프리토레이는 컨설턴트 팀의 도움을 받아서 고객의 일상 반복적인 일을 조사하는 방법론을 개발했다. 응답자들이 연구가 프리토레이의 용역으로 이뤄지는 것은 아닌지 의심해서는 절대로 안 되었기 때문에, 프리토레이는 외부 컨설턴트들을 고용했다.

베라자와 그의 동료들은 기존의 마케터들과 통계분석가들을 주저하게 만들 만한 도구와 방법들을 채택했다. 예를 들면 그들은 '통계학적으로 의미 있는 표본'이 될 만한 응답자들을 모으려고 하지 않았다. 통계학적으로 의미 있는 다수의 고객과 '짧은' 접촉을 하는 대신, 그들은 몇 십 명의 고객과 '깊은' 접촉을 하기로 결정했다. 쇼핑객들에게 폭 넓은 스낵 분야에 대해 (또는 특정 프리토레이 스낵에 대해) 어떻게 '느끼느냐'고 묻는 대신, 일반 사람들이 스낵과 어떻게 상호 작용하는지, 그리고 스낵 즐기기가 어떻게 사람들의 일상생활의 목표, 활동, 배경 및 우선순위에서 매우 자주 중요한 일이 되는지에 관해 할 수 있는 한 많이 알아내기로 결정했다. 베라자와 그의 동료들은 선별된 고객 그룹과 접촉하여 그런 배경과 상황에 관해 자세하게 질문하는 단계로 넘어갔다.

조사의 배경으로 조사팀은 '일기식 조사법(diary method)'이라는 방법론을 채택하기로 했다. 선별된 35명에게 카메라와 일지를 주고 30일 동안에 음식 소비라는 '뼈대 질문(framing question)'을 위주로 그들의 활동, 겪은 일, 중요한 순간, 생각 및 느낌을 기록하도록 요청했다(〈그림 3-1〉 참조).

또한 조사팀은 격분한 통계분석가들에 대해서는 비록 '응답자'의 절대 숫자는 통계학적으로 의미가 없을지라도 '활동'의 개수는 통계학적으로 의미가 있다는 점을 지적했다. 만약 평균적으로 고객들 각자가 매일 음식과 관련한 활동을 20개씩 하거나 겪는다면 "나는 아침에 커피와 페스트리를 먹었다." 그리고 그 고객이 모두 이런 일상적인 음식관련 활동을 한 달 동안 기록한다면, 그 결과로 나오는 데이터는 35명×20건×30일＝21,000건의 활동이 될 것이다. 실제로 수집된 활동 건수는 21,500건 이었다. 이래도 통계학적으로 의미가 없는가? 반대하던 사람들도 이 수치는 통계학적으로 의미가 있다는 것을 인정할 수밖에 없었다. 최초 면담을 할 때 베라자와 마케팅 팀은 다음과 같은 뼈대 질문을 했다.

"즉석 요리 및 바로 먹을 수 있는 음식을 준비하고 소비하는 것을 위주로 귀하가 하는 활동에 관해서 이야기해 주십시오."

활동 기록

하루를 보내는 동안 하는 모든 일, 특히 음식(스낵이나 식사)을 찾고 구매하거나 먹는 것과 관련된 활동을 위주로 기록하십시오.

뒤 이어 응답자들에게 편지를 보내 다음과 같이 개괄적인 절차를 알려줬다.

"저희가 수행하는 소비자 연구에 관심을 보여주시고 앞으로의 일지 작성 및 심층 토의에 기꺼이 참여해 주시겠다니 정말 감사합니다. 나중에 할 토의를 준비하기 위해 귀하에게 필요할 모든 준비물 (30일치의 일지, 즉석사진기, 즉석사진기용 필름 2상자, 청색 펜과 테이프)을 동봉했습니다.

〈그림 3-1〉 심층적인 '일상생활' 일지 및 고백식 면담

시간	활동	목표	중요도
6:00	벤을 깨울 시간 알람 울림.	5	5
6:30	일어나서 셰이크를 만듦.	18+13	4
7:00~8:00	벤을 루이스빌에 있는 학교에 데려다 주러 나감. 귀가 후 베카에게 시리얼을 주고, 나는 밀가루와 스플렌다(무설탕 감미료)로 만든 크림을 먹음.	22 28	5 3
9:15~12:00	침대에 누워 빈둥거리며 영화 봄.	30	3
12:30	나와 베카 맥도널드와 치즈로 점심.	22	3
13:00	주말에 치킨샐러드를 만들기 위해 크록팟(저온 전기솥)에 닭고기를 앉힘.	33	4
13:00~15:30	집안 청소를 하고 컴퓨터 채팅함. 아이스 티 2잔 마심.	5	5
15:30~18:00	벤을 데리러 나감.	22	5

피실험자 : 줄리안의 일상생활 탐험, 40세, 기혼,(자녀 3명, 간호사)

일지에는 해당 기간 동안 귀하가 하게 될 다양한 활동에 관한 자세한 지시사항이 적혀 있습니다. 이 일지는 이제 귀하의 일기나 다름없습니다! 원하시는 방식으로 자신에게 맞게 쓰십시오. 귀하 자신을 자유롭게 표현하고, 공간이 더 필요하면 장수를 추가하셔도 됩니다. 일부 일지 기록을 위해 사진기가 필요하시겠지만, 추가로 일지에 붙이면 좋을 것으로 보이는 것은 무엇이든 찍으십시오. 일지 작성을 재미있게 하시고, 일지에 기록하는 창의적인 과업들을 즐기시기 바랍니다. 작성한 일지는 예정되어 있는 심층 토의에 참석할 때 꼭 지참하십시오."

나중에 밝혀진 바에 따르면, 일지는 즉석 요리 및 바로 먹을 수 있는 음식의 소비를 위주로 이뤄지는 사람들의 광범위한 활동과 태도를 보여줬다. 베라자와 조사팀이 일지를 모두 검토한 후에 이뤄진 심층 토의, 즉 '고백식 면담'에서는 응답자들에게 다음과 같은 질문들을 했다.

- 이 순간, 당신의 삶 중에서 바로 이 특정한 일에 대해서 더 자세히 말씀해 주십시오.
- 이 일이 그렇게 중요한 이유는 무엇입니까?
- 이 일 전과 후에는 무슨 일이 있었습니까? (이 질문은 사람들이 일상생활에서 바로 먹을 수 있는 음식과 맞닿는 배경을 풍성하게 보여주었다)

프리토레이가 구매 및 소비에 대해 얻은 정보는 소비자 니즈와 정서에 대한 더 깊은 탐구로 귀결되었다. 심층 토의가 끝나고 몇 시간 동안 충분한 휴식을 취한 후에, 응답자들에게 몇 개의 바로 먹을 수 있는 음식 브랜드에 관한 또 한 차례의 간단한 설문지를 작성하도록 요청하여 그들의 감정과 인식을 탐구했다. 그리고 마지막으로 응답자들에게 프리토레이가 이 조사를 하는 것이라는 사실을 알린 후 프리토레이의 브랜드와 제품 포트폴리오에 관련된 여러 가지 질문에 답해달라고 요청했다.

궁극적으로는 토의한 내용과 데이터를 분석하여 그 결과를 자세한 수요 조망 지도에 모았는데, 그 목적은 소비자 행동을 구성 부분으로 나누고 고객의 생활에 적합한 차원들을 가르는 것이었다. 그 결과 비교적 완벽하게 고객 수요 생태계를 그려낼 수 있었다.

평범한 일과에서 새로운 수요 찾기

기업이 수요 조망 창출을 시작하게 되면 몇 백 가지 또는 심지어 몇 천 가지 행동을 추적하여 그것들을 분명한 목표와 활동 및 우선순위의 범주로 분류하는 것이 보통이다. 여기에 가능한 한 많은 고객 니즈, 원츠, 쾌락 및 고통, 즉 역동적이고 복잡한 고객 수요 생태계를 구성하는 모든 배경 요소들에 관한 정보를 더하면, 그 결과가 포괄적인 고객 수요 조망이 된다. 이 조망은 어떻게 소비자가 그들의 삶을 영위하는지 놀랄 만큼 정확하게 그려내는 생태계를 매우 체계적이고 상세하게 표출해야 한다.

수요 조망은 또한 그 주요 성질을 구성하는 목표와 활동 및 우선순위의 매트릭스로 정의되는 소비자의 삶과 놀이 및 일들이 시간 및 공간 속에서 어떻게 제품과 서비스 또는 브랜드들과 교차하는지를 드러내줘야 한다.

예를 들면 "나는 항상 샌드위치와 감자 칩을 같이 먹어요."라는 말은 프리토레이라는 브랜드가 샌드위치를 먹는 일과 맞닿는 순간이다. 더 많은 '교차점'들이 확인될수록 수요 조망은 점점 더 강해진다.

어떤 기업이 수요 조망으로부터 얻을 수 있는 핵심적인 통찰력 중 하나는 그 기업의 포트폴리오에 속한 다양한 브랜드들이 소비자가 경험하는 소비 사례 또는 배경의 측면에서 정의된 다양한 행동들과 어떻게 연결되고, 그런 행동들이 특정한 니즈 및 원츠를 어떻게 유발하며, 어떤 배경 속에서 복잡한 감정과 소비 충동이 결합되는지에 관한 것이다.

프리토레이의 몇 개 브랜드는 샌드위치를 먹고 집 밖에서 소비하려고 집에서 준비하는 것과 더 밀접하게 관련되어 있는 반면, 어떤 브랜드들은 집에서 친구들과 어울리는 데에 더 밀접한 관련이 있다는 것을 알아냈다. 이런 발견은, 특정 브랜드들에 대한 선호를 조장할 수 있을 소비자 세그먼트들에 대한 프리토레이의 보다 전통적인 이해와 겹쳐놓았더니, 프리토레이가 기존 및 잠재 소비자들에 대한 전체 관점을 재평가하는 도움을 줬다. 구매와 소비에 관한 완전히 새로운 경로와 차원이 발견되었던 것이다.

벗어나기 훈련

프리토레이는 수요 조망을 창출하는 과정이 회사에 직간접적 조사 방법들을 결합할 기회를 줬다는 것을 알아냈다. 이것은 데이터의 신빙성과 유효성을 증가시키고 기존 데이터를 새로운 방법으로 구성하며 그에 따라 고객을 보는 새로운 방법을 창출하는 데에 도움이 되었다. 출발점이 중요했다. 소비자를 처음에는 구매 시점에서 관찰하고(비디오카메라 조사) 나중에는 의도 시점에서 관찰함으로써(일지와 관측 및 심층 토의), 마케팅 팀은 소비자의 일상생활에 편견 없이 몰입해 소비자를 고객위주 시각으로 보게 되었는데, 그것은 프리토레이가 폭넓게 가지고 있던 가정에 때때로 의문을 던지게 만든 경험이었다. 프리토레이는 매핑 과정을 통해, 보다 직접적으로 니즈와 가치 및 욕망에 관해 묻는 것보다(특히 문제가 특정한 제품이나 서비스 또는 브랜드와 관련되어 제기될 경우에는) 관찰해서 기록한 행동이 소비자 행동에 대한 훨씬 더 믿을 만한 척도이자 표시임을 알게 되었다. 관찰된 행동으로부터 소비자가 무엇을 원하고 바라는지 추론하는 것이 진정으로 가능해지는 것이다.

사회문화적 배경의 중요성은 아무리 강조해도 지나치지 않다. 전형적인 조사에서는 어떤 사람에게 "당신에게 건강은 얼마나 중요한가요?"라고 물으면, 응답자는 "매우 중요", "별로 중요하지 않음", "상관없음"으로 답할 수 있다. 하지만 일지가 그 응답자가 지난 4주 동안 매주 3번씩 체육관에서 운동을 했다는 것을 보여준다면, 이런 활동의 두드러지는 정도와 건강을 필요로 하는 중요성을 훨씬 더 정확하게 평가할 수 있다. 필요하다고 말하는 것과 그런 필요를 실제로 느끼고 그에 관해 뭔가를 하는 것은 완전히 별개인 것이다.

바꿔 말해서, 목표와 활동 및 우선순위를 일상생활의 배경 속에서 조사하면 조사에 배경이 없는 경우보다 더 많은 참조군(reference group)을 얻을 수 있다. 어떤 사람이 저녁에 집에서 하이네켄을 마시는 것을 좋아할 수 있지만, 많은 운동을 한 후에는 텔레비전을 보면서 버드와이저나 벡스 맥스를 마시는 것을 좋아할 수도 있다. 소비자 수요라는 조망 내에서 배경은 이만큼 중대하다.

프리토레이는 또한 정해진 제품이나 서비스와 직접적으로 연결되지 않은 조사를 수행하는 일이 헤아릴 수 없이 귀중한 가치를 지닌다는 점을 배웠다. 수요 조망에서는 특정 제품들에 구체적으로 관련되는 것이 없어야 한다. 그런 조사는 사람들이 추구하는 목표와 니즈 및 활동에 중점을 두고 이뤄지며, 그런 목표와 니즈 및 활동 속에서 여러 개의 제품과 브랜드 및 서비스들이 부수적으로 어떤 역할을 하게 되는 것이다.

프리토레이의 수요 조망에는 일정 범위의 브랜드 가치와 연상(聯想)이 포함되었지만 특정한 프리토레이 제품군이 포함되어 있지는 않았다. 질문의 유일한 기초는, 프리토레이 제품이 시장에서 어떻게 인식되고 있는지와 무관하게, 사람들의 일상생활 속의 어떤 부분이나 틈새나 모퉁이에서 레이즈 제품이 최고로 작용하는지를 결정하는 것이었다. 마케터들은 정해진 수요군 속에서 소비자가 어떤 종류의 스낵들을 가장 좋아하는지 물어봄으로써 "저는 밤에 집에서 친구들과 어울릴 때는 초콜릿이 들어 있거나 짠 맛이 나는 스낵이 좋아요." 같은 대답을 듣게 되고, 특정한 수요군과 잠재력이 있는 구체적인 브랜드 자산의 정체성과 위치를 알 수 있게 된다.

이런 데이터 요약은 더 전통적인 소비자 조사와는 판이하다. "귀하가 이 특정 제품이나 저 제품을 살 가능성은 얼마나 되나요? 이 브랜드를 고려할 생각이 있습니까? 이 가격이나 다른 가격이면 어떻습니까? 이 색상이나 다른 색상은?" 같은 통상적인 구매 또는 브랜드 선택 질문을 받는 대신, 응답자들은 그들의 일상생활 속의 수요윤곽과 질감에 관한 질문을 받는다. 그리고 이런 질문들이 새롭고 의미 있는 정보들을 드러내주는 것이다.

최상의 조사 방법

제2장에서 우리는 수요 조망 창출에 필요한 요소들을 제목 수준에서 개략적으로 살펴봤다. 여기에서는 수요 조망 창출 과정을 특정 단계들로 나누고 기업별로 과정을 가다듬는 것에 관한 추가 지침을 제시할 것이다.

1단계: 목표, 활동, 우선순위, 배경, 니즈, 좌절 및 분투를 식별하라.

2단계: 수요군으로 구분하라. 목표나 활동이나 배경을 구분의 수단으로 이용한다.

3단계: 기존 조사를 추가함으로써 수요군을 완결하라(포화상태).

4단계: 수요군을 각 군의 전략적 유용성의 측면에서 평가하라.

5단계: 기존 브랜드가 수요 조망에 얼마나 들어맞는지 평가하라.

1단계: 수요 조망의 기본적인 요소들 식별하기

이 과정은 문제의 제품을 중심으로 느슨하게 짜여진 이용 및 소비 상황들로 이뤄진 광범위한 매트릭스를 만드는 것으로 시작된다. 이런 상황들은 목표와 활동 및 우선순위 같은 기본적인 요소들의 측면에서 서술해야 한다. 프리토레이가 이용했던 일기식 조사법은 이런 상황들을 조사하는 인기 있는 방법 중의 하나이다. 특히 산업적 고객 응용분야에서는, 제2장에 나오는 코디스의 사례에서 설명한 결과기반 면담 절차를 수행하거나 비침습적 관찰 방법(제5장에 나오는 GE헬스케어 사례 참조)을 이용하는 것이 더 실용적일 수 있다.

실은 기업들이 수요 조망의 기본적인 구성 요소들을 확립하는 것에 도움이 되는 방법론은 어지러울 정도로 많다. 그 중에서 고르는 방법에 대한 내 생각 몇 가지를 이 장의 마지막 부분에 제시할 것이다. 하지만 일반적으로 목적은 스터디 그룹 속에 있는 사람들에 대한 횡단면도를 구하는 것이다. 유용한 방법 중 하나는 브랜드 관계의 연속선상에서 대상들을 고르는 것이다. 또 하나의 대안은 해당 제품이나 서비스 또는 범주의 이용과 소비에 연관되는 연속선상에 있는 고객을 고르는 것이다. 추세를 살펴보는 데에는 주류 고객들에 비해서 주변 또는 가장자리 고객의 행동을 연구하는 것이 좋다.

일단 여러 가지 행동들을 기록하고 나면, 활동들이 이뤄지고 목표들이 실현되며 우선순위들이 정립되는 배경들을 더 깊게 탐구하기 위해 통상적으로 응답자와의 1:1 토의 또는 면담이 필요하다. 이런 토의를 하면 많은 정보가 드러난다. 사람들은 특정 순간에 자신들이 느끼는 니즈, 좌절, 감정, 정서 및 두려움을 매우 솔직하게 묘사하는 경향이 있다. 그들은 그런 상황에서(예를 들면 일기를 살펴볼 때) 뭔가를 고백할 때만큼 자신들에게 정신적으로 깊게 몰입하는 경향이 있다. 이런 토의에 대해 사람들이 갖는 관심과 몰입은, 관심이 적은 제품의 경우조차도, 영화의 재미있는 장면을 묘사하는 것 같은 열띤 방식과 비슷할 것으로 기대해도 된다.

일단 소비, 이용 순간, 또는 사례들을 깊게 탐구하고 나면, 기업은 구매 과정에 대한 탐구를 시작할 수 있다. 프리토레이의 경우에, (전통적인 마케팅 조사 기반을 더 많이 다루는) 이 면담의 둘째 부분은 고객위주 시각과 프리토레이의 기존 제품 및 시장지향 노력 사이를 연결시켜주는 계기가 되었다.

프리토레이는 다음과 같은 질문들을 했다. "최근 편의점에서 도리토스를 한 봉지 구매하신 적이 있습니까? 만약 좋아하는 맛, 크기, 또는 포장을 찾지 못했다면, 도리토스를 대신할 수 있었을 제품이나 브랜드는 무엇이었나요? 그런 경쟁 제품이나 브랜드에 대한 우선순위와 선호도를 10점 기준으로 점수를 매긴다면 몇 점을 주시겠습니까?"

이런 질문에 대한 답변들은 프리토레이가 DIG 모형의 둘째 부분으로 옮겨가고 기회 공간을 재구성하기 시작하는 데에 도움이 되는 정보를 제공해줬다.

2단계: 목표, 활동 또는 배경을 기초로 하여 의미 있는 수요군들로 구분하기

수요 조망의 기본적인 구성요소들을 식별하게 되면(이 장의 앞에 나온 수요 조망에 대한 부분을 참조하라), 기업은 이제 개별 구성요소들을 '수요군' 별로 구분하기 시작할 수 있다. 수요군들의 구분은 목표들에서 생겨나는 공통의 주제들을 통해, 그리고 고객이 목표와 활동들에 대해 설정한 우선순위를 고려하여 활동의 유사성에 따라 수행한다. 이것은 엄청나게 힘든 일이 될 수 있지만, 수요 생태계 이해에 도달하기 위한 중대한 단계이다. 예를 들면, 프리토레이는 10,327개의 활동과 33,333개의 목표 및 수백 개가 넘는 이용 배경을 다뤘다. 프리토레이는 그 다음에 수십 개의 더 넓은 범주로 목표들을 구분했고, 궁극적으로는 즉석 요리 및 바로 먹을 수 있는 식품과 관련된 수백 가지의 활동과 연관된 15개에 불과한 목표로 수요군을 좁혔다. 이런 목표들의 예로는 '약한 건강 바로잡기' 처럼 매

우 기능적인 목표들부터 '대접하거나 탐닉하기 위해' 처럼 더 구체적이고 감정적인 목표들도 있었다.

이런 수요 조망을 창출하는 것은 전통적인 시장 조사 및 고객 조사의 관점에서 볼 때 미지의 영역이었다. 프리토레이가 수년 동안 찾아 온 것은 프리토레이 제품들이 설문 대상 고객의 마음속에서 경쟁 제품들에 비해 어떤가하는 점이었다. 프리토레이 제품들이 즉석 요리 및 바로 먹을 수 있는 식품의 소비와 연관된 넓은 범위의 활동과 목표들에 걸쳐 정의된 사람들의 생활 속에 어떻게 들어맞는가하는 점은 찾아본 적이 없었던 것이다.

3단계: 수요 조망 완결하기

수요 조망의 대략의 윤곽을 정한 후, 기업은 기존의 전통적인 조사를 한 겹 추가할 수 있다. 대부분의 기업은 고객에 관한 광범위한 조사를 하고 있지만, 이런 정보는 다양한 목적을 위한 다양한 표본들에서 수집된 시장 조사 보고서들 속에 깊게 파묻혀 있는 것이 보통이다. 그런데도 더 많은 조사가 산업이나 범주 수준에서 이뤄질 수 있다. 하지만 이런 데이터 중 어느 것도 유용한 용도로 쓰이지 못하는데, 그 이유는 데이터에 적절한 틀과 구조가 없기 때문이다. 프리토레이는 독자적인 아이트랙(iTrac) 조사뿐만 아니라 랜디스사(Landis)가 수행한 월드오브스낵스(World of Snacks) 연합 연구 같은 자체의 광범위한 조사에 의존했다. 예를 들면 월드오브스낵스 연구는 250개가 넘는 속성에 걸쳐 고객 정보를 제공해 줬으며, 그런 속성들을 수요군으로 매핑시켰다. 랜디스는 또한 감자 칩이 영양가가 있다고 생각하는 고객의 비율 같은 제품범주수준(product-category-level) 데이터도 제공했다. 이렇게 기존 데이터를 수요군들과 교차시킴으로써 각 군에 속한 수요의 규모를 결정했다. 이 단계에서 면담 중에 수집된 구매 정보가 중요한 역할을 한다.

4단계: 수요군들을 전략적 가치의 관점에서 평가하기

프리토레이는 목표와 활동들에 의해 정의된 수요군들을 평가하기 위해 3가지 수준의 기준을 이용했다. 첫째는 고객이 생활 속에서 특정한 목표나 활동 또는 수요군에 부여하는 상대적 우선순위였다. 둘째는 특정한 수요군이 편의점, 약국, 자판기 및 저가형 매장 및 대형 판매점 같은 IC 경로와 어울리는 정도인 경로 적합도였다. 마지막은 시장 매력도, 예를 들면 특정 수요군이 다른 제품 범주들과 경쟁력이 있는 정도였다. 일부 매우 귀중한 수요군들이 경쟁 또한 심하며 소고기 육포나 과자 같은 대체 제품들에 의해 심하게 견제를 받고 있다는 것이 드러났다.

5단계: 기존 브랜드가 수요 조망에 얼마나 들어맞는지 평가하기

여기에서의 주안점은 특정 브랜드 제품의 이용과 소비에서의 차이가 제품 자체에 기인하는지 아니면 제품이 고객을 향해 전형적으로

포지션이 설정된 방법에 기인하는지의 여부를 이해하는 것이다.

프리토레이가 이 단계의 과정으로부터 얻은 가장 중요한 통찰력 중의 하나는 각 제품이 수요 조망의 관점에서 묘사된 고객의 생활에서 서로 다른 역할을 한다는 것이었다. 이 중요한 통찰력은 배경과의 관계에서 브랜드가 하는 역할에 대한 추가 연구를 하도록 만들었다.

이 점을 더 잘 이해하기 위해서 프리토레이는 레이즈 브랜드의 정체성 요소와 속성을 수요 조망에 걸쳐 매핑시켰다. 이 분석 결과 놀라운 사실이 드러났다. 프리토레이는 레이즈 브랜드가 '참을 수 없음'('하나만 먹고는 못 배깁니다.' 라는 예전 광고와 나중에 나온 '미국에서 제일 맛있는 감자 칩' 광고로 표현)이라는 개념으로 요약될 수 있었던 것처럼, 오랫동안 의도적으로 기능적 편익과 감정적 편익 및 갈망을 충족시키는 자신이 먹고 싶은 대로 놔두는 감정을 전달하도록 포지션이 설정되어있었던 반면, 실제로는 고객이 감자 칩 자체에 관한 감정보다는 싼 특정한 이용 배경과 활동 및 목표 달성 정서와 레이즈를 연관시킨다는 것을 알게 되었다.

다른 중요한 통찰력은 사람들의 활동이 반드시 점심이나 저녁 같은 중요한 식사나 활동 또는 순간들(예를 들면, 친구들이나 가족과 함께 바비큐를 준비해야 하는 짧은 시간)은 아니라는 점을 알게 됨으로써 나왔다. 사람들의 활동은 오히려 스스로에게 의미를 주는 내부지향적인 감정을 유발하는 단순한 기쁨의 순간들이었다. 소비자에게 있어서 '편안하고 확신을 느끼는' 목표를 달성하는 것은 불가피하게, 시간의 경과를 신경 쓸 이유가 없는 구체적이고 지속적인 장소인, 횃불이나 등대의 이미지를 유발했다.

다분히 놀랍게도, 레이즈는 시간과 무관하게 항상 존재하는 순간 속에서 편안함을 주는 하나의 등대처럼 여겨지는 경우가 많았다. 이 사실을 깨달은 프리토레이는 선택된 수요군들 속에서의 많은 활동을 가리키는 배경적, 사회상황적 기준인 '단순한 즐거움의 순간들'을 강조하는 포지션설정에 새로 초점을 맞추기로 결정했다.

'편안함과 확신'은 더 나아가 프리토레이와 '건강과 웰빙'의 교차점을 형성했다. 그것은 '편안함과 확신'은 사람들이 그것을 목표로 추구하는 광범위한 모든 활동을 배경으로 하여 얻기 때문이었다.

"우리 어머니가 그랬듯이 나도 파이를 굽는다. 나는 우리 가족을 위해 직접 으깬 감자 요리를 만들기 위해 특별한 노력을 한다. 나는 우리 가족을 위해 뭔가 좋은 일을 하고 있기 때문에 정서적으로 편안함을 느낀다."

편안함과 확신을 초월하는 목표인 건강은 어머니가 만들어 주셨던 음식, 공장 처리가 별로 안 된 식품 같은 건강에 좋은 식품을 소비하는 문제일 수 있다. 혹은 건강은 편안한 느낌을 주는 낯익은 음식의 관점에서 본 정서적인 웰빙의 느낌을 얻는 것을 의미할 수도 있다.

건강과 웰빙이 편안함 및 확신과 교차하는 곳이 프리토레이 브랜드들이 사람들에게 가장 잘 맞아떨어질 수 있는 장소, 즉 고객의 일상생활에 들어맞을 수 있는 구체적인 방법이었다. 그리고 당연히 레이즈는 절대적으로 '미국에서 가장 맛있는 감자 칩'이었지만, 조사 결과는 편안함과 확신이라는 목표에서 레이즈가 어떤 역할을 한다고 말하면서 그런 니즈에 속성과 편익들을 합치시키는 것은 그런 목표를 달성하는 것과 관련된 고객의 생활 속에 레이즈를 연결시키는 것보다 중요하지 않다는 것을 암시했다.

행크의 하루

행크라는 사람이 있다고 가정해보자(〈그림 3-2〉 참조). 행크는 통계담당자들이 예외자라고 부를 만한 사람이다. 그는 고객 니즈와 원츠 및 동기를 조사하는 모든 재래식 조사의 모든 요소에서 어느 정도 점수를 받는다. 그는 모든 곳에 모습을 보인다. 따라서 그 결과 그는 거의 분명하게 보통 '분류 불가'로 데이터 목록에서 배제되는 종류의 사람이다. 그는 보통 어떤 분석에도 포함되지 않는 것이다.

현실에 직면하면 전형적인 마케터는 이 고객에 타겟을 설정할 때 어려움을 겪을 것이다. 행크를 니즈나 원츠에 따라서 어떤 세그먼트에 할당하는 것은 쉽지 않다. 그는 때로는 일에 몰두하거나, 사람들과 어울리거나, 지루함에서 벗어나고자 하는 등 너무 다양한 니즈를 가지고 있는 것처럼 보인다.

<그림 3-2> 행크의 하루

오전 6시

오전 7:04
공사장으로 가는 길에 던킨 도넛에 들러 평소처럼 블랙커피와 보통 도넛을 먹음. 잠 깨는 데에 최고이다.

오전 10:45
오전 중 슬럼프 시간...
트럭 안에서 동료가 집에서 가져온 보온병에 든 커피를 마심.

오전 11:30
배가 고프지만, 점심시간은 조금 더 있어야 함. 프리토레이의 벌꿀 BBQ(Honey BBQ)를 반 봉지 먹음.

오후 12:40
칠리즈(Chili's) 식당에 가서 동료의 생일을 축하함. 집에서 만든 것 같이 푸근한 음식을 먹으려고 붉은 소스를 친 새 특제 파스타를 먹음.

오후 2:50
하루가 길어진다. 세 번째 공사장으로 이동. 가는 길에 셸(Shell)에 들러 기름을 넣고, 닥터 페퍼(Dr. Pepper)와 스키틀즈(Skittles) 한 봉지를 삼.

오후 4:44
공사장에 있는데 또 배가 고파짐. 셸 주요소에서 산 과자를 한 봉지 먹음.

오후 6:37
집에 오는 길에, 영화 한 편을 빌리고 잭인더박스(Jack in the Box)에 들러 저녁에 먹을 것을 조금 더 삼.

저녁 8:50
저녁을 먹은 후 아들과 함께 데일리 퀸(Dairy Queen)에 들러 좋은 성적에 대한 상으로 블리자드(Blizzard)를 한 개 사 줌.

밤 10:15
닥터 페퍼를 마시며 아내와 오늘 하루 동안 있었던 일들을 얘기함.

오후 12시

밤 12시

보충
유지
개선
습관
기운 차리기
나를 이기기

편안함을 느낌
새로운 일 해보기
함께 시간 보내기
기운 차리기
지루함 탈출

나를 이기기
활기를 주는 일
대접 또는 몰두
함께 시간 보내기
편안함을 느낌

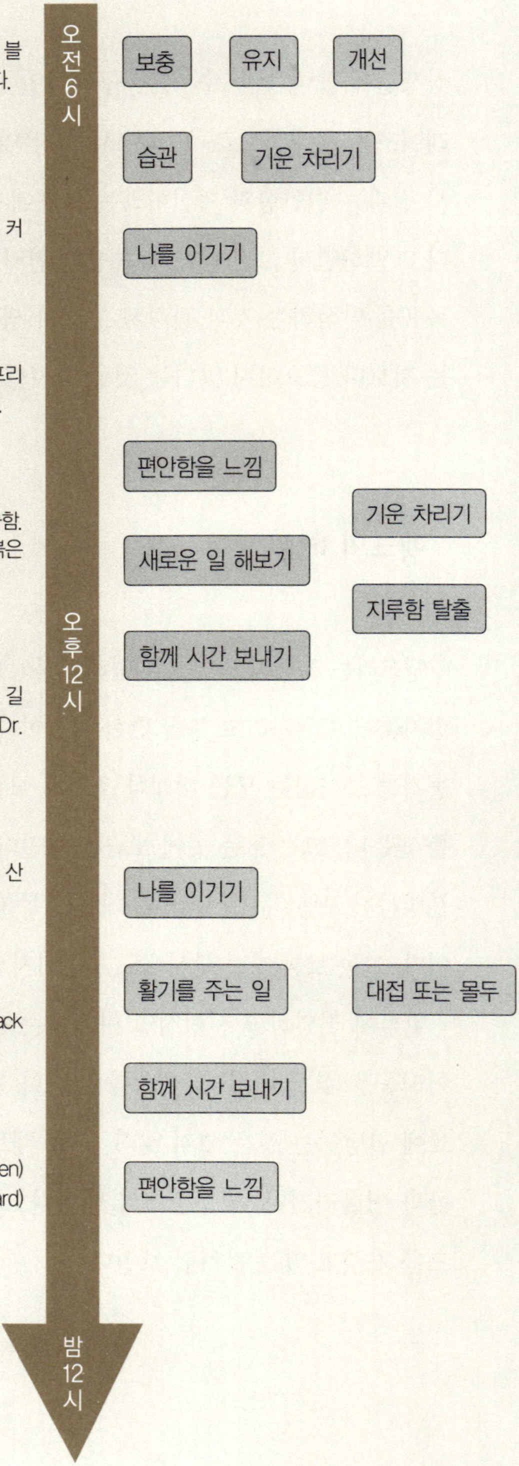

하지만 행크가 스낵을 자주 먹고 좋아하는 고객이라고 가정해보자. 그가 우연히, 예전의 조사자들이 전형적으로 짠 맛이 나는 스낵을 좋아하는 강한 동기라고 분류하는, 스낵 먹기를 좋아하는 5가지가 넘는 분명한 동기를 경험하게 된다고 쳐보자.

수요 조망 창출의 실용적인 결과 중 하나는 수요 조망이 기업으로 하여금 기업이 전보다 깊게 고객 수요의 복잡성과 변화하는 성질을 생각하게 만든다는 것이다. 프리토레이의 경우에, 수요 조망은 단지 프리토레이에 적합한 소비를 중심으로 하는 고객 수요의 생태계를 구성하는 복잡한 지도의 한 쪽만을 제공해 줬더라도, 단순히 전형적인 점심 및 저녁 식사라는 범주를 살펴보기만 해도 프리토레이를 위한 기회는 전에 상상할 수 있던 것보다 훨씬 크다는 사실을 이미 보여줬다. 그 기회는 규모의 측면에서만 더 컸던 것이 아니라, 매일매일을 단지 조금 더 즐겁게 만들어 줘서 식품 소비를 둘러싼 경험을 변모시켜 고객의 건강을 진정으로 향상시키는 측면도 더 커졌다.

소비자 수요의 성질에 대해 더 많은 것을 배우려면, 우리는 수요 조망의 윤곽을 몇 가지 렌즈를 통해 관찰함으로써 해부할 필요가 있다. 프리토레이는 소비자가 일상생활 속에서 스낵을 먹기 전과 후에 일시적으로 일어나는 일을 살펴봤다. 거기에 뭔가 체계적인 행동 유형이 있었을까? 프리토레이가 얻은 한 가지 통찰력은 레이즈가 들어맞을 수 있는 점심이나 저녁은 사람마다 한정된 횟수에 불과하더라도, 감자 칩 같은 보충 식품 없이도 샌드위치만 소비하는 활동이 꽤 많다는 것이었다. 수요 조망인 고객의 일상생활 속에 있는 이런 일들과 순간들을 드러내줬다는 말이다.

프리토레이는 또한 수요 조망을 전체 시장의 관점에서 더 넓게 바라보면서 이렇게 질문해보았다. "행크 같은 극단적인 소비자의 경우에 행동 유형이 평균 소비자와 어떻게 다른가?" 수요와 이용 경험의 주변에서 이런 탐구를 해보니 프리토레이의 전체 기회 공간에 대한 새로운 통찰력을 얻을 수 있었다.

프리토레이의 경우, 이런 조사는 회사의 전략을 강화하는 것뿐만 아니라 신제품 개발에 대해 다시 생각하고 혁신의 우선순위를 정하며 전반적인 브랜드 포트폴리오를 재평가하고 마케팅 노력의 전반적인 활성화를 개편하는 것과도 관련된 행동을 위한 전략 청사진을 개발할 수 있게 해줬다. 레이즈를 위한 새로운 방향을 활성화한 초기 노력에서 중요했던 부분 몇 가지는 다음과 같다.

프리토레이의 행동을 위한 전략 청사진

수요를 단순히 고객의 니즈와 원츠의 관점에서만 바라보지 않고, 미국에서 제일 맛있는 감자 칩을 전달하고, '참을 수 없음'이라는 관념을 마케팅함으로써, 프리토레이는 레이즈를 위한 혁신과 성장의 기회를 훨씬 더 넓고 깊게 이해하게 되었다. 전체 수요 생태계를 바라보고 레이즈가 이런 수요와 어떻게 교차하는지 바라봄으로써,

프리토레이는 신제품, 새로운 활성화 방식, 고객과 만나는 새로운 방법, 그리고 빤히 보이는 곳에 숨겨져 있던 고객 우위를 개발하는 새로운 길을 찾을 수 있는 기회를 보게 되었다.

　레이즈에 적합한 수요 기회는 단지 점심이나 저녁 같은 식품을 소비하는 일이 아니라 정말 중요한 일들(매일매일을 조금 더 즐거운 일로 만드는 삶 속의 단순한 즐거움들)에 초점을 맞추기 위해 사람들이 시간을 쓰는 일상생활 속의 순간들이 되었다. 근본적으로는 단순한 기쁨의 순간들은 레이즈의 기회의 범위를 중요한 방식으로 새로 그렸다. 대신에 레이즈의 포지셔닝은 더 넓은 범위의 수요를 공략할 수 있는 새롭고 강력한 방식으로 자리 잡았다. 그 방향은 미국 제일의 감자 칩과 참을 수 없는 맛 및 정해진 특징들 같은 제품 품질을 강조하는 것에서 벗어나서 모든 미국인이 좋아하는 고전적인 레이즈 브랜드와 거기에 내재한 선의, 건강함, 진정함, 현실성, 독창성, 그리고 가정의 가치가 소비자에게 중요한 순간들과 교차하는 방법에 더 많은 중점을 두게 되었다. 레이즈는 하나의 등대로, 즉 빠르게 움직이는 세상에 있는 변치 않고 믿을 수 있는 객체로서 개념화되었던 것이다.

　프리토레이는 활성화를 추진하기 위해 레이즈의 순간을, 즉 어떤 것이 레이즈의 순간이고 어떤 것은 아닌지를 분명하게 정의했다. 예를 들면, 고객의 일상생활에서 전형적인 순간은 소풍이나 바비큐, 가족 모임, 책읽기, 또는 단순히 휴식이었다. 술집에 있거나, 춤을 추거나, 우아하거나 공식적인 행사같은 긴장을 주는 모임이 아니었다. 레이즈의 순간들은 더 나아가서 장소, 역할, 제품 외관 및 표현의 관점에서 정의되었다. 예를 들면 표현은 지나치지 않은 즐거움과 긍정적인 측면 및 경우에 어울리느냐의 관점에서 정의되었다. 이렇게 전체적인 전략을 배경에 맞게 바꾸는 것은 전반적인 활성화 노력을 개발하는 데에 유용한 것으로 드러났으며, 그것은 미소를 머금게 하는 편안한 휴식이 되었다.

등대는 하나의 은유이자 개념이었지만, 미소 휴식은 일상생활에서 등대를 구체화하는 추진력이자 행동이 되었다. 프리토레이는 이것을 즉각적인 발전을 이룰 기회로 간주했다. 미소 휴식은 "근무 중에 노트북컴퓨터를 치고 있지만, 짬을 내어 인터넷에서 어머니께 드릴 책을 한 권 산다." 같은 단순한 순간이 될 수 있다. 미소 휴식은 사람들이 계획하지 않고 마음에서 우러나는 긍정적인 일, 즉 간단히 말해서 사람들을 미소 짓게 만드는 일들을 하기 위해 시간을 보내는 순간이다. 미소 휴식은 더 중요하거나 덜 중요한 일들로 이뤄진 더 큰 규모의 일들 속에도 있을 수 있다.

다음 단계는 미소 휴식 순간들을 매체와 유통 경로에 걸쳐 활성화해서(TV, 인쇄물, 라디오 및 인터넷부터 스포츠나 특별한 이벤트들에 걸친), 상표 전체에 걸쳐서(레이즈 클래식Lay's Classic, 레이즈 스택스Lay's Stax등등), 가시성 기반들에 걸쳐서(샌드위치, 소매 행사, 미소 판촉 및 독립기념일 같은 휴일), 인구통계학적 고객 집단들에 걸쳐서, 그리고 포장, 매장, 웹 및 기타 상품 진열 장소 같은 다중 고객 접점에 걸쳐서 레이즈 브랜드를 창출하는 것이었다. 뉴욕에 있는 대행사인 BBDO가 창출한 프리토레이 TV 광고와 인쇄 광고 및 옥외 광고는 다양한 설정과 배경에서 미소를 짓고 있는 배우들이 아닌 보통 사람들을 등장시켜서 미소 휴식의 개념을 만들어냈다. 인터넷 후원 및 포장은 고객에게 "미소를 머금으세요."하고 설득했다. 포장 자체에도 고객에게 휴식을 취하고 잠시 멈춰서 재미있는 짧은 글을 읽거나 코미디 프로를 보도록 권하는 내용을 담았다. 매장 내의 광고물에도 다양한 미소 휴식을 취하고 있는 보통 사람들을 보여줬다. 프리토레이에게 있어서 미소 휴식은 기존 마케팅 노력들을 대체하여 삶의 특별하고 마법 같은 순간들을 음미하면서 실제로는 편히 앉아서 칩의 냄새를 맡고 맛을 보도록 하는 행동 제안을 하는 것이었다. 레이즈의 모든 진열과 판촉 및 광고는 화끈한 가격이 아니라 어떤 순간, 어떤 구매 행동 또는 미소 휴식을 제안했다.

그 결과는? 경쟁이 치열한 IC 매장 경로 내의 성장이 새로운 광고의 공개 이후 몇 달 만에 10% 증가했고, 식품점들에서는 15%가 늘었다. 프리토레이 전체적으로, 그리고 특히 레이즈 브랜드는 오랫동안 높은 시장 점유율은 유지하고 있었지만 단위 수량 성장률은 줄어들고 있었는데, 포장 크기나 가격을 바꾸지 않고도, 펩시코 매출의 1/3에 가까운 부분을 차지하고 있던(본 브랜드인 펩시보다도 컸다) 레이즈의 30억 달러 사업이 3개월 만에 10 내지 15% 성장했던 것이다. "이용하는 게 자랑스럽다." 또는 "이 브랜드는 힘이 있다." 같은 브랜드 호감도나 측정법으로 계산한 레이즈의 브랜드 자산은 모든 세그먼트에서 증가했다.

고객들에 관해 다르게 생각한지 몇 년 만에, 프리토레이는 단지 매장 판매량을 최대화하는 대신 소비 순간들을 향상시키는 것을 강조하는 쪽으로 근본적으로 전략을 바꿨던 것이다.

4단계의 질문법

DIG 모형을 채택하기 시작하는 기업들에게는 쓸 수 있는 조사 방법론의 수가 점점 더 많아지고 있다. 이런 데이터 수집 방법 중 여러 가지가 인류학과 심리학 및 사회학 분야에서 이용되는 민족지학적 조사에서 도출되었으며, 대부분은 실행 가능하고 다양한 유형의 기업들과 여러 산업 내에서 효과적으로 쓸 수 있는 것들이다.

물론 문제는 기업과 상황에 맞는 것들을 고르는 것이다. 선택 대안들이 많다는 것은 당연히 언제, 어떤 효과를 내고, 어떤 용도로 어떤 방법론을 이용해야 할지에 대한 혼동을 야기하기 때문이다.

〈그림 3-3〉에 나오는 표는 기업들이 언제 어떤 방법을 택해야 하는지 결정하는 데에 도움이 될 것이다.[8] 이 표는 전략가들이 DIG 과정의 여러 단계에서 자문할 수 있는 다양한 질문들을 고려하고

있는데, 그 질문들은 대략 다음과 같다.

1. 탐구하기: 혁신을 해야 한다는 사실은 알지만, 고객 수요 조망
   은 무엇인가?
2. 정의하기: 고객 수요 조망은 알지만, 기회는 어디에 있는가?
3. 강화하기: 기회들이 어디에 있는지 알지만, 우리 제품이나 브
   랜드가 고객의 삶에서 강력한 역할을 할 수 있도록 그 기회들
   을 활용할 방법은 무엇인가?
4. 정련하기: 혁신하고자 하는 방법은 알지만, 고객의 삶에 정확
   히 들어맞도록 혁신을 정련하거나 시험하는 방법은 무엇인가?

데이터 수집 방법론들은 두 가지 기준으로 구분할 수 있다. 첫째 기준은 조사의 폭과 범위를 위주로 하며, 둘째 기준은 조사가 고객의 생활이라는 배경 내에서 수행되는지의 여부를 위주로 한다. 이런 두 기준의 교차점에서 4부분이 정의된다. 각 부분은 마케터들이 DIG 모형에서 위치하는 장소를 기반으로 하여 옳은 데이터를 수집하는 데에 도움이 되는 조사 방법을 강조한다.

집중 조사 대 광범위 조사

수평 축은 조사 범위가 좁고 깊은 기능적이고 잘 정의된 고객의 삶의 부분 내에서 수행되는지의 여부를 정의하는데(예: 스낵 맘껏 먹

기 또는 생활 체육하기), 바꿔 말하면 조사가 고객의 삶 전체를 살펴보느냐의 여부를 정의하는 것이다(즉, 고객이 일상에서 하는 식사나 음주 같은 특정 활동에 관련된 목표와 활동 및 우선순위들). 집중 조사는 전략가로 하여금 고객 활동과 행동에 관해 자세하게 파고들 수 있도록 해주는 반면, 광범위 조사는 마케터로 하여금 편견 없이 행동 양식과 귀납적 과정 사고를 파헤칠 수 있게 해준다. 집중 조사는 불가피하게 광범위한 조사보다 범위가 더 좁으며 따라서 더 결과 지향적이다.

마케터들은, 수집된 결과들을 해석하거나 실행하기가 확실히 더 쉽기 때문에, 조사에만 집중하는 경우가 너무 많다. 하지만 만약 마케터들이 DIG 과정 내의 한 지점에 머물고 있으면서 수요 조망을 그려내기 시작하고 있을 뿐이라면, 더 광범위한 조사 방법을 적용하여 가능한 한 많은 고객 행동들을 파악할 필요가 있다.

배경 내 조사 대 배경 외 조사

수직 축은 조사가 행해지는 배경을 살펴본다. 이용 배경은 특정 혁신 영역 또는 제품과 관련한 특정 고객 경험이 발생하는 장소로 정의할 수 있다. '배경 내'라는 것은 고객의 생활이라는 배경 속에서 이뤄짐을 뜻하며, 따라서 배경 내 조사는 마케터들이 고객의 생활 속에 스스로 몰입하기를 요구한다. 배경 외 조사는 실험실이나 회사 회의실 같은 통제된 인위적 환경 내에서 행해진다. 조사가 고객의 생활 배경 속에서 수행되는지의 여부는 마케터들이 필요로 하는 정보의 유형과 마케터들이 결과에 대해 원하는 통제의 정도에 의존하지 않는다.

이런 두 가지 기준에 따라 다음과 같은 4개의 사분면이 나온다.

▶ **탐구** *혁신을 해야 한다는 사실은 알지만, 고객 수요 조망은 무엇인가?*

전략가들은 4사분면 내의 방법들을 광범위하게 배경 외에서 이용할 수 있다. 전략가들은 보통 이 과정 초기에, 고객의 잠재적인 목표, 활동, 우선순위, 배경, 니즈, 좌절 및 분투에 대한 초기의 개관을 통해 고객의 일상생활이라는 잠재적인 분야를 이해할 필요가 있다. 그 결과 전략가들은 조사 프로젝트, 혁신을 할 가능성이 있는 분야에 대한 가설을 만들어내기 위해 고객 수요 조망을 탐구하도록 설계된, 열려져 있는 광범위한 조사들로 구성하게 된다. 이 작업은 예비적이며 거의 텅 빈 화폭으로 시작되기 때문에, 고객 가정(假定) 난상 토론 같은 배경 외 방법론들은 혁신 분야를 더 빠르게 탐구하고 찾아낼 수 있게 해줄 수도 있다.

▶ **정의** *고객 수요 조망은 알지만, 기회는 어디에 있는가?*

전략가들은 1사분면 내의 방법론들을 광범위하게 배경 내에서 이용할 수 있다. 일단 전략가들이 고객 수요 조망에 대해 더 잘 이해하게 되어 가설들을 만들어내게 되면, 마케터들은 그런 가설들을 시험하여 어떤 기회들이 존재하는지 정의할 필요가 있다. 여기서 조사는 편견 없는 시각을 얻기 위해 고객의 생활이라는 배경 내에서 수행되는 경우가 많다. 이 단계에서 쓰이는 방법론들은 상당한 범위의 행동들을 수집하기 위해 광범위해야 한다. 따라서 전략가들은 더 많은 잠재적인 기회 틈새들을 찾아낼 수 있다. 하지만 이 방법들은 또한 시간과 돈과 마케터들의 관점에서 더 많은 자원을 요하는 경우가 많다. 고객을 미행하거나 '나의 하루' 같은 고객 일지에서 정보를 수집하는 것 같은 방법론들이 이런 유형의 프로젝트들에 대해 가장 풍부하고 가장 포괄적인 정보를 제공한다.

▶ **강화** *기회들이 어디에 있는지 알지만, 우리 제품이나 브랜드가 고객의 삶에서 강력한 역할을 할 수 있도록 그 기회들을 활용할 방법은 무엇인가?*

마케터들은 2사분면 내에 있는 방법들을 보다 좁게 배경 내에서 이용할 수 있다. 정확히 어디에 주안점을 둬야 할지 알게 되면, 마케터들은 알게 된 내용을 그들의 제품이나 브랜드가 고객의 삶 속에서 제 역할을 할 수 있는 장소에 관한 상세한 정보로 강화하여, 고객 행동들을 수요군으로 구분하는 것을 완료하고, 더 나아가 수요군들을 전략적인 유용성의 관점에서 평가할 필요가 있다. 이런 방법들을 배경 내에서 좁게 적용하는 것은 고객 수요 조망과 혁신 분야에 대해 충분히 이해하는 것을 전제로 한다. 결과기반 면담이나 실생활 탐구는 기업이 타깃에 맞는 제품이나 서비스 또는 브랜드들을 개발하는 데에 도움이 되는 분명한 고객 이야기와 통찰력을 얻는 데에 쓰일 수 있는 방법들의 예이다.

▶ **정련** 혁신하고자 하는 방법은 알지만, 고객의 삶에 정확히 들어맞도록 혁신을 정련하거나 시험하는 방법은 무엇인가?

전략가들은 3사분면 내에 있는 방법들을 배경 외에서 보다 좁게 이용할 수 있다. 초기의 제품 또는 브랜드 혁신을 보유한 전략가들은 혁신이 수요 조망에 들어맞거나 작용하는 것을 확실히 하기 위해서 시험하고 정련하며 입증할 필요가 있다. 고객제품 상호 작용 관찰과 고객주도 문제해결 워크숍 및 역할 연기는 모두 기업이 통제된 설정 내에서 기업의 혁신을 시험하고 그에 대한 피드백을 받을 수 있게 해주는 방법들이다. 좁게 배경 외에서 적용하면 특정한 기회들을 정련하는 데에 이런 방법들이 더 효과적이고 효율적이다.

제4장은 수요우선 혁신 및 성장 모형을 고객 수요 조망에 주안점을 두고 기업이 기회 공간을 어떻게 시작할 수 있는지에 대해서 살펴본다. 뮌헨에 근거를 둔 거대 보험사인 알리안츠(Allianz) 이야기를 위주로 설명해보기로 하자.

미래 혁신을 위한 프레임 바꾸기

2001년 초, 독일 뮌헨에 기반을 둔 다국적 보험 회사인 알리안츠는 갈림길에 서 있었다. 금융 및 보험 분야에 대한 규제 철폐의 결과 몇 가지 어려운 과제에 직면했던 것이다. 불안정한 시기를 겪고 있었음에도 불구하고, 알리안츠는 유럽에 운영 법인들을 둔 독일 보험 회사에서 국제적인 금융 서비스 회사로 변모하는 것을 목표로 했다.

하지만 이런 변화가 하룻밤 사이에 일어난 것이 아니었다. 1970년대와 1980년대에 이미 유럽 전역에서 이뤄진 성공적인 기업인수와 더불어 알리안츠는 사실상 일찍부터 자리를 잡기 시작했다. 1990년대에는 8개 동유럽 국가와 미국 내에 있는 기업들뿐만 아니라 중요한 의미가 있는 프랑스에 있는 보험회사인 AGF(Assurance

Generales de France)를 인수하면서 추가 확장이 이뤄졌다. 특히 AGF 인수는 나중에 아시아와 남미까지 확장하게 되는 교두보를 확보한 셈이었다.

전통적인 시장 주도자로서 독일의 고객 시장 점유율이 29%였던 알리안츠의 강점은 단지 과거의 인수합병 전략뿐만이 아니라 탁월한 현장대리점 영업 인력의 덕도 컸다. 하지만 그 조직은 또한 전통적인 접근방법들을 견지하고 있었는데, 혁신 및 제품 개발과 관련해서는 특히 더 했다. 심지어는 시장 조사와 경쟁자들의 조치가 미래에 보험 산업이 나아갈 길에 상전벽해 같은 변화가 있을 것이라는 신호를 보낼 때도 마찬가지였다.

예를 들면 알리안츠의 경쟁력 있는 포트폴리오를 떠받치는 기둥들 중 하나는 오랫동안 광범위한 전속 대리점들로 이뤄진 네트워크였으며, 전속 대리점들은 독일 전역의 크고 작은 공동체들에 깊고 굵게 뿌리박은 알리안츠의 중추를 형성했다. 독일의 거의 모든 도시와 마을에서 알리안츠 대리점들은 해당 지역 공동체 내에서 존경을 받는 사람들이었다. 그런데 강력한 영업 인력은 기존 또는 새로운 제품과 서비스를 판촉하고 판매하는 데에 있어서 영업 및 마케팅 도구의 하나로서 지속적으로 엄청난 효율을 보여줬으나, 조사에 의하면 또한 영업 인력들과 미리 정해진 사적인 만남을 상례적으로 하는 대신 쉽게 접할 수 있는 지역 은행 또는 직접 보험사들을 선호하는 수요도 증가하고 있었다.

"현장 대리점의 시대는 끝나가고 있는가? 그렇지 않다면, 어떻게 진화할 것인가?"하는 의문이 있었으며, 그 의미에 대해 많은 의논과 토론이 있었다. 예를 들면, 알리안츠보다 더 큰 글로벌 경쟁사인 시티코프(Citicorp)는 자칭 '금융 서비스 슈퍼마켓'(유럽에서는 은행과 보험을 겸하는 금융업의 형태를 '올파이낸스all-finance' 또는 '방카슈랑스bank-assurance' 모형이라고 한다)이라는 전략을 추구해 오고 있었는데, 그 결과는 딱히 '좋다, 나쁘다'고 잘라서 말할 수 없었다.

알리안츠는 앞서서 움직이기로 결정했다. 당시 알리안츠 독일 법인의 마케팅 책임자였던 미카엘 마스쿠스(Michael Maskus)는 "다중 경로(multichannel) 영업과 마케팅 모형이 빠르게 다가오고 있었으며, 우리는 뒤처지고 싶지 않았다."고 설명한 바 있다.

전략의 새로운 기초

세링(Schering: 독일의 제약 회사 – 옮긴이), 바이에르스도르프(Beiersdorf: 독일의 스킨케어 화장품 전문 업체 – 옮긴이) 및 존슨앤드존슨에서 책임자급 마케팅과 영업 경력이 있는 마스쿠스는 1993년에 알리안츠에 합류했다. 당시 유럽은 금융과 보험 분야의 규제 철폐기를 겪고 있었다. 마스쿠스의 핵심 목표 중 하나는 알리안츠를 점점 더 경쟁력이 강해지고 고객을 더 많이 대면하는 조직으로 발전시키고자 하는 것이었지만, 기업의 사고방식을 변화시키는 것은 쉽지 않았다.

마스쿠스는 이렇게 회상했다. "규제 철폐 이전에는 보험 산업에 그다지 경쟁이 심하지 않았다. 알리안츠가 보험 산업의 주도자였고 보험협회를 장악하고 있었기 때문에, 당시에는 보험업계 전반의 문제들에 대해 경쟁적이고 시장주도적인 해결책이 필요하며 바람직하기도 하다는 얘기는 비교적 듣기 어려웠다."

사실, 유럽과 세계 경제권들의 급속한 통합과 전 세계적인 보험·금융 서비스 부문의 개방이 없었다면, 그런 안도감은 절대 도전을 받지 않았을지도 모른다. 그런데 시장 내의 이런 외생적 변화들은 알리안츠의 최고 관리자들로 하여금 (마스쿠스의 표현을 빌면) "항상 무리의 꼭대기에 있고 주도권을 잡고 있다는 것이 꼭 좋은 일만은 아니다. 때로는 시장 주도자의 지위가 조직 내의 안도감으로 귀결될 수 있으며, 그 때문에 혁신을 방해하고 창의적인 문화의 성장을 저해할 수도 있다."는 것을 깨닫도록 자극했던 것이다.

한편, 알리안츠는 인수를 통해 자산 관리 사업도 확대했는데, 그 예로는 미국에 기반을 둔 고정 소득 및 관리 분야의 주도 기업이던 핌코(Pimco)를 인수한 것을 들 수 있다. 시간이 흐르면서 알리안츠는 1조 2천억 유로에 달하는 자산을 관리하는 전 세계 유수의 자산 관리 기업 중 하나가 되었다. 은행 부문으로의 확장은 알리안츠가 프랑크푸르트에 기반을 둔 독일에서 셋째로 큰 사설 은행인 드레스드너 방크(Dresdner Bank)를 240억 유로에 인수하면서 실현되었다. 이 중요한 인수에 따라 이미 복잡해져 있던 알리안츠 제품 및 서비스 포트폴리오가 더 폭 넓고 깊어졌으며 고객 기반이 전 세계 7천만이 넘는 고객으로 확대되었다. 하지만 드레스드너를 인수한 것 그 자체로는, 알리안츠를 모든 고객에게 포괄적인 솔루션을 제공하는 글로벌 금융 서비스 기업으로 포지셔닝하는, 궁극적인 목표를 달성하기에 필요한 근본적인 변화를 가져오지는 않았다. 알리안츠에 진정으로 필요한 것은 고객에 새로운 주안점을 두는 것과 성장 모형이었다. 당시 CEO였던 헤닝 슐터 노엘레(Henning Schulte-Noelle)의 지도 하에, 마스쿠스는 알리안츠의 현재와 미래 기회에 맞서 싸울 수 있는 강력한 마케팅 팀을 개발하는 작업을 수행했다.

2002년, 알리안츠 그룹 국제 마케팅 최고책임자가 된 마스쿠스는 다양한 배경을 지닌 마케터들을 모집하여 알리안츠의 글로벌 마케팅 팀을 구성했다. 흥미롭게도, 마스쿠스처럼 새로 모집한 사람들도 대개는 금융업계 출신들보다는 소비재 마케팅 분야 출신들이었다.

나중에 CEO가 된 미카엘 디크만(Michael Diekmann)도 고객중심 접근방법을 강하게 신봉하는 사람이었으며, 드레스드너와의 합병이 이뤄진 시기에 북남미 지역 알리안츠 법인들을 책임지고 있었다. 그는 직장 경력 초기에 현장 고객관계 관리자로 근무하면서 알리안츠의 가장 큰 기회들 중의 하나인 단편화된 하나의 얼굴을 고객에게 맞게 조정하는 일을 직접 체험할 수 있었다. 빠르게 대두되고 있던 다채널 영업 모형은 고객과 보다 넓고 깊게 관계를 맺을 수 있는 풍부한 기회를 주었다(모든 임원들이 이를 인식하고 있었다). 그런데 그 전에는 바로 그 모형 때문에 이미 팽배해 있던 단편화가 악화될 위험성이 있다고 느끼기도 했던 것이다.

역사적으로 보면, 알리안츠는 손해보험, 생명 및 자산 관리, 그리고 기업 보험을 포함하는 개별 계열사들로 분리되어 있었으며, 그 각각은 고객 기반과 고객 기반에 접근하는 수단을 따로 관리하고 있었다. 마스쿠스는 자신이 느낀 바를 이렇게 표현했다. "고객과 고객 관계의 속성만 본다면, 알리안츠는 건강 보험 회사, 생명 보험 회사, 재산 및 인명 손해 보험 회사, 또는 심지어 은행처럼 여겨질 수도 있었다. 각 고객은 알리안츠를 5개의 별개의 회사로 볼 수 있었고, 그와 동시에 기업 전체의 관점에서 보면 한 명의 고객을 5명의 다른 고객으로 볼 가능성도 많았던 것이다."

하지만 고객에게 한 명의 고객 관계 관리자를 배정한다면, 그리고 장시간에 걸쳐 고객이 전담 관리자와 더 깊고 상호 만족하는 관계를 형성할 수 있다면 어떨까?

알리안츠가 그 일을 달성하고자 노력하면서, 영업 인력을 재구성하는 것보다 그런 궁극적인 해결책이 더 중요하다는 상급 간부들 전체에 걸친 의견 합일이 점차 이뤄졌다. 하나의 고객 관점과 하나의 목소리를 고객에게 정립시키는 것이 중요했다. 마스쿠스는 이렇게 설명했다. "과거에는 마케팅이 영업을 지원하는 기능의 하나로 간주되었습니다. 오랫동안 마케팅에 관련해서 유일하게 타당한 질문은 '매출을 올리는 결과를 가져올 수 있는 훌륭한 마케팅 활동은 무엇인가?' 였습니다. 그러나 이제는 그 질문이 (여전히 마케팅에 주안점을 두고 있기는 하지만) '심층적인 고객 이해에 기반을 두고 새로운 고객 니즈와 요구사항을 식별함으로써, 고객이 마지못해 구매하는 것이 아니라 실제로 바라는 보험 상품을 찾을 수 있게 상품을 설계하는 방법은 무엇인가?' 로 바뀌었습니다."

알리안츠 내에서 상품이 '보험회계적인 관점에서뿐만 아니라 시장·고객 시각을 현저하게 통합해서' 상품을 개발할 수 있다는 생각이 대두되고 있었던 것이다.

가장 마케팅적인 R&D

새로운 철학을 실행으로 옮기고자 하는 생각이 싹트고 있었다. 동시에 그것은 엄청나게 흥미로운 일이었다. 제품 혁신 시험 프로젝트 리더인 에릭 호이젤(Erik Heusel)은 이렇게 말했다. "우리는 고객으로부터 좋은 아이디어들을 받아들일 확성기와 고객의 니즈를 평가하는 과정을 개발할 필요가 있었습니다. 고객에게 해결책을 물을 수 있게 해주는 것이 아니라, 우리가 고객의 니즈와 요구사항들을 보다 명확하게 이해하고 표현할 수 있게 해주는 표준 절차 말입니다."

그 필요를 이해한 알리안츠는 마케팅을 상품개발과 밀접하게 연관시킨 새로운 틀을 정립했다. 그것은 충분히 적절하게 시장 지향 제품 개발이라고 불렸다.

마스쿠스의 회상에 따르면, 그 틀이 개발될 때 마케팅 팀 전체가 한 곳에 모여 겉보기에는 단순한 임무(말하기는 쉽지만 실행하기는 어렵다는 점에서)를 부여받았다.

그 임무는 이것이었다. "고객이 보험에 대해서 신경 쓰지 않는다고 인정하고 과정을 그대로 내버려 두는 대신, 보다 더 현명한 방식으로 고객에게 보험에 대해 질문할 방법에 대해 생각하라. 고객에게 상품이 어떻게 설계되어야 할 지 묻지는 않지만, 먼저 고객에 대해서 알아내기 위해 할 수 있는 일을 한 후에 상품과 서비스를 개발하라."

시험 프로젝트

계열사들 중 한 곳의 이 고객대면 철학에 공감한 중역이 2명 있었는데, 그 둘은 알리안츠 대인배상 책임 그룹의 게르하르트 게링(Gerhard Gehring)과 토머스 서머(Thomas Summer)였다. 그런데 이 점은 중요한 의미를 갖는다. 게링과 서머는 대인배당 책임 그룹을 시험 대상으로 삼기를 자청했으며, 2004년 봄에는 여러 분야의 알리안츠 간부들이 모여서 그들의 새로운 시각을 대인배상 책임 그룹 분야의 근본적인 문제들에 영향을 주는 시험을 했다. 대인배상 책임 보험(personal liability insurance. PLI)은 알리안츠에서 가장 오래되고 가장 역사적인 상품 범주들 중의 하나였는데, 알리안츠가 여전히 독일 내의 시장 주도자이기는 했지만 저비용 신규 진입 기업들 때문에 시장 점유율이 점차로 줄어들고 있는 분야이기도 했다.

PLI는 독일의 재산 및 배상법의 부산물이었는데, 이 법에 따르면 '제3자의 재산에 고의 없이 가해진 손괴 또는 개인 자신에게 고의 없이 가해진 손해는 그런 손괴 또는 손해를 끼친 사람이 원상 복구해야 한다.' 부지불식간에 가해자가 되는 경우가 많지만, 가해자는 비용이 얼마가 되든지 상관없이 피해자에 대한 금전적인 책임을 져야한다. 대부분의 경우('나는 우연히 내 친구가 좋아하는 꽃병을 깨뜨렸다.')에 최종 비용은 얼마 되지 않을지도 모르지만, 비교적 드문 상황('내가 우연히 깨뜨린 꽃병이 명나라 때의 진품 도자기였다.' 또는 '깨진 꽃병 조각에 내 친구가 눈을 다쳤다.') 또는 가장 심각한 경우('자전거를 타다가 이웃집 아이와 부딪쳤는데, 그 아이가 다쳐서 지금 병원에 있다.')에 금전적인 책임은 수백만 달러로 치솟을 수도 있다.

PLI는 자동차에 의해 야기된 손해(남들에게 상당한 물질적인 손해를 끼칠 가능성이 가장 높은 경로임에도 불구하고) 또는 토머스 서머가 설명한 바에 따르면 '개, 말, 여러 가지 애완동물, 보트, 임대 주택 및 해외여행'에 따른 손해도 보장하지 않았다. 그리고 이 상품이 보장하는 범위가 좁기 때문에, 일부 고객은 PLI를 필수가 아니라 선택 또는 사치라고 보고 전혀 가입하지 않으려는 유혹을 느꼈다. 보험금을 청구하면(보트 사고 또는 애완동물 부상 같은 경우에) 실망스럽게도 그들이 청구한 분야는 보험에서 보장을 하지 않는다는 것을 발견하게 되는 경우가 많아서 고객이 PLI에 좌절하는 경우가 너무 많았던 것이다.

예비 조사는 다음과 같은 기본적인 사실, 즉 비용 대비 총 편익의 관점에서 보면 알리안츠의 상품이 독일 시장에서 가장 매력적인 보험 중의 하나라는 사실을 명확히 드러내주었다. 하지만 소비자 잡지들이 알리안츠의 상품과 경쟁 상품들 간에 수행한 단순 가격 비교에 따르면, 편익 · 비용 · 보장 방정식의 세세한 내용들을 들여다보지 않고 보장과 가격 변수에만 한정해서 평가하는 경우 알리안츠 상품이 매력이 없어 보였다.

또한 어떤 독립 보험 웹 사이트들을 살펴봐도, 다양한 PLI 상품은 보장 금액과 기간에 대한 가격만을 보여주는 도표들만이 나와 있었다. 실제 지불과 청구 변제 행동 또는 서비스의 품질 같은 눈에 보이지 않는 요소들은 기준 또는 선택의 주안점으로 드러나 있지 않았다.

요컨대, 고도로 전문화된 상품이 고전적인 범용품으로 변해있었던 것이다. 구매 결정이 가격 외의 다른 요소에는 거의 영향을 받지 않을 가능성이 점점 높아지는 분야에서, 전에는 뛰어난 상품 공급자이던 알리안츠가 향유했던 우위가 줄어들고 있었다. 다르게 표현하면, 알리안츠의 캐시카우로 머물렀던 이 수익성 있는 분야의 시장 점유율이 줄어들고 있었는데, 그 분명한 이유는 고객이 PLI의 상품 특성을 이해하기 힘들어했고, 그 결과 PLI의 편익을 가격과 공제 대상 금액 및 보장 금액이라는 3가지의 좁은 차원으로 축소하고 있었기 때문이었다.

새로운 PLI 상품

가격 압박의 상승은 PLI 및 그와 관련한 고객 관계를 새로운 방식으로 생각해봐야 한다는 강한 자극을 주었다. PLI에 활기, 흥분, 짜릿함이 없었고 수십 년 동안 제대로 된 혁신이 없었다는 사실도 또 다른 동기가 되었다. 고참 자문관들이 정의한 프로젝트 팀의 임무와 요구는 명확했는데, 그것은 '불가피하고 지속 가능한 PLI의 가치 제안을 만들라' 는 것이었다. 부차적인 목표는 이 조사에서 얻은 교훈을 다른 제품과 분야들에 적용시키는 것이었다.

주안점은 보험 상품을 판매하는 것으로부터 PLI가 사람들의 생활과 교차하는 다양한 방법을 개선시키는 쪽으로 옮겨가도록 만드는 것이었다. 예를 들면 미국에서는 썩 잘 어울리는 이름의 프로그레시브(Progressive. 진보)라는 보험사가 '즉각 반응(Immediate Response)' 서비스를 도입했는데, 그것이 보험을 판매하는 방법을 바꿨다는 점

도 중요하지만, 그보다 더 중요한 것은 프로그레시브 보험이 사고
가 생겼을 때 보험을 접하고 이용하는 방법을 변모시켰다는 점이다
(프로그레시브 보험에 대해서는 제4장 뒷부분에서 다시 다룬다). 독일에서
는 잠에서 깨면서 알리안츠 PLI의 100% 보장이 없다는 이유로 상
실감을 느끼는 사람은 하나도 없었다. 그렇다면 그런 변화는 어떻
게 일어날 수 있었을까?

첫 단계는 수요 조망을 창출하는 것이었다. 이를 위해, 프로젝트
팀은 회사 내의 여러 부서에서 핵심 직원들을 모아 일련의 신중하
게 구성되고 준비된 워크숍을 열었다. 워크숍에는 정성(定性) 분석
분야(민족지학 및 관측 방법론 포함) 전문가 한 명, 보험회계사 몇, 여
러 영업 직원, 그리고 고참 이사급 간부들이 참여했다. 몇 달에 걸
친 워크숍에는 선별된 핵심 회계 관리자들뿐만 아니라, 마케팅, 영
업, 대인배상 책임 부서, 시장 조사, 민간 소비 기업 및 전략 브랜드
관리 분야를 대표하는 사람들도 참여했다. 전체 과정은 소수의 자
문관으로 이뤄진 팀이 진행을 맡았다.

중요한 점은, 프로젝트 팀이 고객의 관점도 잠재적인 새로운 기
회에 대한 논의를 창출하는 데 있어서 필수적인 요소라고 판단한
것이었다. 알리안츠는 그 전에는 용역을 주어 전통적인 브랜드 조
사를 했으며, 인지도와 브랜드 자산 및 브랜드 성과에 치중하고 알
리안츠 브랜드에 대한 대중의 태도에 변화가 있는지 살펴봤었다.
알리안츠는 그 밖에도 용역으로 자사 및 경쟁사들의 전체 보험 상

품 포트폴리오에 걸친 재래식 전략 분석을 수행했었다.

이 과정에서 그들은 고객을 이해하는 새로운 접근방법을 선택했는데, 알리안츠 브랜드나 PLI 제품에 대한 고객의 인식에 초점을 맞추는 것이 아니라 고객의 활동과 경험 및 목표에 초점을 맞췄다. 사람들이 시간을 보내는 방법과 삶의 다양한 활동과 배경들을 경험하는 방법에 착안했던 것이다(레이즈의 예를 생각해 보라. 이 단계의 동기는 두 경우에 서로 같았다).

프로젝트 팀은 3개 대도시(뒤셀도르프와 베를린 및 알리안츠 본사가 있는 뮌헨)와 시골 지역인 바바리아(Bavaria)와 산업 지역인 루르(Ruhr)에서 비교적 적은 수인 25명의 고객을 뽑았다. 한 달 동안 참여자들에게 그들의 생활을 자세하게 서술해서 보고하도록 했으며, 회상 편차(recall biases)를 줄이기 위해 고안된 절차를 이용해서 전 날, 전 주, 전 달의 활동과 경험을 체계적으로 기록하도록 요청했다.[9]

몇 달 동안의 간접 관찰이 끝난 후 각 참여자를 외부 자문관 및 숙련된 사회자들과 함께 4시간에 걸친 심층 토의, 즉 '고백식 면담'에 초대했다. 알리안츠 팀원들도 참여했으나, 신분은 토의가 끝날 때까지 숨겼다. 이런 토의의 상당 부분은 참여자들이 우선순위의 매트릭스를 설정하는 방법과 이런 목표들의 적합성을 더 깊게 이해하는 데에 할애했다.

심층 면담과 상호 작용들에 이어서, 알리안츠 팀은 자문관들과 함께 데이터, 관측 기록, 일지 및 기타 기록들을 참여자들이 기록한 일상 행동군에 대한 예비 가정들로 구성하는 작업을 했다. 이 과정에서 수백 가지의 행동이 PLI의 배경에 적합하며 수요 조망의 윤곽을 형성하는 것으로 확인되었다. 진술된 상세한 내용으로부터("나는 사무실에서 벗어나 생각하기 위해 커피를 한 잔 마실 필요가 있다.") 목표가 부여된 보다 체계적인 활동에 이르기까지("나는 집사람과 지중해의 마조르카 섬으로 휴가를 갈 필요가 있다.") 여러 가지 활동을 '목표기반 수요군' 들로 구분했다.

예를 들면, '미래에 대비하여 계획하기' 가 하나의 목표일 수 있었다. 이런 목표를 달성하기 위한 활동으로는 운전면허를 따기 위한 강의 참여, 대학 진학을 위한 저축, 그리고 은행 계좌 개설 등이 있을 수 있었다. 물론 그 결과들은 다양했고 도움이 되었다.

어떤 가능성과 기회가 있었는가?

비록 그것만으로도 PLI 제품에 대한 고객 만족, 보험 회사들에 대한 인식, 그리고 알리안츠의 현재 제품 포트폴리오가 개선될 수 있는 기회 등에 대한 많은 통찰력을 주기는 했지만, PLI에 대한 수요 조망을 그리는 것은 단지 뒤따를 힘든 일의 전 단계였을 뿐이다. 궁극적인 목표는 정체된 상품 제공에 대한 새롭고 강력한 상품이나 서비스 혁신, 완전히 새로운 성장 기반, 혁신적이고 새로운 마케팅 개념 또는 새로운 사업 모형을 창출하여, 고객이 수동적으로 PLI의 판매 대상이 되기를 허락하는 대신 PLI를 스스로 원하게 만드는 것이었다.

이 목표를 달성하기 위해서, 알리안츠는 일시적으로 기존 상품이나 서비스에 대해서는 잊고 PLI를 초월해서 생각할 필요가 있었다. 회사의 기존 전략, 과정, 능력 및 시스템 전체를 정신적으로 떠날 필요가 있었다. 그 결과 PLI와 알리안츠를 고객의 시각에서 편견 없이 바라보는 것, 즉 수요 조망에서 나타나서 합쳐지는 수요 생태계의 윤곽이 나오게 될 것이었다.

이런 식으로 알리안츠를 위한 기회들을 탐색하는 것은 두 개의 필수적인 단계로 이뤄져 있었다. 그것은 (1)유지와 성장을 위해 현안을 틀에 넣는 것과 (2)획기적인 혁신과 성장(Breakthrough Innovation and Growth. BIG)의 3가지 렌즈를 적용하여 수요 조망에 있는 기회들을 찾아 살펴보고 기회 공간을 재구성하는 것을 통해 오스카 와일드의 "상상력은 모방에서 나오며, 창조는 비판 정신에서 나온다."는 말처럼 비판적인 사고를 하는 것이었다. 제2장에서 이 단계들을 합치면 DIG 모형의 둘째 요소가 구체화된다고 했던 것을 상기하라.

현안을 구체화하라

〈표 4-1〉은 설명의 편의를 위해 6개 핵심 상품 차원에 걸친 단순화된 수요 조망과 2개에 불과한 수요군을 보여주는데, 이것이 알리

안츠가 기회들을 탐색하기 위해 이용했던 틀이다. 상품이 수요군과 교차하는 각 칸은 미래를 대비하여 계획하는 고객의 일상생활 속의 니즈, 원츠, 좌절 및 열정에 PLI가 어떻게 작용을 하는지, 혹은 그런 잠재력이 있는지를 나타내준다. 수요군에는 소비자가 관여하는 많은 활동, 예를 들면 지역 교육 센터에서 현금 관리 강좌에 등록하거나 자녀들이 자라남에 따라 자녀들에 대한 책임을 배우자와 의논하는 것 등을 모아놓았다. 이런 수요군과 관련하여, 다음과 같은 선도 질문이 나왔다.

1. 현재 제공되는 상품이나 서비스는 어떻게 고객들로 하여금 '미래에 대비하여 계획' 할 수 있게 만드는가?

2. 어떤 상품이나 서비스가 사람들로 하여금 '미래에 대비하여 계획' 할 수 있도록 돕는가? 어떤 상품들이 현재 이용되고 있는가? 현재 이용되는 이런 상품들이 PLI와 어떤 관계가 있으며, 기존 PLI 상품이 사람들로 하여금 '미래에 대비하여 계획' 하도록 돕는 데에 있어서 다른 상품들과의 상호작용을 더 잘 하도록 만들려면 무엇을 해야 되는가?

3. '미래에 대비하여 계획' 하는 것과 관련하여, 현재 제공되는 상품이나 서비스가 수요군의 측면에서 서술된 것과 같은 수요 조망 전체에 걸친 구체적인 니즈, 원츠, 좌절 및 열정을 충족시키지 못하는 부분은 어디인가?

<표 4-1> 현안의 구체화

2개 목표를 기반으로 한 수요군	대인배상 책임 보험의 범위					
	보험 대상자들	지급 유형	구입 동기	보장	지형적 범위	유통
미래에 대비한 계획						
• 활동						
• 우선순위						
• 배경						
• 니즈와 원츠						
• 좌절과 열정						
새로운 사물들에 대해 알기						
• 활동						
• 우선순위						
• 배경						
• 니즈와 원츠						
• 좌절과 열정						

하지만 이런 질문들은 단지 배경을 설정하기만 하며, 바꿔 말하면 현안을 구체화하는 정도라고 할 수 있다. 이런 질문들은 그 자체로는 단지 비판적인 사고와 문제 해결 노력을 위한 준비운동에 불과하다. 이런 질문들은 고객의 관점에서 PLI 상품에 관해 생각하는 방식과 PLI 상품이 수요와 상호 작용하는 방식에 관한 것이다. 하지만 필요한 것은 핵심에 관해 생각하는 것뿐만이 아니고, 더 폭 넓게는 핵심을 초월해서 생각하는 것이다. 이런 더 폭넓고 구조화된 사고로부터 많은 획기적인 기회, 혁신 및 새로운 개념들이 생겨나

는 것이다. 그리고 이런 구조화된 사고에 대한 체계적인 접근방법
을 제공하는 것이 BIG의 3가지 렌즈이다.

3가지 렌즈

천문학자들은 여러 가지 방법으로 몇 종류의 '몰입'을 통해 우주
를 탐구할 수 있다. 망원경을 통해 멀리서 본 우주에는 연속성과 생
명이 있다. 거기에는 또한 변화도 있고, 심지어는 불연속성도 있다.
따라서 전체 생태계를 이해하기 위해서는 몇 가지 시각에서 살펴봐
야만 한다.

수요 조망은 비유적으로 말하자면 다양한 망원경과 사진기 렌즈
를 이용하여 기회들을 탐구하는 강력한 출발점이 된다. 수요 조망
을 탐구해서 기회들을 찾는 것을 돕고 고객들조차도 보지 못하는
것을 볼 수 있도록 고안된 수십 가지의 방법과 전략적 사고 도구들
이 있다. 이런 도구들은 대략 다음과 같은 3가지 그룹의 시각 또는
'렌즈들'로 나눌 수 있다.

첫째 렌즈: 고객의 눈

소비자 또는 고객의 눈으로 보면, 경영자들은 그들이 사는 사회
및 상황적 배경에서 인접하거나 유사한 소비자 목표와 일상 관심사

를 식별함으로써 새로운 기회들을 탐구할 수 있다. 관련된 활동, 프로젝트, 과업들뿐만 아니라 우선순위 또는 균형을 탐구함으로써 통찰력을 얻을 수 있는 것이다. 그렇다면 고객들은 이런 과업과 목표들을 달성하기 위해 그들의 한정된 자원인 시간과 돈과 노력을 어떻게 할당하는가?

▶ **목표 인접성**[10] 일부 일상적인 목표들은 수요 조망 상에서 다른 목표들과 유사하게 생겨나는가 아니면 기존의 조망을 초월하여 생겨나는가? 그 목표들은 소비자에게 상대적으로 얼마나 중요한가? 알리안츠의 경우에 수요 조망에서 드러난 목표 인접성 중 하나는 어떤 사람들은 '도움을 주는 것'을(아마도 특히 가족 구성원들에 대한 선물의 형태를 띠는 도움을) 좋아한다는 것이었으며, 그것은 하나의 수요군으로 분류된 특정하고 흔한 목표 또는 일상에 해당하는 것으로서 '미래에 대비하여 계획하기'와 인접한 것이었다. 자녀들이나 손자손녀들에게 도움을 주는 인접한 목표들과 미래에 대비하는 계획을 결합시키는 어떤 방법을 생각해보지 않을 이유가 있을까? 고객에게 보험증권 또는 상품을 사랑하는 사람이나 가족에게 간단한 선물권이나 쿠폰 같은 방식의 선물로 줄 수 있도록 제공하면 고객이 좋아하지 않을까?

목표 인접성을 탐구하고 이용하는 것이 유익함을 보여주는 사례는 다른 업종에도 많이 있다. 예를 들면, 1990년대 초에 일본의 어떤 기업은 냄새가 이상하고 의학적 성질이 있는 야쿠르트를 유럽에 소개했다. 이 제품은 일본에서는 성공적이었지만 유럽에서는 똑같은 제품 속성 포지션으로 성공하지 못했다. 1997년에 다농(Danone)은 악티멜(Actimel)이라는 유사한 음료를 유럽과 라틴아메리카에 출시했는데, 이번에는 (1)뭔가 가볍고 건강에 좋은 것을 손쉽게 먹는 것과 (2)신체의 면역 체계를 형성하는 건강 보조식품을 섭취하여 스태미나를 증진하는 것이라는 두 가지의 소비자 목표 인접성을 활용했다. 악티멜은 다농이 그 전에는 강한 인상을 심어주지 못했던 아침식사 대용 건강식으로 포지션을 정립했던 것이다. 다농이 이런 두 가지 목표 인접성에 초점을 맞추기 시작한 이후 매출은 급증해서 5년 만에 6억 유로를 넘었다.

▶ **연관된 활동** '미래에 대비하여 계획하기'라는 수요군 내에서, 알리안츠에게 반복해서 드러난 하나의 활동은 자녀를 걱정하는 부모들이 심폐소생술 및 응급처치 강좌에 참여한다는 것이었다. 그들은 PLI뿐만 아니라 가족 보험도 보유했을지도 모른다. PLI 생활을 일종의 학습과 결합하여 구입 행동 또는 구매 경험이 어떤 식으로든 소비 경험으로 변모되도록 하지 않을 이유가 있을까? 보험 강사들이 사고 예방 및 위험 평가의 모든 것을 대인배상 책임이라는 더 넓은 틀 속에서 조사하여 고객에게 조언할 수 있지 않을까?

▶ **우선순위 또는 균형** 당연한 일이겠지만, 알리안츠는 고객이 보험으로부터 최대의 보장과 혜택을 받기를 바라면서도 저축을 하는 데에 높은 우선순위를 둔다는 것을 발견했다(때로는 보험사기의 동기가 되기도 한다). 알리안츠는 어떻게 하면 이런 명백하게 상충되는 목표를 조화시킬 수 있을까? 알리안츠가 탐색한 가능성 중 하나는 상품을 쓰지 않거나 일정 기간 동안 보험금을 청구하지 않으면 일종의 환급이나 할인을 약속하는 상품을 제공하는 것이었다.

여러 선택대안들 간의 균형을 분석하는 것은 수요 조망의 중요한 특성을 창출한다. 수요 조망 내에서 균형을 찾는 것이 가능할 경우에 기회가 생기는 법이다. 이런 것을 때로는 소비자 모순(consumer contradiction)이라고도 한다. 이케아와 스와치(Swatch)는 세련된 디자인과 적당한 가격을 원하는 소비자에 대한 해묵은 균형의 문제를 깔끔하게 해결했다. 이케아와 스와치 이전에는 디자이너 브랜드 제품은 통상적으로 비쌌다. 타겟(Target: 미국의 소매 유통업체 – 옮긴이)과 자라 및 H&M(Hennes and Mauritz: 스웨덴의 의류 업체 – 옮긴이)도 역시 싼 가격과 멋 간의 균형 문제를 해결했다. 이런 소매업체들과 브랜드들이 나오기 전에는 싸면 멋지지 않았고, 멋진 것은 싸지 않았던 것이다.

둘째 렌즈: 시장의 눈

마케터들은 소비나 이용의 배경에서 동떨어진 소비자 그룹 또는 제품 그룹을 연구하는 경우가 많다. 이런 유형의 관측은 일차원적인 제품 성능 또는 서비스에 있어서 제품 개선을 가져오거나 고객 만족의 향상을 가져올 수는 있지만 그 효과 역시 제한적이다.

따라서 시장을 뒤엎어서 제품의 배경을 비범한 각도에서 탐색하는 것이 중요한 통찰력을 드러내줄 수 있다고 말할 수 있다. 예를 들면, 어떤 기업이 자기 회사의 제품이 없다고 생각하면 어떨까? 제품이나 서비스가 존재하지 않는다면? 고객은 무엇을 하고, 어디에 의존할 수 있을까? 마찬가지로 어떤 기업이 고객이 어떤 제품을 구매하거나 이용할 때 요구하는 부수적인 제품 및 서비스가 있는지 생각해본다면 어떨까? 만약 그 기업이 그 다음에 또 정반대의 견해와 구매 및 소비 특성을 지닌 고객 간에 서로 경합하게 만든다면 어떻게 될까? 그 결과 어떤 일이 생길 수 있을까?

알리안츠는 (1)대체재(substitutes)와 손상재(spoilers), (2)향상재(enhancers), 보완재(complementors) 및 가능재(enablers), (3)상반되는 고객들로 이뤄진 세그먼트들이라는 3가지 가능성에 비춰 시장을 새로 살펴보는 작업을 진행했다.

(1)대체재 및 손상재 여기서 핵심이 되는 질문은 "만약 현재의 브랜드나 제품 또는 서비스가 가용하지 않을 경우 소비자는 그들의 삶에서 특정한 활동을 어떻게 영위할 것인가?"이다. 어떤 제품들은 쉽게 다른 제품들을 대체할 수 있으며 실제로 대체하기도 한다. 어떤 맥주 브랜드는 다른 브랜드를 대체할 수 있으며, 어떤 금융 컨설

턴트가 다른 컨설턴트를 대체할 수 있다. 버드와이저는 집에서 다른 사람들과 함께 스포츠 경기를 보는 활동을 하는 동안 다른 브랜드들과 경쟁을 할 수 있다. 또 버드와이저는 친구들과 저녁 시간을 보낼 때 다른 주류와 포도주 및 생수와 경쟁을 할 수도 있다. 이 접근방법의 힘은 배경, 즉 수요 조망이라는 윤곽 내의 대체품들을 탐구함으로부터 나오며, 학교에서 배우는 경제학 강의에 나오는 전형적인 대체 효과를 탐구하는 것과는 다르다.

알리안츠의 고객은 가재(家財) 보험, 자동차 보험, 생명 보험, 심지어는 투자 펀드를 대체하여 다양한 선택대안들로부터 선택을 함으로써 미래에 대비하여 스스로를 보호할지도 모른다. 알리안츠가 대체의 관점에서 분석한 중요한 고객 역학 중에는 선택대안에 해당하는 미래 보호 구조가 있었다. 핵심은 서로 다른 라이프스타일과 니즈를 지닌 서로 다른 고객이 여러 대안들 중에서 PLI를 택하게 준비가 더 잘 되어 있느냐의 여부를 결정하는 것이었다.

대체재와 관련된 논제 중 하나가 손상재인데, 손상재란 외견상 관련이 없는 다른 소비 분야의 제품 또는 서비스이지만 해당 분야 내의 소비나 이용에 영향을 주는 제품 또는 서비스를 말한다. 가령 차량용 아이팟 커넥터가 카스테레오 장비와 자동차 트렁크 속에 들어가는 CD체인저에 미치는 영향을 고려해 보라. 소비자는 당장 카스테레오와 CD체인저를 버려버리지는 않을 것이다. 하지만 그들은 카스테레오를 이용하는 방법을 바꾸게 될 가능성이 크며 자동차

트렁크 속에 여분의 CD세트를 가지고 다닐 필요성은 분명히 줄어들 것이다. 이렇게 아이팟은 스테레오 장비 및 음악 구매의 일부 측면들에 대해서 대체재는 아니지만 손상재이다.

그러면 PLI 수요에 영향을 주는 인기 있는 보조 서비스들에는 어떤 것이 있을까? 가재보험 부서는 열쇠 서비스(만약 열쇠를 잃어버리면, 열쇠공이 무상 서비스를 지원한다) 또는 상하수관 고장을 고쳐주는 서비스(만약 수도관에 고장이 나면 알리안츠 제휴 배관공이 고쳐준다) 같은 보조 서비스들을 검토했다. 이런 유형의 서비스들이 모두 PLI에 대한 잠재적인 손상재에 해당되었던 것이다.

(2)향상재, 보완재, 가능재 이것들은 소비자가 소비 활동 중에 함께 이용하는 브랜드나 제품 또는 서비스이다. 맛좋은 포도주 한잔이 전체 소비 활동의 핵심 요소로서 뉴욕 스테이크와 치즈케이크 후식에 잘 어울릴 수 있고, 어떤 나라들에서는 에스프레소 한 잔이 거의 필수적인 경우도 있다. CD는 CD플레이어가 없으면 무용지물이다. 레이즈 칩 한 봉지는 샌드위치 소비 경험을 향상시킬 수 있다. 네슬레(Nestle)의 킷캣(Kit Kat) 초콜릿 바 한 개는 소비 경험을 향상시킬 수도 있지만, 샌드위치 소비를 보완할 수도 있다. 가능재는 기본적인 제품이나 서비스와 직접적인 연관이 덜하기는 하지만 마찬가지로 보완적이다. 아이팟은 단지 디지털 음악 플레이어 이상의 기능을 하며, 음악과 사진 모음을 관리하는 것을 가능하게 해주

는 가능재이다.

알리안츠와 PLI에 있어서, 자주 언급되는 미래 계획이라는 목표에는 대학 자금 또는 은퇴를 대비한 저축 또는 인생의 어떤 단계에서 중요한 변화를 추구하는 것 같은 활동이 포함될 수 있다. 어떤 새로운 형태의 PLI를 이런 활동들에 대한 보완재로서 고려할 수 있을 것이며, 따라서 다른 금융 상품에 대한 향상재로서 묶음 상품으로 제안할 수도 있을 것이다.

(3)상반되는 고객들로 이뤄진 세그먼트 상반되는 것 또는 극단적으로 다른 것들에 대한 비교를 하는 것이 새로운 기회를 찾아내는 데에 매우 큰 도움이 되는 분석 도구가 될 수 있다. 1998년에 우리는 파리에 있는 리바이 스트라우스(Levi Strauss)를 위한 워크숍을 열었다. 며칠을 투자하여 가수 마돈나가 화려한 몇 단계의 이력을 걸쳐 그녀를 지속적으로 거듭나게 하는 능력을 탐구했다. 워크숍 팀들 중 한 팀은 동심원들을 보여주는 그림을 하나 그렸다. 그 팀은 바깥쪽 원에는 모서리 또는 변두리에 사는 사람들을 표시했고, 중간 원에는 스스로를 멋지고 패션에서 앞서간다고 생각하는 사람들을 위치시켰으며, 안쪽 원에는 평균 또는 주류 소비자를 배치했다. 이 그림으로부터 그 팀은 마돈나의 성공이 이미 매일 변두리에서 쓰이고 있는 새로운 아이디어와 개념들을 집어내고, 그녀의 대단한 인기를 이용해서 이런 아이디어와 개념들이 멋지고 패션에서 앞서

가는 사람들 사이에서 인기를 얻게 만들며, 그 사람들이 주류 소비자들에 영향을 미치게 되는 것과 관련이 있다는 것을 알게 되었다. 그 워크숍은 기회들이 이미 우리들 사이에 있다는 것을, 즉 빤히 보이는 곳에 숨어 있다는 것을 보여줬다. 그리고 세그먼트들에 상반되는 것들의 측면에서 수요 조망을 단순하게 구축하는 것이 맨눈으로는 보이지 않는 혁신 기회들을 볼 수 있게 만드는 데 도움이 된다는 것도 보여줬다.

이런 기법의 또 다른 예는 인도 기업인 캐빈케어(CavinKare)의 사례로 설명할 수 있다. 캐빈케어의 페어에버(Fairever) 브랜드는 피부를 환하게 만드는 화장품 시장에서 상당한 점유율을 차지하고 있는 유니레버 인도 법인의 브랜드인 페어앤드러블리(Fair & Lovely)와 경쟁하고 있었다. 유니레버가 시장에서 스스로를 '아름다움의 전문가'로서 발전된 도시 지역의 젊은 소비자에게 초점을 맞추고 있었다면, 캐빈케어는 한달에 겨우 4달러 밖에 벌지 못하는 사람이 많은 수백만 명의 인도 시골 주민들에게 제품을 판매하여 엄청난 성공을 향유하고 있었는데, 이는 비주류 소비자를 상대로 한 경쟁의 대표적인 사례이다. 그러면 캐빈케어는 어떤 방법을 썼을까? 제품을 티백 크기 정도의 작은 포장으로 만들어 개당 몇 센트의 값으로 팔았던 것이다. 캐빈케어의 대표이사이자 CEO인 랑가나싼(C. K. Ranganathan)의 말에 따르면 페어에버의 성공은 인도의 비주류 소비자로 이뤄진 특정한 수요 조망을 분명하게 파악한 덕택이었다.

캐빈케어는 비주류 소비자를 공략하는 것은 단순히 가격을 낮추거나 고가 제품을 소개하는 것 같은 문제가 아니라는 것을 깨달았다. 사실 경제적으로 더 어려운 비주류 소비자는 도시에 사는 소비자와 같은 품질의 제품을 요구했다. 이 수요 조망 내에서 그려진 성공 모형은 시골에도 똑같은 니즈가 있었지만 다른 유형의 이용과 소비 및 구매 패턴, 즉 용량은 더 적지만 더 자주 구매하는 형태를 보여줬던 것이다.

알리안츠는 이 접근 방법을 써서 독일의 많은 도시에 사는 사람들과 시골 지역에 사는 고객을 비교하고 대조하는 조사를 수행했다. 대리점 망을 통한 영업 활동이 극적으로 달랐기 때문에 두 집단 간의 차이점이 엄청나게 많았다. 알리안츠는 또한 서로 다른 의사결정 유형과 행태를 지닌 소비자 집단들도 비교했는데, 그 대상은 상품에 대한 지식이 매우 많으며 보험 대리점들에 의존하지 않고도 보험 사양 선택 대안들을 분석하는 경우가 많은 매우 보수적인 소비자부터 일부러 보험에 대해 알려고 들지 않는 정반대의 성격을 지닌 구매자 집단들까지 망라했다.

셋째 렌즈: 산업의 눈

산업의 시각에서 기회를 탐구하는 중요한 사고방식에는 (1)산업 내의 가정, 관례, 또는 현실과 일상생활을 영위하는 소비자 행동 간의 차이를 조사함으로써 이런 관례와 기본적인 신념들에 도전하는 것, (2)불연속성이라고 정의되는 경우가 많은 혼란스런 현상들을 포함해서 환경의 변화를 조사하고 이런 변화가 소비자의 일상생활에 어떤 영향을 미치는지 평가하는 것, 그리고 (3)선택 대안으로 삼을 수 있는 사업 모형을 탐구하는 것의 3가지가 있다.

▶ **산업 내의 가정들에 도전하기:** 산업 내의 가정들에 도전하려면 산업 내에서 믿고 있는 근본적인 신념들을 정의한 다음 그런 신념들을 수요 조망 내에서 설명된 소비자의 삶이라는 현실에 노출시켜서 비교하고 대조함으로써 맞는지 살펴봐야 한다.[11] 예를 들면 독일에서 둘째로 큰 초특가 할인점인 리들앤드슈바르츠(Lidl & Schwartz)의 창립자는 초특가 할인은 불가피하게 유명 브랜드가 아니라 PB(Private Brand)와 비브랜드만 제공하는 것을 의미한다는 기존의 신념(1위 대폭 할인점인 알디Aldi의 사업 관행에 의해 생긴 인식)에 도전하여 성공을 거뒀다. 리들앤드슈바르츠는 매장에 잘 알려진 브랜드 상품을 도입하고 매장 유입인구를 최대화할 수 있도록 신중하게 진열함으로써 최적 시장을 찾아낼 수 있었다. 이 전략은 초특가 할인을 나쁜 품질과 거의 동의어로 보는 인식을 변화시켰고, 그에 따라 리들앤드슈바르츠가 공략하고 싶어 마지않던 시장 확장의 결과를 가져왔던 것이다.

프로그레시브 보험사는 보험 업계에서 오랫동안 꾸준히 기존 통념에 도전하는 기업으로 유명하다. 오하이오주 클리블랜드의 차고에서 조지프 루이스(Joseph Lewis)와 잭 그린(Jack Green)이 창립한 프로그레시브는 처음에는 노동자 계층에 자동차 보험을 제공하는 것에 초점을 맞췄었다. 이 사업을 기반으로 프로그레시브는 점차 영역을 넓혀갔고 1950년대 중반에는 전국적인 고객 기반을 갖춘 중간 규모의 보험회사로 성장했다. 프로그레시브는 수십 년 동안 단 하나의 핵심 통찰력을 기반으로 하여 급속하게 확장했는데, 그 것은 다른 기업들이 위험도가 높다고 인식하는 고객이 기존에 알려 져 있던 것만큼 위험하지 않다는 시각이었다.

프로그레시브는 또한 "어떤 상품을 고객에게 팔려고 시도해야 할 까?"에서 "고객은 어떤 상품을 사고 싶어 하는가?"로, 그리고 거기 서 더 나아가 보다 생산적인 명제인 "고객은 어떻게 삶을 영위하는 가?"라는 관점으로 근본적인 시각의 변화를 성공적으로 이뤄냈다. 그 결과 즉각 반응(Immediate Response. IR)이라는 서비스가 나왔는 데, 이 서비스는 800번 수신자 부담 전화로 매일 24시간 전화를 받 고 프로그레시브 직원들이 보험금 청구를 며칠이 아니라 몇 시간 내에 처리하도록 규정한 것이었다. 또 다른 정책은 고객을 사무실 로 나오게 하는 대신 고객에게 찾아가는 이동 보험금 청구 사무실 (Mobile Claims Office)이었다. 그 외에도 신속견적(ExpressQuote)이 라는 서비스가 있었는데, 이것은 무료 서비스로서 프로그레시브 보 험 외에 3가지의 경쟁사 견적을 제공하겠다는 약속이었으며, 때로 는 조사 결과 경쟁사 견적이 프로그레시브 보험보다 더 낮은 가격으로 나오는 경우가 있더라도 그 약속을 지켰다.

프로그레시브처럼 알리안츠도 재래식 영업망 관계를 벗어날 가능성을 탐구하기로 결정하여, 한 때 슈퍼마켓에서 보험을 팔 수 있는 가능성을 평가해 본 적도 있다. 고객이 현금 계산대에서 우유나 비누를 사는 것처럼 살 수 있는 보험 상품은 없을까? 영국에서는 혁신적인 슈퍼마켓인 테스코가 유사한 상품을 시험해본 적이 있었는데, 그것은 씨티코프의 CEO인 샌디 웨일(Sandy Weill)이 자주 언급하지만 실현되어 본 적은 없는 '금융 슈퍼마켓'을 세우는 꿈을 글자 그대로 해석한 사례였다.

예를 들면, 알리안츠는 이렇게 자문했다. "PLI를 1년 단위로 구매할 수 있다면 하루짜리 PLI 보험을 판매하는 것도 가능하지 않을까?" 알리안츠는 자사의 전체 서비스 성과를 변화시킬 가능성이 있는 다른 서비스들도 고려했다. "아이들을 안전하게 키울 수 있는 가정을 만드는 방법을 상담해 주는 안전 상담원이나 서비스를 제공할 수는 없을까?" 그 대안으로 제기된 질문은 이런 것이었다. "손해에 대한 금전적인 보상을 없앨 수 있으면 어떨까? 금전 대신 다른 기준으로 대체하면 어떤 의미가 있을까?"

산업 내의 가정에 도전할 때, 근본적인 질문을 "어떻게 하면 산업의 논리를 붕괴시키거나 변화시킬 수 있을까?"로만 제한해서는 안된다. 고객의 삶 속에 적합한지를 위주로 질문을 해야 한다. 산업의 논리를 붕괴시키거나 변화시키는 것은 그 자체로는 가치 있는 목표가 아니다. 게다가 단순히 구매자들이 귀중하게 여기는 것의 관점에서 생각하는 것은 너무 추상적이고 일반적이다. 오늘날의 복잡한 환경을 볼 때, 그런 사고는 충분히 깊은 통찰력을 만들어 내지 못한다. 하지만 산업의 논리를 붕괴시키거나 변화시키는 틀을 잘 조직되고, 잘 고안된 포괄적인 수요 조망을 살펴보는 분석 도구로 적용하는 것은 도움이 된다.

▶ **환경 변화 조사하기:** 수요 조망은 불연속성을 탐구하는 좋은 틀이다. 예를 들면 중요한 음식의 추세를 소매업체의 시각에서 살펴보자. 2002년은 미국에서 처음으로 식품에 대한 가계 지출 중 외식 지출보다 가내 지출이 더 많았던 해였다. 그런 변화 시점은 홀푸즈 마켓(Whole Foods Market)과 웨그먼즈(Wegman's)의 성장을 자극했다.

또 어떤 상업 시장 내의 변화 추세가 나타날지 생각해보자. 2005년에 역사상 처음으로 미국 기업들은 재래식 전화 회선보다 인터넷 전화 연결 회선(Voice over Internet Protocol. VoIP)을 더 많이 구매했다. 두 개의 추세가 다른 속도로 성장할 경우 보통 어떤 기회가 생기는 법이며, 특히 그것이 수요 조망에 영향을 미칠 경우에는 더 그렇다.

민간 자산 관리 회사인 베로니스 슐러 스티븐슨(Veronis Suhler Stevenson)은 케이블 TV, 위성 TV, 인터넷 및 비디오 게임 광고를 포함하는 새로운 매체 광고가 앞으로 5년 동안 거의 매년 17% 가까이 성장해서 2009년이면 690억 달러에 달할 것이라고 전망한다. 그와 동시에 현재 8,580억 달러인 전통적인 광고의 성장률은 7.5%에 불과할 것이라고 한다. 미국의 경우 2004년 이런 매체에 대한 소비자 지출은 6.5% 증가하여 1,780억 달러가 되었는데, 이 금액은 겨우 3.2% 증가해서 약 1,760억 달러가 된 일반 광고에 대한 지출을 능가했다. 이런 큰 변화는 소비자에게 다가가는 방법에 중대한 변화가 있음을 의미한다. 야후나 구글 같은 검색 엔진에 대한 마케터들의 지출이 상당히 늘어날 것이다.

알리안츠는 이런 배경 속에서 시장에 접근하고 소비자에게 다가가는 새로운 방법을 탐구했던 것이다. "소비자와의 커뮤니케이션은 어떻게 변해야 하는가? 앞으로의 영업망의 역할은 무엇이 될까? 새로운 미디어로 대리점망을 어떻게 지원할 수 있을까? 소비자를 어떻게 교육시킬 것인가?" 같은 질문 말이다.

▶ **새로운 사업 모형 탐구하기:** 매우 강력한 탐구 방법 중의 하나는 선택 대안으로 삼을 수 있는 사업 모형 디자인들을 찾아보고 그것들이 수요 조망에 어떻게 영향을 미칠지 알아보는 것이다. "수요 조망을 뒷받침하는 적합한 수요 생태계를 더 잘 공략할 수 있는 다른 디자인 또는 사업 모형 혁신은 없을까?" 같은 질문이 중요하다. 새로운 사업 모형을 탐구할 때, 우리는 기업의 전체 구성을 하나의

전체로서 탐구한다. 여기에는 가치 명제, 표적 고객 세그먼트, 유통망, 능력, 협력업체 및 제휴업체, 원가 구조 및 수익 모형 또는 기업이 돈을 버는 방법 등이 포함된다. 그리고 우리는 다른 배경 속에서 적용될 수 있을 만한 유형들을 찾는다.

예를 들면, P&G는 프링글스(Pringles) 브랜드로 프리토레이의 성공적이고 강한 레이즈 브랜드에 맞서 시장 점유율을 획득했는데, 그것은 대개 P&G가 새로운 사업 모형을 시장에 적용한 덕택이었다. 유통 시스템, 제품 디자인, 진열 기간 및 포장에서 제조에 이르기까지 P&G 사업 모형의 각 구성 요소는 그 자체로는 프리토레이 사업 모형의 각 구성 요소보다 못했다. 하지만 구성 요소들을 합치면 P&G의 원가 구조가 극적으로 낮아졌으며 자금을 확보할 수 있게 해주었고, P&G는 그 자금을 프링글스 브랜드를 구축하는 데에 현명하게 투입했다. 반면에, 제3장에서 설명한 것처럼, 프리토레이는 바로 등잔 밑에 있는 기회를 여러 해가 지난 후에야 발견했는데, 이렇게 어떤 사업 모형의 성공 그 자체가 연막을 형성하여 기업으로 하여금 분명한 기회들을 보지 못하게 만드는 경우가 많은 것이다.

알리안츠에서는 마케팅 팀이 몇 가지의 극도로 새로운 사업 모형을 만들었으며 이런 사업 모형들을 소비자의 시각으로 구성한 수요 조망과 비교했다. 그런 비교의 결과 엄청나게 많은 토론이 있었으며 몇 가지의 실용적인 새로운 개념과 기회들이 생겼다.

문제 해결식 접근

기회 공간 재구성 및 3개의 렌즈 개념을 소개받은 경영자 중 한 사람이 "아, 그럼 수요 조망을 취한 다음 난상토론을 하는군요."라고 말했던 적이 있다.

수요 조망이 기업들의 입장에서 새로운 일련의 질문을 하게 만드는 것은 당연하며, 새로운 일련의 기회들을 찾아내는 것은 해방감을 느끼는 유쾌한 경험이 될 수 있다. 하지만 그것이 난상토론은 아니다. 기회 공간의 틀을 바꾸는 과정은, 자유롭게 흘러가는 아이디어 창출(ideation)의 문제가 아니라, 주어진 문제에 구조화되고 체계적인 사고를 적용하는 것에 관한 것이다.

이 구별은 대단한 것이 아닌 것처럼 보일지도 모르지만, 그럼에도 불구하고 중대한 문제일 수 있다. 난상토론은 보통 정해진 형태나 틀이 없는 의식 흐름의 과정으로 여겨진다. 예를 들면 새로운 제품에 대한 아이디어를 창출하거나 새로운 선택대안들을 창출할 목적이라면 (일부는 전혀 새롭고 일부는 그렇지 않을 수 있지만) 브레인스토밍이 의미가 있다. 반면에 구조화된 사고는 소비자의 수요 조망, 수요 생태계 및 소비자의 일상생활에 매우 밀접하게 맞춰져있다. 목표는 아이디어를 창출하는 것이 아니라 특정한 문제를 해결하고자 하는 것이다. 이 관점에서 보면 내 접근방법은 구조화된 발명적 사고와 문제해결 경로인 트리즈(TRIZ: 구소련의 겐리히 알트슐러Genrich

Altshuller가 창안한 창의적인 문제 해결 방법론. 러시아어로 Teoriya reshniya izobretatelskikh zadatch〔찌오리야 리쉐니야 이자브리따 스끼흐 자다취〕의 두문자이다 - 옮긴이)에 더 가깝다.

알리안츠 마케팅 팀은 예일대학교 경영대학원 경제학과 교수인 배리 네일버프(Barry Nalebuff)와 예일대학교 법과대학원 교수인 이언 에이리즈(Ian Ayres)가 소개한 문제 해결 및 발명적 사고에 대한 접근방법을 이용했다. 《안될 것 없잖아?》에서 네일버프와 에이리즈는 다음 4가지 기본 질문으로 정의되는 문제 해결 접근 방법을 구성했다.

1. 크리서스(Croesus) 왕이라면 어떻게 할까?
2. 왜 당신은 나의 고통을 느끼지 않나?
3. 또 어떤 곳에서 그것이 작용할 수 있을까?
4. 그것을 뒤엎어도 통할까?

네일버프와 에이리즈는 버나드 쇼(Bernard Shaw)의 '비이성적 인간(unreasonable man)' 에 대한 애정을 가지고 글을 썼다.

"이성적 인간은 자신을 세상에 맞게 적응시키지만, 비이성적 인간은 세상을 자신에게 적응시키기를 고집한다. 따라서 진보는 모두 비이성적 인간에 의존한다."

네일버프와 에이리즈는 비이성적인 현대인의 예 중 하나로 하위드 휴즈(Howard Hughes)를 드는데, 휴즈는 티보(TiVo: 미국의 디지털 비디오 녹화기 브랜드 - 옮긴이)나 비디오가 나오기도 전에 옛날 험프리 보가트(Humphrey Bogart) 영화에 탐닉하기 위해 라스베가스의 TV 방송국을 샀던 인물이다. 네일버프와 에이리즈는 고전적인 예로는 고대에 끝없는 부와 엄청난 욕구로 유명했던 리디아(Lydia)의 부유한 왕 크리서스를 꼽았다.

알리안츠는 "크리서스라면 이 문제를 해결하기 위해 어떻게 할까?"하고 자문했다. "크리서스라면 PLI에 가입하기 위해 연납 보험료를 낼까, 아니면 그는 단지 우연히 남들에게 끼친 손해를 자신의 끝없이 많은 재산이 든 주머니에서 돈을 꺼내 보상할까? 크리서스라면 PLI에 가입하기 위해 악착같이 보험료를 깎으려 들까, 아니면 위험을 감수하기로 마음먹고 PLI를 전혀 들지 않으려 할까?"

"만약 소비자의 계획 기간이 1년이 아니라 한 달이라면, 알리안츠가 지불 방식을 연간에서 월간 기준으로 바꿀 수 있을까?" 테스코는 슈퍼마켓에서 보험을 판다. "알리안츠가 슈퍼마켓 체인 한 곳과 제휴해서 슈퍼마켓에서 보험 상품을 팔 수 있을까?" 남아프리카에는 고객에게 언제나 보험을 보장하는 선택권을 주고, 보험료를 받을 수 있을 만큼 충분히 긴 기간이 남아있다면 어떤 사건이 일어난 뒤에라도 기꺼이 고객에게 보험을 파는 회사가 있다.

그리고 알리안츠는 만약 어떤 핵심 구매 동기에 '미래에 대비하여 계획하기'가 관여되어 있다면, 당시 PLI가 주로 비교적 사소하고 동떨어진 위험에 대비한 보험으로 포지션이 설정되어 있었지만, 그만큼 쉽게 정말 큰 재난에 대한 대비책으로도 PLI의 포지션을 설정할 수 있다는 것을 깨달았다. 현재 어떤 PLI 광고에는 어린 아이가 거실로 뒤뚱거리며 들어와서 우연히 자기 친구의 장난감 트럭과 곰 인형을 망가뜨려 엉엉 우는 내용이 나온다. 알리안츠는 자사의 마케팅 메시지를 PLI가 어떤 경우에는 수백만 달러까지 치솟을 수 있는 배상 책임에 대해 소비자를 보호하는 보장을 제공한다는 사실을 분명히 드러내는 것으로 생각했다.

미래에 대비하여 계획하는 것과 인접한 목표는 '준비'였다. 'PLI가 고객이 자녀들을 대학에 보내는 것을 도울 수 있을까? 만약 고객이 PLI 보험료를 매년 내지만 자녀가 태어난 날부터 18살이 될 때까지 보험금을 청구하지 않는다면, 알리안츠가 자녀의 18살 생일에 그 자녀가 선택한 대학에 현금을 지불한다면 어떨까?'

이런 통찰력, 면담에서 나온 결과들, 수요 조망과 3개의 렌즈 연습을 갖춘 알리안츠는 뮌헨에 있는 본사에서 워크숍을 열었고, 그 워크숍에서 한 팀의 간부들이 가상 통찰력 탐험을 진행했다. 여러 기능에 걸친 돌파 그룹은 다양한 분야의 사업 단위들에서 모인 간부들과 관리자들로 구성되었다. 그 워크숍이 끝날 때쯤에는 PLI에 관한 총 기회 공간이 엄청나게 늘어났다. 워크숍에 참석한 그룹들은 거의 40개에 이르는 매우 실용적인 새로운 상품과 서비스 개념 및 기회들을 발굴했고, 그것들에 다음의 기준에 따라 우선순위를 매겼다.

- 성장 잠재력이 낮은 개념들은 이행하기가 쉬워 보이더라도 즉시 제거한다.
- 성장 잠재력이 높지만 이행하기가 어려워 보이는 개념들은 당분간 연기한다.
- 분명히 성장 잠재력이 높고 이행하기가 쉬워 보이는 개념과 아이디어들은 우선적으로 긴급하게 검토한다.

그 결과 알리안츠는 즉시 이용할 수 있을 만한 실용적인 혁신 방안을 여러 가지 개발했는데, 그것보다 더 중요한 것은 알리안츠가 단지 특정한 보험 상품에 대한 것뿐만 아니라 전체 범주에 도움이 되도록 총 기회 공간을 생산적으로 확장했다는 점이다. 알리안츠는 잠재적인 미래 혁신을 위한 틀을 갖추게 된 것이었다.

결과

시험 프로젝트와 PLI 워크숍을 마친 후부터, 고객 관계 관리자였다가 CEO가 된 미카엘 디크만은 마케팅 팀의 주안점을 고객과의 더 긴밀한 연계를 구하는 데로 돌렸다. 그 목표는 고객의 구매와 소비 경험을 향상시키고 가치를 높이는 제품과 서비스 혁신 방안을 고안해 냄으로써 최종적으로는 고객의 만족도를 높아지게 하여 고객 충성도와 유지도를 증가시키는 것이었다.

알리안츠의 혁신은 역사적으로 새로운 보험료율 구조를 도입하는 것(이는 상품의 관점에서 보는 혁신의 전형적인 예이다) 같은 활동의 관점에서 이해되었다. 그런데 이제는, 다양한 상품을 구매하는 것부터 더 오래 알리안츠의 고객으로 남아있고 동료들과 친구들에게 알리안츠를 소개해 주는 것에 이르기까지, 고객 우위 창출이라는 목표를 달성하게 해줄 더 폭넓은 해결책들을 찾고 있다.

대인배상 책임 그룹의 토머스 서머에게 있어서, 이 시험 프로젝트와 워크숍에서 가장 실감할 수 있었던 이점은 그것이 마케팅 및 여러 업무부서의 간부들이 한 군데 모여 작업하고, 아이디어들을 창출하며 시행하고 전체 다기능 그룹이 적극적으로 참여함으로써 결실을 볼 수 있게 해주는 자리가 되었다는 것이었다. 토머스 서머는 이에 관해 "이 프로젝트에 참여한 사람들 중에서 내게 다가와서는 '아시겠지만, 저희한테 5년 전에도 이런저런 아이디어가 있었지만, 그것을 실행에 옮길 수 있게 해주는 틀이 없었기 때문에 전혀 진전이 없었어요.' 라고 말한 사람이 정말 많았습니다."라고 언급했다.

계속 확장하는 나선

궁극적으로 알리안츠는 스스로를 새롭고 지속가능한 성장 가도에 올려놓게 되었다. 2005년에는 알리안츠가 전 세계 금융 서비스 회사들 중에 4위가 되었고(씨티그룹Citigroup이 1위였다), 70개국이 넘는 지역에 수익률이 높은 자회사와 계열사들을 매우 많이 거느리고 포춘지 선정 세계 500대 기업 순위에서 전 세계 민간 기업 중 14위에 이르는 힘을 되찾았다.

하지만 중요한 점은 알리안츠 스토리가 끝난 것이 아니라는 점이다. DIG 모형은 일단 어떤 기업에서 시동되어 운영되면 계속 확장하는 나선형 진로 위에 펼쳐지는 릴레이 경주와 유사하다. 모든 요소들이 계속해서 작용함으로써 서로를 기반으로 커지며 기업을 전진시키는 것이다. 만약 알리안츠가 진정으로 고객 위주의 혁신이라는 예술을 조직 내에 뿌리박히도록 했다면, 시간이 흐르면서 새롭고 전보다 더 흥미로운 발전 면모들이 드러날 것이다.

다음 장은 기회 공간을 구성하는 것에 초점을 맞춘다. DIG 모형에서 이 단계는 기본적으로 기회 공간을 유용하게 해주는 원칙을 제시한다. 기업이 새로운 기회의 세계를 열었기 때문에, 이제는 기업이 테이블 위에 올려놓는 것(그리고 올려놓을 수 있는 것)을 재고해 볼 때이다. 또한 테이블 위에 올려진 혁신을 갈고 닦아서 진정으로 고객을 '그들이 살아가는 곳'에서 만날 수 있게 해야 하는 때이기도 하다. 혁신의 관점에서 보면 여기서 얻을 수 있는 교훈은, 기회 공간을 구성하는 것은 제품, 기술, 서비스, 또는 새로운 마케팅 전술을 혁신시키기는 것이 아니라 수요우선 성장 기반을 중심으로 한 혁신을 요구한다는 것, 즉 혁신이 사람들의 일상생활 또는 일을 어떻게 변모시키는지에 초점을 맞추기를 요구한다는 것이다. 다음 장에서 보게 되겠지만, 전략과 혁신 및 마케팅에 관한 이 출발점은 기존 관행들보다 기업에 훨씬 더 의미가 크고 귀중하며, 배경에서 나오는 혁신을 요구하고 기업의 내부로부터 밖으로 나와서 새로운 디자인이나 제품 또는 기술을 소비자의 일상생활 속으로 투영하기를 요구한다. 기업들의 기반 혁신과 성장의 중요성 때문에 나는 한 장 전체를 수요우선 성장 기반에 할애한다. 1955년 이후 포춘 50대 기업에 들어간 기업들 93개에 대한 어떤 연구는 고성장 기업들을 다른 기업들과 구별하게 해주는 단 하나의 가장 중요한 요소는 그런 기업들이 성장 기반 관점에서 성장을 추구했다는 점이었다.

다음에 나오는 GE헬스케어의 케어스테이션의 사례는 기업이 DIG 모형을 전체적으로 채택한 경우를 보여주지만 기회 공간의 구성을 둘러싼 문제점들도 두드러지게 보여준다.

더 큰 기회를 주는 공간 만들기 

2003년 10월 9일에 GE의 메디컬 시스템 (Medical System) 부문은 핀란드의 의료 기업 인스트루멘타리움 (Instrumentarium)을 20억 유로에 인수한다고 발표했다. 그 거래가 완료된 다음 날, 바로 그 GE 메디컬이 그보다 더 큰 영국에 기반을 둔 애머샴(Amersham plc)을 95억 달러의 주식 교환으로 인수한다고 발표했다.

얼핏 보면 GE가 고급 의료 이미징, 환자 모니터링, 마취제 주입, 중환자 진료 및 정보 시스템 등의 일반 분야에서 유망한 인력 및 제품 포트폴리오를 확보한 것처럼 보였다. 하지만 CEO인 제프리 이멜트(Jeffrey Immelt)의 입장에서 보면 이 두 건의 인수는 훨씬 더 많은 것을 의미했다. 이 두 건의 인수는 이멜트가 명백하게 '성장 기반'이라고 언급한 중요한 일이었다. 그것은 특정한 고객 문제에 대한 기술적인 해결책이나 제품 측면의 해결책이라기보다는 의료 제공업체와 환자들의 일상생활 속에서 그때까지는 탐구하거나 이용하지 않았던 다양한 틈새와 맞닿으면서 서로 완벽하게 상호 작용할 방법론, 역량, 제품, 구성품 및 서비스가 통합된 시스템이었던 것이다.

'성장 기반'이라는 용어는 최근에 기업이 자주 쓰는 말이 되었고, 사업의 세계에서 고전적인 용어 중 하나가 되었다.[12] 그래서 이 말은 남용되기도 하고 오해할 여지도 많다. 따라서 분명히 정의하고 넘어가자면, 성장 기반은 다음과 같은 특성을 지닌다.

성장 기반은 사람들이 주요 프로젝트와 과업 및 목표를 중심으로 수행하는 활동 내에서 새로운 제품이나 서비스, 일련의 방법론 또는 역량이 상호 작용하는 방법을 설명한다. 성장 기반의 목표는 통합되고 변모하는 고객 경험을 창출하는 것이다. 성장 기반은 고객 우위를 개발하는 의미 있는 궤도를 암시한다.

모든 성장 기반은 최소한 다음의 두 가지 측면에서 존재한다. (1) **수요 측면**. 고객이 일상생활 속에서 일을 하거나 집에 있으면서 일이나 과업이나 프로젝트를 바라보는 방법으로서, 여기에서 수요우선 성장 기반이라는 용어가 나온다. (2) **공급 측면, 또는 자원 및 역량 측면**. 새로운 제품이나 브랜드 또는 역량의 차원을 포함할 수 있다. 이 두 가지 측면이 겹쳐서 새로운 제품, 새로운 브랜드 개념, 솔루션, 또는 일련의 방법론이나 역량의 역할을 규정하며, 개별적인 제품 관점에서는 보이지 않는 혁신과 성장을 위한 새로운 기회를 드러내는 수단이 되는 경우가 많다.

성장 기반은 기업들이 고객의 행동 전반에 걸친 혁신을 하고 변모의 경험을 창출하는 대신, 단지 향상을 가져다줄 기술이 존재한다는 이유로 고객이 뭔가를 하는 방법을 개선하거나 향상시키거나, 혁신을 위한 혁신을 하고자 하는 유혹을 피할 수 있게 해준다. 성장 기반은 기업들로 하여금 개별 제품이나 서비스를 둘러싼 혁신에 근시안적으로 초점을 맞추는 것을 피할 수 있게 도와준다. 성장 기반은 서로 다른 조직 단위들에 걸쳐 역량, 기술, 제품 및 솔루션을 활용하는 경우가 많다.

성장 기반은 일련의 제품 또는 서비스들(즉, 제품 기반) 이상의 무엇이다. 성장 기반은 여러 가지 제품 및 다양한 역량과 방법론들을 위한 기회 공간을 구성하는 수단이다. 진정한 성장 기반 안에는 현세대 이상의 제품과 사업들이 통합되어 있을 뿐만 아니라, 앞으로 오랫동안 미래의 제품과 사업들에 도움을 줄 도약대와 안내선들이 포함되어 있다.

이멜트가 인스트루멘타리움과 애머샴 인수를 통해 주어진 GE의 새로운 성장 기반에 관해 이야기하고 있을 때, 그의 눈에는 '적합하고 연속적인 혁신의 물결을 뒷받침할 기회들'을 구성할 어떤 방법이 보였다.

앞 장에서 수요 우선 시각에서 혁신과 성장을 위한 새로운 기회들을 탐구하는 방법을 소개한 바 있다. 하지만 기회는 그 자체로는 가치를 창출하지 않으며, 이행되어야 가치가 창출된다. 기회는 그 자체로는 생산적인 변화와 지속 가능한 고객 우위를 가져오지 않으며, 반드시 이행해야만 그런 결과를 기대할 수 있다. 그것이 바로 DIG 모형이 기회 또는 혁신 방법들을 찾아내는 데에서 끝나지 않는 이유이다. DIG 모형은 이런 기회와 혁신 방법들을 이용해서 수요 우선 성장 기반을 찾아냄으로써 기회 공간을 재구성하며 조절할 뿐만 아니라, 행동을 위한 전략 청사진도 만들어내는 것이다.

다양한 외과 수술 과정 중에 마취를 진행하는 마취의들의 과제를 중심으로 한 일련의 새로운 역량과 제품 및 서비스에 관한 GE헬스케어의 케어스테이션(Carestation) 이야기를 통해, 어떤 기업이 총 기회 공간을 어떻게 구성할 수 있는지에 중점을 두고 DIG 모형을 설명해보겠다.

품질이 아닌 수요가 전략

우선 핀란드 헬싱키에 기반을 둔 인스트루멘타리움이 GE에 인수될 당시 혁신에 접근한 방법을 이해하는 것이 중요하다. 인스트루멘타리움은 20세기 말에서 21세기로 넘어오는 시기에 몇 명의 의사들이 의료 기기를 대량으로 수입하기 위해 설립했다. 인스트루멘타리움은 GE가 이 분야에 모습을 드러낼 즈음에는 한 개의 중요한 소매 광학 사업체와 주방 장비, 전기 회로, 가정 유아용 제품 및 고급 의료 기기를 제조하는 계열사들을 보유한 십억 유로에 달하는 의료 대기업으로 다각화되어 있었다.

GE메디컬의 큰 관심을 끈 것은 인스트루멘타리움의 데이텍스 오메다(Datex-Ohmeda) 의료기였는데, 데이텍스 오메다 자체도 1998년에 인스트루멘타리움의 데이텍스(데이터 전문가를 뜻하는 data experts를 줄여서 만든 브랜드임) 부문과 위스콘신주 메디슨에 있던 오메다가 합병할 때 생긴 브랜드였다. 이 둘이 합쳐진 데이텍스 오메다는 급성장 영역인 마취 모니터링과 마취제 주입 장비 분야에서 세계 시장을 주도하면서 상당한 시장 점유율을 확보하고 있었다.

인스트루멘타리움과 데이텍스 오메다가 수술실(operating room. OR)용 고급 의료 기구를 만드는 데 성공한 기반에는 회사와 헬싱키 대학 병원 간의 독특하고 오래된 긴밀한 협력 관계가 있었다. 인스트루멘타리움은 헬싱키 대학 병원에서 임상의(臨床醫)를 하던 사람들 중에서 젊은 고급 엔지니어들을 오랫동안 뽑아온 것뿐만 아니라, 그들로 하여금 출신 병원과 긴밀한 연계와 지속적인 업무 관계를 유지하도록 장려했다. 1980년대 초에 데이텍스에서 일했던 엔지니어들 200여 명 중에서 상당수가 계속해서 헬싱키 및 인근 병원들에서 시간제 임상의로 일을 했던 것이다. 인스트루멘타리움은 그들에게 회사에서 개발한 점점 더 복잡해져가는 임상 도구들이 실제 병원과 수술실 환경에서 어떤 기능을 하는지 더 깊게 이해하도록 권장했다.

1990년대 중반에 데이텍스는 AS/3이라는 마취시스템과 마취제 주입 장치(Anesthesia Delivery Unit. ADU) 제품 세트를 출시했다. 이 새로운 제품들은 마취 모니터링(Anesthesia Monitoring. AM)과 마취 기록 보관(Anesthesia Record Keeping. ARK)을 하나의 정교한 모듈형 장치로 통합한 것이었다. 2001년에 데이텍스-오메다 시장 포트폴리오 팀은 그보다 더 뛰어난 마취제 주입 장치를 출시했다. 그 팀원 중의 한 명인 톰 해그블롬(Tom Haggblom)은 이런 새롭게 통합된 제품의 특성을 '제품이 아니라 기반'이라고 규정했다(그는 전직 간호사 겸 마취사였고, 데이텍스 오메다 마케팅 및 제품 개발 담당자였으며, 나중에는 GE의 생명 유지 시스템 부문 임상 관리자가 된 사람이다).

제품이 아닌 기반이라는 아이디어는 해그블롬의 시장 포트폴리오 팀이 수행한 일련의 실험 결과 대두된 것이었는데, 그 팀은 전체 수술과정(마취 전, 마취 중, 마취 후) 시장을 조사하여 엄밀하게 정의된 '마취 워크스테이션'에서 병원 내의 더 넓은 범위의 용도와 환경으로 제품군을 확장할 수 있는 가능성을 연구했었다.

근본적으로는 해그블롬 팀이 원시적인 수요 조망을 창출해 그것을 혁신을 위한 도약대로 이용한 것이, GE가 잠재적인 고가치 인

수 대상으로 인스트루멘타리움을 표적으로 삼았을 때 그토록 매력적으로 생각했던 이유이다.

인스트루멘타리움의 접근방법은 체계화된 진료실 및 고객 입력에 매우 많이 의존했다. 마취제 주입 분야에 대한 관심은 데이텍스-오메다의 500여명에 달하는 과학자와 기술자들과 전 세계 수백 명의 진료 마취의들과 간호사 겸 마취사들을 연결시켰다. 그들의 임무는 첨단 분야에서 일하는 마취의들의 구체적인 임상적 니즈를 찾아내서 정의하는 것이었다.

그러면 고객은?

그것은 DIG 모형 요소들의 층을 쌓아올릴 수 있는 훌륭한 기반이었다. 그리고 2003년 10월에 GE메디컬이 인스트루멘타리움을 인수한 후에 GE로 옮겨온 마케팅 부서들에서 인스트루멘타리움의 개발 방정식에 하나의 새로운 요소를 도입함으로써 그런 층쌓기가 시작되었다.

1980년대 말에 환자 모니터링 장치와 병실 정보 관리 통합 분야의 전문가로 인스트루멘타리움에 합류했던 GE의 관리자 중 한 명인 리스토 로시는 "우리는 끊임없이 고객이 장비를 어떻게 바라보는지 살펴볼 필요가 있음을 역설했다."고 회상한다.

"임상의들은 이미징 장치를 보지 않고 모니터를 보지 않으며 주입 시스템도 보지 않는다. 아침 7시에 수술실로 걸어 들어오면서 그들은 각각의 장치를 보거나 생각하지 않으며, 단지 최소의 좌절과 불확실성으로 그들의 일을 하기에 필요한 도구들만을 쳐다본다. 그렇게 스트레스를 받는 상황에서 올바른 의사결정을 하는 것은 임상의가 빠르고 직관적으로 환자의 상태에 대해 완벽하게 파악하는 능력에 달려있다."

이런 새로운 시각을 더욱 더 널리 전파하기 위해서 그리고 정적인 사고방식에 자극을 주기 위해서, GE는 핀에어(Finnair: 핀란드의 항공사 - 옮긴이)에서 일했던 조종사들이 설립한 인적 요소 전문가 기업의 도움을 받았다. 인적 요소 컨설턴트들에게 도움의 손길을 청한 것은 논리적으로 합당한 단계였으며, GE 직원들이 수술실 절차와 비행기 조종 사이의 즉각적인 연관 관계를 인식한 것은 귀중한 보너스였다.

핀에어 조종사이자 병실 조사 프로젝트에 참가했던 사람 중의 한 명인 아르토 헬로부오(Arto Helovuo)는 이렇게 설명했다.

"조종사들에게 있어서, 이륙과 착륙은 가장 많은 에너지를 소모하고 최고의 집중력을 요하기 때문에 가장 중요한 단계입니다. 마찬가지로 마취사들에게도 약품을 제대로 섞고 수술이 시작되기 전에 생명 징후(vital signs: 맥박, 혈압, 호흡, 체온 등 - 옮긴이)를 지켜보는 것은 이륙과 같고, 환자의 의식을 회복시키는 가장 중대한 시간은 착륙과 유사합니다."

비행기 조종석의 은유는 수술실 내의 강조점을 순수하게 수작업적인 스킬로부터 더 넓은 그리고 궁극적으로는 더 적합한 정보 관리로 중점을 옮기는 적절한 틀을 구성하는 장치가 되었다. 비행기 조종석-수술실 유추는 또한 급속하게 발전하는 수술실 내의 기계화에 의해 제기되고 있던 근본적인 몇 가지 문제들에 밝은 빛을 비춰주었다. 수술실 내의 기계화는 다분히 최근에 도입된 전자장치로 조정되는 에어버스 계열 항공기들이 조종사의 의무와 스킬들을 전통적으로 조종간과 방향타 기술에 중점을 두었던 것으로부터 정보 관리와 분석에 최대의 중점을 두는 것으로 변화된 것과 유사하다.

엔지니어들과 디자이너들의 도움을 받은 일군의 국제 마케터들이 다음 단계를 밟았다. 엔지니어들과 산업 디자이너들로 관찰 팀을 구성하여 여러 나라에 있는 25개 수술실에서 실제 수술실 환경에서 마취제 주입 장치를 가지고 작업을 하는 임상의들을 동영상으로 촬영하게 했다. 팀원들은 끈기 있게 몇 시간씩 임상의들이 무엇을 보고 만지는지, 누구에게 말을 하고 상호 작용을 하며 왜 그러는지를 (그런 활동을 해당 임상의들과 직접 의논하지 않고) 녹화했다. 조사는 단순하고 체계화된 비침습적이고 편견 없는 관찰로 제한되었다.

동영상 촬영이 끝난 후 조사 팀은 비디오테이프들을 꼼꼼히 살펴서 기록된 데이터로부터 나타난 여러 가지 문제와 좌절과 어려움을 데이터베이스로 만들었다. 그들은 동영상 자료로부터 도출된 400개의 '문제 진술서'를 시카고에 있는 15명의 최고 임상의들(13명의 마취의와 2명의 정식 간호사 겸 마취사들)에게 보내서 이상적인 수술실을 표현하는 구성품 배치를 모눈종이에 그려줄 것과 문제 진술서에 있는 내용에 우선순위를 매겨줄 것을 요청했다.

GE헬스케어의 전략 마케팅 리더인 닐 샌디(Neal Sandy)는 그의 주요 과업이 데이터에서 수집된 광범위한 학습 내용을 취해서 고객의 시각에서 발전하는 제품 기반을 살펴보는 것이었다고 회상한다. 150억 달러에 달하는 GE헬스케어 사업 내에서 이 과정은 "의료 분야에 있는 여러 개의 새로운 성장 기회들이 다양한 GE의 사업 부문들에 걸쳐 있기 때문에, 문제를 수직적으로가 아니라 수평적으로 살펴보는 것"과 관련되어 있었다.

조사 팀은, 임상의들이 여러 해 동안 같은 장비를 쓰면서 보상 행동, 즉 문제를 피해가는 방법이 몸에 배었기 때문에 오랫동안 알아차리지 못한, 문제와 좌절 및 어려움을 밝혀냈다. 얄궂게도 이전의 제품 세트들이 이런 문제와 어려움 중 여러 가지를 생겨나게 했지만, 고객인 임상의들은 그런 점들이 명시적으로 지적되고 언급되기 전까지는 문제점으로 느끼지 못했던 것이다. 예를 들면 그 연구 전에는 고객이 워크스테이션과 환자들 사이에 있는 수많은 선들을 밟고 다니거나 피해 다니는 데에 익숙해져 있었다. 그런 것에 대해 불만을 토로하는 사람은 거의 없었지만, GE가 케어스테이션(하나의 장비, 즉 스테이션에 마취제를 주입하고 모니터하는 솔루션을 담은 소형 시스템)이라고 부르는 혁신적인 제품의 일부로서 깔끔하고 단순한 선이 없는 설정을 제시하자 좋아했던 것이다.

케어스테이션의 개발(최초 제품은 2005년에 출시되었다)은 중요한 수술실 내의 소비자 수요 생태계에 관한 작지만 많은 통찰력의 산물이었다. 케어스테이션의 커다란 발전적인 돌파구는 GE 내부에서도 일어났다. GE헬스케어는 다양한 아이디어들을 사내 상업위원회에 제출하여 상상력 돌파구(Imagination Breakthroughs: 약 1억 달러를 넘는 매출을 창출할 가능성이 있다고 믿어지는 일군의 '훌륭한 아이디어들')에 해당하는지 심사를 받아야 했다. 상상력 돌파구는 전 세계적인 GE의 정책이다. 그것은 어떻게 한 기업이 고객 위주의 혁신에 대한 접근방법을 뿌리박히게 할 수 있는지 보여주는 좋은 예 중 하나이며, 제9장에서 더 자세히 설명한다.

케어스테이션이 상상력 돌파구로 공식 지정되자 IT사업, 생명 유지 시스템의 마취 부문 및 모니터링 솔루션 사업 등을 포함한 다양한 GE 계열사와 여러 분야 및 특수직종에서 특화된 발전 및 마케팅 팀을 뽑아서 구성하는 것이 용이해졌다. 이 다분야 팀의 최우선 과제는 부품들을 더 통합화하여 고객이 더 좋은 병실 및 작업 관련 결과를 향유할 수 있게 하고, 그렇게 통합된 마취 솔루션에 대한 수요를 촉진함으로써 결과적으로 다양한 손익부서들이 생산하는 소프트웨어 및 하드웨어를 팔 수 있는 시장을 넓히게 되는 사업 사례를 만드는 것이었다.

이 시점에서 GE의 성장 기반의 하나로써 애머샴을 인수한 것의 중요성이 분명해졌다. 전직 애머샴 중역으로 GE헬스케어의 최고 마케팅 책임자가 된 쟝 미셸 코서리(Jean-Michel Cossery)는 GE헬스케어의 모든 상상력 돌파구 사업에 대한 마케팅 감독관으로 지명된 사람이기도 했다. 코서리는 위 팀과 토의를 하면서 GE가 전통적으로 의료 기술의 차세대를 정의하고 정련하는 데에 초점을 맞춰왔던 반면, 애머샴의 제약 전통은 임상 요소들을 더 중시했으며, 그것은 모든 신제품이 규제 기관의 승인을 받을 수 있기를 기대하는 측면에서 물샐틈없는 임상 사례를 구성해야 하는 제약 회사의 필연적인 결과였음을 발견했다. 이런 견해는 GE메디컬의 새로운 혁신에 대한 접근방법, 즉 극적으로 새롭고 강력한 수요우선 성장 기반의 개발을 가져온 접근방법에 큰 보탬이 되었다.

성장 기반으로부터 조직의 변화로

GE는 케어스테이션이 상상력 돌파구로 지정됨에 따라 기술 관련 비마케팅 인력을 팀에 배치하여 그들의 에너지를 엄밀하게 공학적이고 기술적인 솔루션을 성취하고 정련하는 것 이상으로 발휘할 수 있도록 조직 구조를 정비해야만 했다. 인스트루멘타리움이나 애머샴이나 과거의 GE메디컬 마케팅 접근방법 중 어느 것도 그 자체만으로는 케어스테이션을 GE의 장기적인 성장 기반의 하나로서 성공적으로 개념화하고 포지션을 설정할 수 없었을 것이다. 인스트루멘타리움이 GE에 가져다 준 민족지학적 관찰 접근 방법도 비록 혁신적이기는 했지만 상상력 돌파구를 창출할 정도는 아니었을 것이다. 애머샴에서 다듬어진 엄밀하게 제약적인 승인 접근방법도 그 자체로는 그 과정을 진전되도록 촉진할 수 없었을 것이다. GE메디컬에서 오래 전에 완성된 기술적인 접근방법도 제품 기반을 수요우선 성장 기반으로 발전시킨 수요 시각을 촉진하기 위해서는 애머샴과 인스트루멘타리움 양 쪽의 스킬을 주입받아야 할 필요가 있었던 것이다.

최적의 기회 구성하기

기업들이 생명력 있는 수요우선 성장 기반을 개발할 때 고객 우위를 창출하는 길은 다음 3가지 중의 하나이다. (1)기존 또는 신규 제품이나 서비스를 완전히 새로운 방식으로 고객의 일상생활과 교차시키기, (2)활동과 프로젝트 및 과업을 둘러싼 사람들의 일상을 고객도 모르는 방식으로 향상시키기, (3)고객이 말하지 못하는 새로운 니즈와 원츠를 충족시키거나 욕망, 꿈, 환상 및 충동을 파고들기. 이 세 가지 길은 수요 생태계를 더 많이 점유하고자 하는 것을 목표로 한다. 이런 고객 우위를 창출하는 시나리오들 중 어느 경우에도 아무리 혁신적인 제품이나 서비스라 할지라도 개별 제품이나 서비스 또는 여러 가지 제품과 서비스를 모아 놓는 것이 기업에 고객 우위를 창출해 주지는 않는다. 역량, 제품, 서비스, 도구 및 방법론들을 특정하게 조합해야 수요 생태계로부터 추출된 수요 조망을 효과적으로 공략할 수 있으며 기업을 다른 기업들과 차별화되게 할 수 있다. 고객이 그들의 일상생활 속으로 성장 기반을 흡수하고 동화시킬 방법을 명료하게 정의하고 설명해야 한다.

따라서 기회 공간을 구성하는 중요한 조각 중의 하나는 특정 기업에 맞는 최적 시장을 찾아내는 것이다. 기업이 고객의 시각에서 경쟁해야 하는 공간 또는 시장은 어디인가? 기업이 활동할 수 있는 곳은 어디인가?

또 하나의 중요한 요구사항은 그런 공간에서 확인된 기회들에 어떻게 우선순위를 매길지 결정하는 것이다. 이런 기회들이 따로 또는 합쳐져서 어떻게 수요 생태계를 공략하고, 통합되고 변모되는 소비 경험을 창출하며, 궁극적으로 지속 가능한 고객 우위로 귀결되는가? 어떤 기회들이 기업에 맞는 최적 시장에 있는 다양한 수요군들을 구성하며, 이런 최적 시장은 어떻게 개발해야 하는가? 〈그림 5-1〉은 수요우선 성장 기반과 이 책에서 이용된 다른 개념들 사이의 관계를 설명해 준다.

더 깊게 파고 들어가면 고객 우위를 줄 수 있는 잠재적인 성장 기반을 고려하는 쪽으로 질문들이 옮겨간다. 예를 들어 만약 스티브 잡스가 아이팟을 단지 애플의 엄청나게 멋지고 강력한 컴퓨터 제품군들에 대한 하나의 액세서리로만 봤다면, 아이팟은 아이맥(iMac)

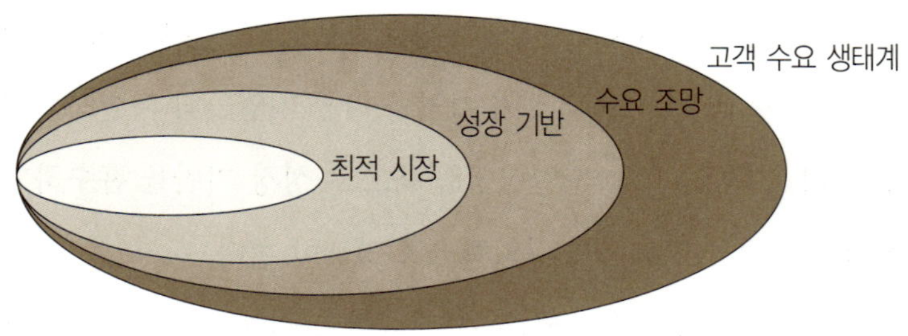

제품군의 액세서리 부문 속에 파묻혀버리고 말았을지도 모른다. 하지만 스티브 잡스는 아이팟을 (소비자가 음악을 관리하는 데에 도움을 주는) 별도의 수요우선 성장 기반을 지닌 하나의 구성요소로 간주했기 때문에, 음악 내려받기 라이선스를 받기 위해 음반 회사들과 계약을 체결하고, 아이튠즈(iTunes)와 아이뮤직 스토어(iMusic Store)를 만들고, 약 2천 개에 달하는 공급업체들을 끌어들여 아이팟 관련 제품들을 디자인하게 만들 필요가 있었던 것이다. 하지만 애플로 하여금 환영받고, 놀이를 바꾸며 (그 보다 더 중요한 점인데) 변하는 이용 경험을 창출하고, 진정한 고객 우위를 구축하도록 한 것은 분명히 애플이 한 선택이었다. 제품 시각에서 보면, 2,000달러짜리 컴퓨터에 비해 싼 가격인 199달러 내지 399달러짜리 아이팟을 놓고 볼 때, 아이팟은 아주 자연스럽게 제품을 확장할 수 있다. 수요 우선 시각에서, 즉 아이팟이 소비자의 일상생활에서 점유할 수 있는 음악을 관리하거나(음악 취사선택, 구매, 청취, 저장 및 삭제) 동영상을 관리하는 일의 시각에서, 그리고 아이팟의 기회를 수요 생태계의 규모 측면에서 보면, 스티브 잡스가 별개의 성장 기반을 창출하기로 결정한 것은 천재적인 판단이었다. 399달러짜리 아이팟에 아이튠즈에서 받은 음악을 채우려면 10,750달러가 드는데, 현재 아이팟 한 대당 평균 내려 받는 음악은 25곡인 것을 생각해보라. 제품 시각에서 보면 아이팟이 누리는 이런 엄청난 기회는 빤히 보이는 곳에 숨겨져 있었을 수도 있는 것이다.

다음에 나오는 내용은 기회 공간을 구성하는 데에 도움이 되는 체계적이고 단순화된 지침이다.

1. 논리 결정하기

성장 기반의 논리를 결정하기 위한 자연적인 출발점은 해당 제품, 서비스, 브랜드, 역량 또는 방법론에 대한 수요를 구성하는 방법들을 탐구하는 것이다. GE헬스케어는 외부인들 및 GE 직원들이 수술실 내에서 수십 건의 절차를 진행하는 것을 집중적으로 관찰한 후에 케어스테이션에 대한 수요를 구성했다. GE 전략 마케팅 그룹의 닐 샌디에게는 케어스테이션이라는 기반을 고객의(이 경우에는 마취의들) 시각에서 GE 전체에 걸쳐서 수평적으로 살펴보고, 사업 부문들에 걸쳐 분명하고 새로운 아이디어와 기술 및 솔루션들을 찾는 일이 맡겨졌다. 수요 기회들을 논리적으로 구성하는 또 다른 방법은 환자의 중요한 3단계, 즉 마취 전과 마취 중 및 마취 후 단계의 측면에서 살펴보는 것이다. 또는 더 폭 넓게 보면, 수요 조망은 전체 수술과정 및 수술 후 측면에서 구성할 수도 있다. 수요 조망을 분석해서 의미 있는 패턴들이 나오는지 살펴보는 것은 상당히 가치 있는 일이다.

이런 행동적인 고객 또는 소비자 시각에서, 즉 니즈와 원츠 뒤에 숨은 행동을 뒷받침하는 과정과 유형들을 기반으로 하여 논리를 탐구하기 시작하는 것은 모든 혁신(제품, 역량, 기술, 방법론, 브랜드형성 프로그램 또는 기타 마케팅 활성화 활동)을 고객 또는 소비자가 가장 관심 있는 행동들과 정확히 어떻게 연결되는지 착안하도록 만들어 준다. 따라서 성장 기반들은 고객의 일상생활 속의 문제 해결, 소비 또는 이용을 촉진하는 행동 그 자체를 변화시킬 수 있는 것이다.

2. 대체 구조 탐구하기

수요우선 성장 기반들을 뒷받침하는 논리를 찾아내는 것은 창조적인 과정이며 꽤 많은 시행착오를 요구하는 경우가 많다. 유용한 방법 중 하나는 케어스테이션을 구성하는 다양한 모듈들 같은 새로운 차원들을 가지고 수요군의 행동 패턴을 그리는 것이다. 이런 시각으로 보면 GE는 그런 다양한 모듈들이 고객의 시각에서 보는 수요와 어떻게 상호 작용하는지를 배울 수 있다. 수요가 충족되지 않는 부분들에 있는 기회들과 기존 및 신규 수요군 전반에 걸쳐서 기존 기술들을 활용하는 기회들을 찾아낼 수 있는 것이다.

예를 들어 코닥의 경우를 생각해보자. 코닥은 창립자인 조지 이스트먼(George Eastman)이 개발한 '셀룰로이드에 은 할로겐을 입힌 필름'이라는 한정된 관점 속에 오랫동안 갇혀있었다. 만약 코닥 중역들이 수요 조망을 구성하는 대안들을 일찍 연구했더라면, 디지털 기술을 단순히 기존 사업을 별도로 확장하는 것으로 폄하하기 보다는 그것을 통합적인 시각으로 봄으로써 엄청난 기회들이 대두되는 것을 쉽게 볼 수 있었을 것이다. 행동적이고 밖에서 들여다보는 수요의 시각으로, 즉 고객의 시각으로 보았더라면, 고객의 일상생활 목표가 사진기와 필름을 구매하는 것으로부터 기억을 관리하는 더 넓은 목표로 옮겨가고 있었다는 사실이 분명하게 드러났을 것이다.

수요우선 시각에서 보면 코닥의 기회 공간은 활동 시각, 즉 고객이 기억을 관리함에 있어서 무엇을 하고 있으며 무엇을 하고 싶어 하는지의 관점에서 살펴볼 수 있다. 수요우선 시각은 속도와 가격 및 사진 선명도 같은 제품 속성을 중시하는 제품 시각, 또는 필시 소비자에 도움이 되는 기능적, 정서적, 자기표현적 편익을 중시하는 브랜드 시각, 또는 고객을 기업의 제품을 판매할 타겟 세그먼트들로 나누려고 하는 소비자 시각과 상반되는 것이다. 수요우선 시각에서 보면, 즉 소비자 행동이 아니라 소비 행동의 시각에서 보면 기억을 관리하는 사람들의 활동은 사진을 찍고, 수정하고, 필름을 현상하고(필름을 사진관에 가져가는 것부터 온라인으로 필름을 현상하는 것에 이르기까지 다양한 수단을 통해), 사진을 공유하고, 저장하는 것이다.

모한비르 소흐니(Mohanbir Sawhney)와 그의 동료들은 이런 기억 관리 과정에 대한 유용한 대체 구조를 제공해준다.

대체 구조의 전략적 논리가 합당한지 확인하는 유용한 시험 방법 중 하나는 명확하고 귀중한 새로운 성장 기반들이 대두되는지를 연구하는 것이다. 예를 들면 기억 관리 활동들을 기준으로 구조설정 작업을 하게 된 코닥은 온라인에서 기억을 관리하는 기회를 찾아내게 된다. 결국 코닥은 오포토(Ofoto)라는 신규 기업을 매입함으로써 이 기회를 활성화했으며, 오포토의 소프트웨어 기술을 코닥 이지세어 갤러리(Kodak EasyShare Gallery)라는 새로운 서비스로 통합하여 고객에게 제공했다. 이 기술은 단순한 제품을 훨씬 능가하는 것으로 볼 수 있다. 그것은 코닥을 위한 포괄적인 성장 기반이 될 잠재력이 있는 것이다.

3. 수요우선 성장 기반 정의하기

성장 기반을 정의하는 것의 힘은 제품이나 서비스, 브랜드 또는 역량을 심화하는 것을 둘러싼 R&D, 신제품, 마케팅, 영업 및 유통을 포함하는 전체 사업의 효율을 극대화하고, 그로 인해 고객이 성장 기반에 포함된 제품, 서비스 또는 솔루션을 그들의 일상생활 속으로 흡수하고 동화시킬 가능성을 증가시키며 총체적으로 변모하는 고객 경험을 만드는 것이다.

GE헬스케어는 케어스테이션 개념을 단지 수술실에만 집중시킬 것인지 또는 더 나아가 중환자실과 회복실까지 확장해야할지의 여부를 결정할 필요가 있었다. 제품 수준에서는 케어스테이션 개념이 GE의 전체 제품 포트폴리오를 감당하게 할지 또는 단지 몇 수준만 감당하게 할지(중가 및 고가 제품으로 한정하고 저가 또는 기본 제품은 제외) 규정할 필요가 있었다. 수요우선 성장 기반은 기업의 역량과 제품 및 서비스의 초점을 음악 공연에서 레이저 빔이 빛의 초점을 맞추는 것처럼 적합한 수요군에 맞춰주는 것이다.

4. 기회 공간 평가하기

만약 성장 기반이 행동적으로 고객 위주의 수요 시각에서 구축되면, 총 기회 공간에 대한 얼마간의 정량화와 어림짐작이 가능하다. 성장 기반에 대한 정량화를 통해서, 민족지학적 조사에서 나온 매우 정성적이고 주관적일 수 있는 결과들이 구체화되어 실질적으로 행동할 수 있는 사업 사례가 개발된다. 품질 분야의 권위자인 에드워즈 데밍(W. Edwards Deming)이 "우리는 신을 믿는다. 다른 사람은 모두 데이터를 가져오라."고 말했던 것처럼 객관적 데이터가 필요하다는 말이다.

GE헬스케어는 마취사들의 케어스테이션의 이용 정도와 수술실 밖에서 마취사들이 맡는 일들을 알아낼 수 있었다. 케어스테이션 성장 기반에 대한 수요의 규모와 범위를 고객 시각에서 결정했던 것이다.

일반적으로는 정량화는 몇 가지 수준에서 이뤄질 수 있다. 첫째는 수요우선 몰입 과정(DIG 모형의 첫 부분)의 수준이다. 이런 매우 정성적인 면담 내용들을 정량화하는 것은 극히 중요하다. 프리토레이의 경우 정량화는 특정한 순간의 발생과 그런 순간을 얼마나 많은 사람이 겪는지를 측정하는 데에 집중했다. 제3장에서 설명한 것처럼, 프리토레이의 조사는 35명의 소비자가 평균 20가지 음식과 관련된 활동을 하는 것을 30일 동안 기록해서 약 21,500 건의 활동을 수집했다. 이런 활동을 유사한 것들끼리 묶어서 몇 가지의 수요군을 찾아냈다. 추가로 2명의 기록담당자가 그 21,500건의 활동 각각을 응답자들의 일지와 응답자들과의 4시간에 걸친 고백식 토의 기록에 나온 정보에 따라 평점을 매겼다.

그 활동들에는 (시간적, 사회적, 물리적, 문화적인) 배경 요소, 니즈와 감정의 범주, 이용하는 제품과 브랜드 및 기타 요소 같은 수요 생태계의 중요한 차원들에 따라 평점이 매겨졌다. 그 활동들을 수요군으로 분류하는 작업을 마치자, 프리토레이는 기록된 수요 생태계의 요소들을 이용하여 수요군들을 설명할 수 있게 되었다. 이렇게 수요군들을 정량적인 방식으로 묘사하는 최초 단계가 끝난 후 프리토레이는 기존에 했던 조사를 이런 수요군들과 대조 및 분류하여 이전의 연구들에서 나온 정보와 데이터의 효과를 극대화했다. 전체적으로 보면 이런 분석들을 통해 기회의 규모에 대해 비교적 양호한 근사치를 구할 수 있었다.

정량화의 둘째 단계는 기회 공간 또는 성장 기반에서 생길 수 있다. 이 상황에서는 정량화의 목표가 앞의 경우와 다르다. 첫째 단계의 정량화로부터 실제로 기회가 있다는 사실을 알게 된다고 해도 그 기회가 소비자 또는 고객에 따라서 어느 정도로 다른지는 알 수 없으며, 각 성장 기반에 대해 정확히 누가 타겟인지도 알 수 없다. 둘째 단계의 정량화에는 3가지 목표가 있다. 첫째 목표는 적합한 기회 공간과 성장 기반들에 해당하는 인구의 규모를 측정하는 것이다. 이 정보는 가장 수익성이 높고 생명력 있는 성장 기반을 무엇으로 결정해야 할지에 도움을 준다. 둘째 목표는 인구를 성장 기반별로 나눠서 세그먼트를 설정하는 것이다. 세그먼트 설정에는 각 기반에 맞는 사람들의 인구통계학적 특성과 행동 및 태도 같은 설명 요소들을 이용한다. 셋째 목표는 여러 성장 기반에 걸쳐 정확히 얼마나 많은 인구가 중복되는지를 식별하는 것이다. 이 점이 현실적으로 중요한 이유는, 만약 여러 성장 기반들에 걸쳐서 공통의 주제와 가치가 드러나면 통일된 제품과 브랜드 포지션설정 및 커뮤니케이션 구조로 동시에 몇 개의 성장 기반에 타겟을 맞출 수 있는 기회가 존재하기 때문이다. 이런 정량화에 필요한 규준은 데이터 수집, 분석 및 해석을 포함하는 표준적인 조사 접근방법을 따르며, 인터넷기반 면담과 고객의 일지 기록을 이용하는 경우도 많다. 수요우선 성장 기반을 사람들과 세그먼트에 연결시키는 것이 중요하며, 그래야만 시장과 제품 및 브랜드에 관한 기존 조사를 성장 기반과 총 기회 공간에 정량적으로 연결시키는 것이 가능해진다.

기회 공간과 성장 기반을 평가하는 데에 있어서, 정량적 조사 결과가 핵심 입력 자료가 되기는 하지만, 다른 요소들도 고려할 필요가 있다. 추가로 고려해야 하는 요소들로는 새로운 능력 또는 핵심 역량에 필요한 투자, R&D와 마케팅 및 영업의 시너지 같은 포트폴리오 고려사항 등이 있다. 예를 들면 브랜드 시각에서 보면 중대한 문제는 기회들이 브랜드와 무관한지의 여부와 소비자가 어떤 성장 기반 내에서 브랜드를 용인하는지의 여부이다. 중요하게 고려해야 하는 사항 중 하나는 성장 기반을 활성화하는 타이밍이다. 하나의 성장 기반을 활성화하는 것의 영향력과 시장 내에서의 성공 여부가 다른 성장 기반의 향후 활성화에 영향을 미칠 수 있기 때문이다. 방향설정에 영향을 주는 추가 정보는 다소 시간이 지나야 나올지도 모른다. 이런 추가 정보와 다른 요소들은 리얼옵션(real options: 티모시 루어만Timothy A. Luehrman이 비즈니스 전략은 금융적 관점에서 볼 때 정적인 현금흐름이라기 보다는 일련의 옵션에 더 가깝다고 주장한 이론이다 - 옮긴이) 또는 결정분석(decision analysis: 1964년에 스탠퍼드대학교 교수 로널드 하워드Ronald A. Howard가 고안한 개념으로 중요한 결정을 공식적으로 다루는 방법론이다. - 옮긴이) 같은 성장 기반 활성화의 가치와 그것이 미래 성장에 미치는 영향을 정량화하는 다양한 방법론들을 이용하여 모형으로 만들 수 있다.

제자리에, 준비.......

　수요 생태계에 초점이 맞춰졌고, 기회들이 눈에 보이며, (그런 모든 기회들로부터 정의되고 준비된) 수요우선 성장 기반이 전도유망하게 비추고 있다. 모든 것이 제자리에 준비 되어 있는 것이다. 그러면 기업은 어떻게 출발해야 하는가?

　다음 장은 DIG 모형의 마지막 요소인 전략 청사진 만들기에 대해 논의한다. 이것은 기업이 규율을 정하고 성장 기반을 활성화하며 그에 뒤따르는 과정들을 안내하기 위해 스스로 만드는 일련의 독특한 지침이다. 스테이트 스트리트 은행(State Street Bank)의 사례는 전략 청사진을 의논하는 배경 역할을 하며, 남성 미용 상품 브랜드인 액스(Axe)의 사례는 실제로 활성화는 어떤 모습을 띠는지 설명해준다.

　전략적 질문들은 이런 것이다. 기업이 처음 초점을 맞춰야 할 성장 기반은 어느 것인가? 그 이유는? 활동해야 할 시점과 순서는? 기업이 고객 우위를 달성할 수 있는 최고의 방법은 무엇인가? 어떤 제품 혁신이 필요한가? GE헬스케어는 어떻게 의사 집무실이나 다른 배경이 아니라 수술실 내에서의 마취제 주입에 초점을 맞추기로 결정했는가? 그들은 어느 정도로 기술에 대한 주안점을 약리학에 대한 주안점과 결합시킬 지 결정했는가? 이런 것들이 행동을 위한 전략 청사진이 대답해 주는 질문들이다.

행동을 위한 전략 청사진 만들기

뚜렷하게 기회 공간을 정의하고 구성해서 분석하며 우선순위를 정하지 않는 기업들은 엄청난 아이디어와 획기적인 신제품이나 서비스를 낭만적으로 꿈꾸지만 그런 꿈들을 실현하지 못하는 경우가 많다. 그들은 혁신을 빠르게 달성하려고 시도한다. 그들은 각각의 제품을 단순히 향상시키는 데에 초점을 맞추지만 그런 제품들이 진정으로 과녁에 맞지 않기 때문에 보통은 귀중한 에너지와 자원을 낭비하기만 한다. 게다가 더욱 나쁜 것은 그런 기업들은 편견 없는 수요우선 고객위주 시각이 제공하는 최상의 기회들을 놓친다는 사실이다.

그렇지만 생명력 있는 수요우선 성장 기반을 몇 개 식별하는 것만으로는 지속할 수 있는 성공이 보장되지 않는다. 여기서 중요한 것은 규범과 행동이다. 우리는 먼저 어떤 성장 기반을 추구해야 하는가? 어떤 것을 활성화시켜야 수요 생태계가 수익이 나는 방식으로 발전할까? 다른 분야에 더 많은 자원을 할당해야 할까? 우리 눈에 기회가 보인다면, 전략적 규범과 행동들을 어떻게 섞어야 우리에게 진정으로 고객 우위가 생길까?

그런데 DIG 모형에서 여기까지 진행하고는 나열된 기회들을 한 번에 고려하거나 1차원적인 관점에서 살펴봄으로써 퇴보할 위험이 있다. 까딱하면 조직 내부에서 나온 시각으로 되돌아가기 쉽다. "여기 이 제품의 디자인을 향상시켜라, 저기 저 제품의 사용자 인터페이스를 바꿔라." 같은 조치를 할 수 있다. 물론 그러면 소비자는 좋아할 것이다. "우리 회사 특유의 신속한 프로토타입 제작 과정을 적용하자. 곧 우리는 꽤 괜찮은 물건을 손에 넣게 된다. 시험을 마치면 곧 판매할 수 있다."는 식으로 가기 쉽다는 말이다.

어려운 질문들을 하고 명확한 논리로 기업의 행동 경로를 진술하도록 하는 것은 더 어렵다. DIG 모형의 마지막 요소가, 가장 높은 전략적 수준에서 시작하여 고객의 일상생활 속의 활성화에 이르는, 전략의 창출과 관련된 것이 바로 그 때문이다. 이 장에서 살펴보겠지만, 우리의 혁신 모형에서 획기적인 혁신들은 DIG 모형의 이 부분에서 창출된다.

고객 행동의 세분화

스테이트 스트리트는 금융 서비스 기업이 새로운 전략을 개발하여 수요우선 성장 기반을 최우선하고, 지속적으로 활성화하면서 고객 우위를 추구한 방법을 잘 보여준다.

스테이트 스트리트의 계란 도표

스테이트 스트리트 보스턴 코포레이션(당시에는 이렇게 알려져 있었다)의 CEO가 된 지 얼마 지나지 않았을 때, 마셜 카터(Marshall N. Carter: 그 전 15년 동안 스테이트 스트리트의 주 경쟁사였던 체이스맨해튼 은행의 자산 관리 서비스 부서를 운영했었고, 1992년부터 2001년까지 스테이트 스트리트를 경영했다)는 비행기 좌석에 앉아 간단한 도표를 한 개 그리고 있었다. 카터는 나중에 이렇게 회상했다. "내가 그 때 비행기 안에서 만든 단순한 도표에는 첫째 축에는 고객이, 둘째 축에는 지형이, 셋째 축에는 시장이 있었고, 넷째 축에는 잠재적인 상품이 그려져 있었다." 나중에 회사 내부에서 계란 도표(egg chart)라고 알려진 그 도표의 정 가운데에 카터는 '고객'이라는 이름을 붙인 상자를 한 개 그려놓았다.

카터는 "그 때 비행기 안에서 내가 찾고자 했던 것은 우리 회사의 사업이 추구하는 것이 무엇인지에 대한 도식적인 설명이었다."고 말했다. 미국 육군사관학교에서 토목공학 학사 학위를 받고 시스템 분석 및 공공 정책 석사 학위를 받은 카터는 "우리 회사의 배경 전부가 간단하고 작은 장치들을 이용하여 사람들에게 우리가 어디에 있으며, 어디로 가고 있는지에 대해 이야기하는 것과 관련되어 있었다."고 설명했다. 카터의 판단에 따르면 스테이트 스트리트는 '제품 라이프사이클 중에서 성숙 단계'로 곧바로 향해가고 있었다.

카터가 스테이트 스트리트의 회장이 되었을 때, 그 유서 깊은 금융 회사는 고도로 집중화된 조직으로서 주로 자산 보관에 사업을 치중하고 있었는데, 자산 보관은 기관 투자가들이 보유한 계좌의 유지와 증권 보관을 망라하는 포괄적인 서비스였다. 전직 미국 해병대 장교였던 카터는 그가 직면하고 있는 지형을 알아보았으며, 그 지형 중 대부분은 천천히 언덕을 올라가는 힘든 길처럼 보였다. 카터는 "산업의 초점이 거래 처리에서 정보 서비스로 옮겨감에 따라서 고객 요구사항들이 크게 증가하고 있었다. 고객은 일을 하기 위해 매일 더 많은 정보를 요구하고 있었다."고 회상했다.

보스턴에 초기 뮤추얼 펀드 투자가들이 많았기 때문에 (1792년에 보스턴 범선 선장들이 모여 설립한) 스테이트 스트리트는 1920년이 되자 증권 산업에 보관 서비스를 제공하는 분야에서 초기 주도권을 쥐게 되었다. 카터의 전임자였던 윌리엄 에드걸리(William Edgerly) 휘하에서, 다각화되어 있던 스테이트 스트리트는 거래 처리에 집중하던 증권 보관 사업에서 초기의 두드러진 입지를 굳게 다져놓았었다. 1990년대 중반이 되자 스테이트 스트리트는 미국에서 가장 큰 뮤추얼 펀드 증권 보관 기관이 되어, 등록된 펀드 중 41%를 관리하고 있었으며, 보관 중인 총자산은 5년 동안 매년 35%의 비율로 증가하고 있었다. 또한 전 세계 3위의 외화 거래 서비스 제공 기관이었으며 인덱스 펀드 관리 업계에서 2위를 달리고 있었다.

1991년 말에 스테이트 스트리트에 도착할 때, 카터는 "상업적인 힘의 균형이 기관에서 고객으로 옮겨감으로써 금융 서비스가 급격하게 변모하고 있다."는 견해를 지닌 인물로 널리 알려져 있었다. 카터가 간단하게 손으로 그린 계란 도표에는 꼭대기에 '고객 요구 사항'이라고 적혀 있었으며, 완만한 경사의 선을 하나 그려서 1988년경까지 그런 요구사항들이 어떻게 거래들에 영향을 미쳤는지 보여줬다. 1988년 이후에는 거래는 줄어들었고 정보 서비스는 치솟았다.

보관 사업 분야에 있던 대부분의 기관은 계속해서 거래 처리를 사업의 핵심으로 간주했다. 카터가 자기 회사 앞에 펼쳐져 있던 기회를 평가한 것은 그가 정보 서비스를 캐내야 할 주요 광맥이라고 확신했다는 점에서 업계의 인식과 달랐다. 이 결론은 카터로 하여금 고객의 일상 시각으로부터 세상을 탐구하기 시작하도록 자극했다. 그는 고객의 일상적인 투자 절차를 체계적으로 분류하기 시작했다. 투자 절차는 (1)투자가들이 시장을 분석하는 '거래 전(pretrade)' 단계, (2)거래가 시작되고 계정이 정해지는 '거래 중(trade)' 단계, (3)거래 기록들이 유지되는 '거래 후(posttrade)' 단

계의 3단계로 구별할 수 있었다. 스테이트 스트리트의 전통적인 유
산인 보관 사업은 각 거래에서 창출된 매출의 16%를 차지했다. '거
래 중' 단계 서비스는 매출의 60%를 차지했으며, '거래 전' 단계
서비스는 24%를 차지했다. 나중에 카터는 "우리 사업이 직면하고
있던 가장 큰 문제는 이렇게 중대한 거래로부터 정보로의 변화였
다. 은행들은 전통적으로 거래를 다루기 좋아하지만, 거래가 만들
어내는 정보를 가지고 무엇을 해야 할지는 모른다."고 회상했다. 카
터가 의뢰했던 조사에 따르면 1회의 주식 판매는 25가지의 특유한
정보를 만들어냈다. 그런데도 스테이트 스트리트는 오랫동안 경쟁
사들을 따라 신중하게 '하던 일을 고집했으며' 주요 활동을 '거래
후' 정보 흐름을 기록하는 것과 연관된 작업으로 한정했다. 따라서
만약 정보가 미래라면 스테이트 스트리트는 단지 '거래 후' 단계에
서만 강점이 있는 셈이었다.

카터가 단순한 흐름도를 그림으로써 비공식적으로 달성한 일은
스테이트 스트리트의 핵심 고객들로 이뤄진 조망의 변화에 비추어
회사에 도움이 되는 수요 기회들을 탐색한 것이었다. 그는 고객을
전형적인 은행식 기준인 규모, 연령, 재산 또는 거래 기간이 아니라
그들의 일상적인 근무 환경이라는 배경 속에서 추구하는 활동들이
기술 변화의 결과 어떻게 변하고 있었는지에 따라 세그먼트를 설정
함으로써 그런 결론에 도달했던 것이다. 투자 과정을 위의 3개 수
요군('거래 전' , '거래 중' , '거래 후')으로 분류하자, 카터와 경영진은

그들이 실제로는 의당 알아야 하는 고객의 가장 기본적인 활동도 모른다는 사실을 분명히 깨닫게 되었다.

보관사업에서 '거래 중' 및 '거래 후' 활동으로 옮겨가는 것에 명백한 관심을 갖게 된 사실에 비추어, 카터가 의뢰한 공식적인 수요 조사는 20개가 넘는 나라들에 있는 주요 거래선들과의 심층 면담을 통해 고객 목표와 니즈의 조망을 밝혀냈다. 그 심층 면담의 뼈대 질문들은 주제에 있어서 서로 연관되어 있었으며 다음의 두 가지였다.

1. 귀하의 수탁 책임들 중에서 어떤 측면들이 고객으로 하여금 밤 잠을 이루지 못하게 하는가?
2. 귀하와 투자 서비스 협력업체들 간의 관계에서 어떤 측면들이 불안과 근심 대신 안도와 편안함을 주는 원천인가?

카터가 회사를 고객의 시각으로 바꾸려는 시도를 하는 것을 지속적으로 방해한 전략적 의문은 스테이트 스트리트가 주로 은행인지, 금융 서비스 회사인지, 전적으로 정보 서비스와 응용 데이터 처리 업체인지, 아니면 혹시 이 세 가지를 모두 조금씩 섞어놓은 것인지의 여부였다. 이 핵심 능력들 중의 어떤 것이, 또는 그것들을 결합해 놓은 어떤 것이 스테이트 스트리트의 총 기회 공간을 극대화해 줄 것인가? 몇 개의 나머지 동종 업체들과 격렬한 경쟁을 하는 동안 카터와 직원들은 수없이 많은 고객 회의에 참석했고 수백 회의

<그림 6-1> 투자 과정 – 스테이트 스트리트의 수요 기회들

	거래 전	거래 중	거래 후
목표	투자 포트폴리오의 균형을 유지하고 펀드들의 목표에 따라 이행한다.	거래를 신속하고 정확하며 비용 효율적으로 행한다.	모든 거래와 계정 활동에 대해 정확하게 기록한다.
활동	투자 성과에 대한 데이터를 얻는다. 추세를 모니터한다.	증권을 보관한다. 관련된 외환 거래를 승인한다. 증권을 차입 또는 대출한다.	자동화된 거래 확인을 받는다. 보관중인 증권에 관한 데이터에 접근한다.
상품·서비스	기본 데이터 뉴스 시장 데이터 분석 정보 성과 관리 소프트웨어	거래 관리 도구 주문 처리 거래 집행 증권 대출 통화(通貨) 집행 현금 관리	보관 포트폴리오·펀드 회계 성과 및 분석 정보

심층 면담에 참가했는데, 그 모든 것은 응답자들로부터 그들의 긴급한 일과 과업을 성취함에 있어서 임무에 가장 중요한 목표와 활동이 구체적으로 무엇인지에 관한 정보를 수집하기 위해 마련된 것이었다. 그런 조사 결과에 따라, 카터는 직원들로 하여금 스테이트 스트리트가 제공하는 모든 사업과 상품 및 서비스의 역할에 관한 일련의 구조화된 사고를 기반으로 한 토의를 하도록 시켰다. 그런 토의는 모두 "이 특정 사업이 관련 고객에게 어떻게 가치를 창출하는가?"라는 단 하나의 질문에 대해 연구할 것을 요구했다.

이런 구조화된 사고를 기반으로 한 토의는 실제 전략 수립의 탁월한 본보기이다. 어떤 면에서는 카터가 직원들로 하여금 어떤 수요군들이 스테이트 스트리트에 가장 적합한지를 결정하는 과정을 체험하도록 이끌었다고 볼 수 있다. 카터는 직원들에게 어떤 상품과 서비스들이 각 수요군과 교차하는지 여러 가지 질문을 하도록 시켰다. "이 상품과 서비스들이 기관 투자가들의 활동과 목표 및 일상 업무와 어떻게 교차하는가? 우리 회사가 가치를 부가한 부분은 어디이며, 앞으로 어떤 부분에서 가치를 부가할 수 있겠는가?" 같은 질문들 말이다.

카터는 또한 이런 의문들도 제기했다. "우리 회사가 대표하는 것은 무엇인가? 무엇을 대표하려고 애쓰고 있는가?" 이런 의문들은 명백하게 사업과 그 핵심 및 열망과 비전이라는 근본적인 내용들을 다루는 것이었다. 이런 토의로부터 구체적인 전략 목표들을 수립할 수 있었고, 경쟁 우위를 결정했으며, 구체적인 사업의 범위가 정해졌는데, 그 내용은 단지 '거래 후'만이 아니라 '거래 전'에서 '거래 중' 및 '거래 후'에 이르는 전체 투자 과정에 고른 중점을 두고 이뤄졌다(〈그림 6-1〉 참조).

넓고 대담한 정책

세상에서 스테이트 스트리트처럼 전 세계의 기관 시장을 공략할 수 있도록 포지션이 잘 설정되어 있는 기업은 없다. 유사한 조직이나 규모를 가진 기업 중에서 기관 투자가들로부터 그렇게 높은 소득을 올리는 곳은 없다. 총투자 금액, 상품 및 기술 개발 노력, 경영 시간 및 기업 역량 중에서 그렇게 높은 비율을 기관 투자가들의 니즈를 예상하고 충족시키는 데에 쏟는 기업은 없다. 스테이트 스트리트를 은행 및 비은행 경쟁사들과 차별화되게 만드는 것은 모든 가용 자원을 레이저처럼 정확하게 전 세계의 기관 투자가들이 관련된 특별한 니즈와 과정들을 지원하는 데에 집중하는 것이다. 그런데 이런 사실은 스테이트 스트리트가 연막을 걷어내고 스스로의 사업을 고객위주의 시각으로 살펴본 후에야 드러났다.

가장 곤란한 질문은 포트폴리오 전략 또는 활동 범위에 관한 것들이었는데, 그 중에서도 가장 골치 아픈 질문은 스테이트 스트리트가 200년이나 된 상업 은행(이 회사와 보스턴 고래잡이 어선 및 중국 범선들이 번성하던 시대의 연결이 남아 있던 유일한 부분)을 유지해야 하는지에 관한 미해결 논제였다. 카터의 견해에 따르면 상업 은행 분리를 가로 막고 있던 주요 장벽은 "매출에 연연하고 있었다."는 점이었다. "상업 대출은 우리 회사 자산 기반의 8%에 해당했지만, 매출 면에서는 19%를 차지했다." 하지만 회사의 주요 고객 관점에서 보면 상업 은행은 의미가 없어져 있었다. 포트폴리오를 수요우선 시각에서 보면 은행의 분리는, 수익 면에서 당장 비용이 발생하고 기업의 과거와 연결되는 문화적 연결을 포기한다는 우려에도 불구하고, 불가피한 일이 되었다.

카터의 팀이 수행한 조사 결과 새로운 상품과 서비스들을 통해 가치를 부가할 수 있는 기회들이 있음이 드러났으며, 그 기회들은 주로 기술과 정보 서비스 분야에 놓여있는 것으로 나타났다. 해당 상품과 서비스들은 통합된 성장 기반, 도구, 방법론, 역량 등등을 대변했다. 새로 통합된 영업력을 포함한 회사의 거의 모든 자원이 당시 회사가 제공하던 '거래 중' 및 '거래 후' 활동 처리 분야의 상품과 서비스에 있던 큰 차이들을 메워주는 새로운 제품과 서비스들을 통해 이런 성장 기반들로 옮겨가고 있었다. 스테이트 스트리트의 가장 성공적인 신규 서비스 중의 하나인 FX다이렉트(FX Direct)라는 외환 서비스가 출시되기 전에는, 스테이트 스트리트는 소수의 대기업 고객들(IBM, 제록스Xerox, 피델리티Fidelity)과 긴밀하게 협력하고 있었는데, 이 대기업 고객들은 서로 직접 경쟁 관계에 있지 않았다. 카터의 회상은 이렇게 이어진다. "우리는 그들 모두를 한 방에 집어넣고는, 시스템을 통해 그들이 진정으로 성취할 필요가 있는 것이 무엇인지에 관해 서로 대화를 하고 우리에게도 얘기해달라고 시켰다." FX다이렉트는 그런 대화들의 직접적인 결과물이었다.

몇 년 후에, 고객은 스테이트 스트리트의 데이터베이스에 온라인으로 실시간 접속하겠다고 아우성치기 시작했다. 하지만 스테이트 스트리트는 고객에게 메인프레임 환경에 직접 접근을 허용하지 않는 쪽을 택했다. 그 대안으로 카터는 피씨기반 도구를 용역을 주어 개발했는데, 그 시스템은 군의 부하 시험 시스템 분야에 많은 경험이 있는 보스턴 지역의 한 군납업체에 의해 만들어졌다. 카터는 자랑스럽게 이렇게 말했다. "나는 그들에게 모든 시스템을 전 세계에서 접속할 수 있어야 하고, 가변적이어야 하며, 일일 천만 건의 접속 부하 시험을 거쳐야 한다고 요구했다. 2001년 1월에 내가 스트리트 스테이트에서 나올 때쯤에는 우리 시스템에 하루에 3억 건의 접속이 이뤄졌지만, 노후화되어 문제가 생기거나 하지는 않았다."

이런 수요우선에 기반을 둔 전략적 포지션 변경이 있은 지 9개월 만에 새로 재편된 스테이트 스트리트 코포레이션(State Street Corporation. 보스턴이라는 말도 없고 은행이라는 말도 없다)은 분석가들의 새로운 기대뿐만 아니라 주주들에게 총수익을 주고자 했던 카터의 높은 열망도 실현했다. 부진했던 은행권의 주가수익률(PER)인 14 내지 16배의 수익에서 극적으로 벗어나 보통 블룸버그(Bloomberg)나 데이터 처리 기업인 ADT 같은 고실적, 고성장 IT 기업들의 경우에 해당하는 22 내지 30배의 주가수익률을 올렸다. 오늘날 스테이트 스트리트는 미국 뮤추얼 펀드 서비스, 미국 연금 저축, 미국 연금 자산 투자 관리, 그리고 전 세계 외환 서비스 제공 부문에서 1등을 달리고 있다.

목적과 우위, 그리고 범위

행동을 위한 전략 청사진은 비전과 목표를 실현시키는 방향으로 기업을 움직이게 만드는 데에 필요한 행동과 활동들뿐만 아니라 기업이 선택하는 전략을 가장 높은 수준에서 정의하는 포괄적인 도구이다. 전략 청사진은 성장 기반들의 개발에 대한 우선순위를 정하고 기업의 성장 목적들을 실현시키는 데 있어서 필수적인 전략적 틀을 제공하지만, 동시에 고객과 더불어 성장 기반들을 활성화시키는 계획도 정의한다. 전략은 다음과 같은 3가지의 중요 고려사항들로 정의된다.

1. 목적(objectives): 우리가 성취하려고 노력하고 있는 것은 무엇인가?
2. 우위(advantage): 우리는 어떤 자원과 역량을 가지고 이런 목표를 성취하는가?
3. 범위(scope): 우리는 어떤 영역 내에서 경쟁하게 되는가?

목적은 전략이 추구하는 바를 정의하고, 우위는 그 수단을 정의하며, 범위는 고객의 시각에서 본 영역을 정의한다.

목적

목적은 기업의 행동에 동기를 부여하고 보상을 받게 해준다. 목적은 간단하고 측정할 수 있어야 한다. 목적은 다소 장기적이어야 하지만 동시에 가깝기도 하고 현실적으로 성취할 수 있는 것이어야 한다. 목적을 비전과 혼동하면 안 된다. 전략 목적은 단지 중점적인 비전을 실현시키기 위해 성취해야 하는 이정표이거나 표적일 뿐이다.

전략 목적은 수익성, 기업의 규모, 시장이나 고객 점유율 또는 순위 및 주주들의 수익 등을 포함하는 다양한 범위의 목표들로부터 선택할 수 있다. 전략 목적은 업계에서 가장 큰 기업이 되기를 바란다는 선언처럼 절대적인 측면에서 정의하거나, 어떤 시장 점유율 수준을 달성하기를 바란다는 것처럼 상대적인 측면에서 정의할 수 있다. 특정한 시간 계획을 세우는 것, 예를 들면 3년 내에 또는 2010년대 말까지 특정한 시장 점유율 수준을 달성하는 것이 중대한 요점이 될 수 있다.

중요한 일련의 목적들은 기업의 전략 청사진이 어떻게 고객 경험에 영향을 주거나 변모시키고자 하는지, 그리고 기업이 어떻게 고객의 일상에서 전보다 더 많은 시간을 점유하려고 하는지를 규정한다. 스테이트 스트리트가 기존 제품 포트폴리오로 제대로 공략하지 못했던 활동에 더 깊게 침투하고자 했던 구체적인 목적은 궁극적으로 시장 점유율이나 수익성 같은 일반적인 목표보다 스테이트 스트리트의 미래에 훨씬 더 많은 의미가 있었다. 대조해보자면, 가장 큰 시장 점유율을 확보하는 측면에서 목적을 정의하는 기업은 고객의 일상생활에 기여하는 측면에서 목적을 정의하는 기업과 매우 다르게 행동할 것이다.

전략 청사진의 둘째 요소인 우위는 기업이 경쟁자들과 다르거나 더 잘하거나 독특한 부분을 정의한다. 우위를 정의하고 우위의 원천 또는 우위를 촉진하는 요소들을 이해하는 것이 전략의 핵심이다. 우위는 전통적으로 경쟁자들과 비교한 시장 점유율과 힘의 관점에서 정의되어 왔다. 전략 분야의 고전적인 사고는 근본적으로 "우리의 핵심역량은 무엇인가? 한 번 측정해보자." 같은 것에 관한 것이다. 전통적인 개념으로 보면, 우위는 기업이 공략하고자 하는 특정 고객의 부분집합을 세그먼트로 구분하여 타겟으로 설정하고, 기업이 그런 고객에게 제공하는 우위는 정확히 무엇인지와 기업의 제품과 서비스가 그들에게 그런 우위를 얼마나 잘 전달하는지를 정의하는 것이다.

스테이트 스트리트는 자사의 우위를 어떻게 정의했는가? 스테이트 스트리트가 고객과 협력할 수 있었던 키포인트는 고객과 회사 양측 모두에게 가치를 창출해주는 동맹 관계를 형성한 것이었다. 스테이트 스트리트가 정의한 우위는 고객이 일상적인 활동이나 '거래 전', '거래 중' 및 '거래 후'와 관련된 과정들을 경험하는 양상을 변모시킴으로써 달성되었다. 스테이트 스트리트의 우위는 기술 솔루션, 도구, 능력 및 방법론 등의 형태로 통합된 기반을 통해 그런 과정들을 한 데 뭉쳐서 능률적으로 만든 방법에 있었다. 조사에서 드러난 핵심 내용 중 하나는 고객이 서비스 공급업체들을 선택할 때 의사결정 과정을 능률적으로 만들 수 있는 기회를 요구한다는 것이었다. 스테이트 스트리트는, 단순히 상품과 서비스 또는 솔루션들로 이뤄진 포트폴리오를 제공하기만 하지 않고, 고객 과정의 관점에서, 즉 고객 우위 또는 고객 상호 작용 우위의 관점에서 기업의 우위를 정의했던 것이다. 그러면 스테이트 스트리트가 이런 우위를 전달하고자 한 방법은 무엇인가? 예를 들면 낮은 원가의 측면에서 우위를 정의하는 것만으로는 충분하지 않았을 것이다. 카터와 그의 팀이 혁신적으로 창출한 기술적인 솔루션들은 의심할 여지 없이 탁월한 상품들이었다. 그런데 그들은 그런 기술을 일련의 고객 니즈를 위주로, 즉 고객의 행동과 투자 과정 내의 구체적인 일상 활동들에 대해 관찰한 내용들을 기반으로 하여 전개했던 것이다.

카터의 전략 목표는 '거래 후' 과정과 관련된 활동들을 초월하여 고객이 요구하는 사항들에 대해 스테이트 스트리트가 점유율을 확대하는 것에 초점을 맞췄다. 우위 중의 한 가지는 전적으로 스테이트 스트리트의 상품과 서비스 및 솔루션들이 기관 투자가들의 투자 과정에 빈틈없이 통합된 방법에 의해 정의되었다. 또 한 가지 우위는 이렇게 통합된 상품과 서비스들이 고객 경험을 변모시킨 방법에 의해 정의되었다. 채택된 전략은 스테이트 스트리트가 고객의 일상 생활에 시시각각 들어맞고 연결되는 양상을 확장하고 심화해주는 집약적인 것이었다. 행동을 위한 목적-우위-범위 전략 청사진은 경쟁우위뿐만 아니라 고객우위까지 달성하기 위해 전략 고려사항들

〈표 6-1〉 행동을 위한 목적 – 우위 – 범위 전략 청사진

	부터	까지
목적	수익 시장점유율 매출	총 요구사항들에 대한 점유 총 이용 경험 변모
우위	비교 우위 경쟁자들과의 차별화	고객 우위 고객의 삶 속으로 흡수 및 동화
범위	범주/산업/제품 경계 또는 고객 세그먼트들	고객의 업무 과정들로 이뤄진 배경 활동, 목표, 우선순위

이 어떻게 변하는지를 보여준다(〈표 6-1〉 참조).

범위

범위를 정의하면 "우리가 활동하기를 원하는 영역은 어디인가?" 라는 질문에 대한 답이 나온다. 범위에 대한 고전적 사고는 특정한 제품과 서비스로 특정 고객 세그먼트들을 타겟으로 설정하는 것과 관련되어 있다. 범위는 고객, 경로, 기술, 지형, 제품 · 서비스, 가치 사슬 활동, 그리고 특히 여기에서는 수요우선 성장 기반 등의 여러 가지 요소에 따라 정의할 수 있다. 중요한 요소 중의 하나는 기업이 선택하는 고객, 기업이 공략하고자 하는 니즈 또는 행동군, 그리고 기업이 고객에게 제공하는 제품과 서비스에 대한 정의이다. 고객 우위를 추구하는 시각에서 보면, 범위는 제품이나 서비스가 일상생활이라는 배경에서 고객의 활동과 목표들에 어떻게 연결되는지를 정의할 수 있다.

스테이트 스트리트는 그들의 범위를 '전 세계 기관 투자가들' 을 정의한 비교적 좁은 경계들을 유지하고 더 나아가서 강화시킴으로써 정의했다. '금융 슈퍼마켓' 이 됨으로써 범위를 넓히려고 시도한 것이 아니라는 말이다. 금융 슈퍼마켓은 고상한 투자 은행인 모건 스탠리(Morgan Stanley)가 월스트리트(Wall Street)와 메인스트리트(Main Street)를 합치기 위해 디스커버 · 딘위터(Discove · Dean Witter)와 합병하면서 소매금융 고객에게 원스톱 쇼핑을 제공한 정책이었다.

어떻게 구매하게 만들 것인가

목적과 우위 및 영역의 측면에서 표현된 잘 짜여진 전략은 이상적으로 기업이 나아갈 길, 즉 어떻게, 어디에서, 어떤 성장 기반을 통해 성장해야 할지를 보여준다. 전략은 기업의 모든 사람 또는 단위가 할 필요가 있는 일은 무엇인지 정의한다. 하지만 전략은 단지 기업의 구성원들에 의해서만 생명이 부여되는 것이 아니다. 그것은 또한 고객이 인식하고 잘 받아들여줘야 한다. 다시 말해서 전략은 고객들 또는 소비자의 일상생활의 모든 최적 접촉점과 연결할 수 있어야 된다.

그러면 기업은 이런 연결점을 어떻게 확보할 수 있을까? 그것은 분명한 경험 및 활성화 계획을 창출함으로써 가능하다.

전략 청사진을 만들 때 중대한 단계는 '출발점'이며, 엄청난 위기에 처한 전략 의논에서 주목 받지 못하는 경우가 많은 부분이기도 하다. 활성화 계획은 기업을 고객의 시각으로부터 기업의 시각에 이르기까지 모든 측면에서 살펴보게 만든다. 이제 기업은 제품이나 브랜드를 소비자에게 전달시킬 방법을 염두에 두고 고객의 이용 또는 소비 경험(목적 시점)을 실제 거래 또는 구매(구매 시점)와 연결시킬 필요가 있다.

고객 구매 경험 파악하기

고객 구매 경험을 정의하려면 기업은 고객이 어떻게 특정 회사나 제품 또는 서비스를 인식하는지, 고객이 어떻게 자신들이 선택한 것과 친숙해지는지, 고객이 어떻게 제품을 구매하는지, 그리고 고객이 어떻게 제품이나 서비스를 이용하고 결국에는 그것을 버리거나 처분하는지를 파악해야 한다.

기업은 편견 없는 수요우선 고객위주 시각으로부터 수요 조망을 창출할 때 쓰이는 것과 똑같은 조사 방법을 이용할 수 있다. 이런 조사 방법은 의도에 맞도록 바꾸거나 꾸밀 수 있다.

제3장에서는 어떻게 프리토레이가 소비자의 일상생활에서 스낵의 소비와 이용을 발전시켰는지 살펴 보았다. 프리토레이의 사례에서는 수요 조망을 창출하는 데에 인생의 하루라는 시나리오가 쓰였다. 그런 시나리오들은 또한 소수의 소비자들로부터만 응답을 받

아 소비자 구매 주기를 알아내는 데에도 이용할 수 있다. 35명의 소비자가 쓴 한 달 동안의 일지를 가지고 이뤄진 그 조사는 전략담당자나 마케터가 고객이 어떻게 스낵을 사러 가는지, 무슨 책을 읽는지, 어디에서 어떻게 쇼핑을 하는지 배울 수 있는 천 가지가 넘는 시나리오들을 만들어냈던 것이다.

스테이트 스트리트의 경우, 이용 경험은 기관 투자가들이 일상 근무 환경 속에서 '거래 전', '거래 중' 및 '거래 후' 활동을 수행하면서 스테이트 스트리트의 상품과 서비스를 경험하는 방법에 관한 것이었다. 조달 담당자, IT 전문가 및 고객 기반 내의 사용자들과 대화를 나누는 것으로부터 핵심 통찰력이 나왔다.

거래 분석하기

실제 구매 시점을 분석하면 고객이 기업이나 제품과 교차하는 모든 접점들에 대한 포괄적인 목록을 나타내는 접점 지도를 만들 수 있다. 브랜드형성의 관점에서 보면 그런 평가는 접점들의 상대적 중요성을 정의하는 것, 접점들의 우선순위를 매기는 것, 브랜드 포지셔닝에 상대적인 이상적인 접점들을 정의하는 것, 그리고 접점들을 현재 상황에서 바람직한 이상적인 상태로 바뀌도록 관리하는 것에 도움을 준다.[13]

더 중요한 것은 그것이 이런 구매 주기 자체를 개선하거나 변모시킬 수 있는 방법을 탐구하는 출발점이 될 수 있다는 점이다. 구매 과정을 단순화시키거나 구매 단계를 줄이거나 고객과 접하는 디지털을 통해 변모시키는 다양한 방법이 있을 수 있다. 인터넷의 잠재력이 음악 구매 방법을 어떻게 변모시켰는지, 또는 네트플릭스가 인터넷과 기본적인 우편 서비스를 이용하여 어떻게 더 좋은 DVD 대여 시스템을 창출했는지 생각해보기만 해도 알 수 있을 것이다.

이제 초점은 구매 주기를 통해 고객을 움직이기 위해 기업이 어떤 수단이나 마케팅 활동들을 전개하느냐와 그 중에서 어떤 것들이 가장 효과적인지의 문제로 옮겨간다. 이를 위해서는 특정한 마케팅 활동, 경쟁 전략 및 기업의 역량에 고객이 어떻게 반응할지에 대한 포괄적인 분석과 연구가 필요하다.

스테이트 스트리트는 고객과의 연결을 유지하는 데에 도움을 주는 3가지의 주요 마케팅 및 사업 개발 활동을 찾아냈다. 최우선적으로 가장 중요한 것은 영업력이었다. 업종의 관계 속성, 구매의 복잡성, 그리고 기관 투자가들의 이용 경험에 대한 임무를 중시하는 속성이 주어진 상황에서 스테이트 스트리트의 인적 판매 노력은 고객 우위의 중요한 원천이었다. 둘째 활동은 스테이트 스트리트라는 전반적인 기업 정체성과 브랜드 전략이었다. 카터는 그것을 강력한 기업 브랜드와 기업 정체성 프로그램을 통해 스테이트 스트리트의 기본적인 포지셔닝 변화와 전반적인 전략을 홍보하기 위한 중대한 요소로 보았으며, 그것은 직원들과 중역들에 이르는 내부 고객과, 고객 및 다른 이해관계자들, 특히 월스트리트에 영향을 미쳤다. 셋째 활동은 새로운 기술이 제대로 자리를 잡지 않은 상태였기 때문에 중요하다고 여겨지는 제품, 역량, 도구, 기술 및 서비스들로 이뤄진 포트폴리오였다. 이에 따라서 스테이트 스트리트의 특정 제품과 기술 및 역량에 대한 고객의 인식이 스테이트 스트리트를 고려하고 구매하는 데에 강한 영향을 미쳤다.

그 외의 활성화 계획

기존의 상품·서비스와 고객의 구매 및 이용 경험에 대한 새로워진 시각을 갖춘 기업은 마침내 전략 청사진을 그려내고 "우리는 무엇을 해야 하는가?"라는 질문에 대답을 할 수 있게 된다.

스테이트 스트리트의 계획은 다음 3가지의 중요한 요소에 주안점을 두었다.

1. 영업력과 서비스 팀들에 대한 근본적인 조직 재편

2. 몇 개의 서로 다르게 분리되어 있던 영업 및 서비스 팀의 단일화

몇 안 되는 제품을 가지고 같은 고객을 방문하는 것은 고객에게는 성가신 일이었고 스테이트 스트리트에게는 비효율의 원천이었다. 새로운 전략에 따라 별개의 영업 및 서비스 팀들을 고객 서비스 전담 팀으로 모았다. 이 변화는 중대한 주안점의 변화, 즉 제품 중

심에서 고객우선 영업 및 서비스 중심으로의 변화를 가져왔다.

외부 컨설팅 대행 회사의 주도로 중요한 브랜드 전략, 기업 정체성 및 브랜드 변화 프로그램이 이뤄졌다. 이 프로그램은 분석가들뿐만 아니라 고객 및 가망 고객, 직원, 고용 시장, 투자가와 주주들을 포함하는 이해관계자들에게 영향을 미쳤다. 이 프로그램에는 기본적인 브랜드 전략, 디자인 개발, 3개월간의 TV 광고 운용, 그리고 그에 뒤이어 지속된 인쇄물 광고가 포함되었다. 변화 프로그램은 수많은 고객과 직원들 간의 접점들에 대한 이해에 맞춰 이뤄졌고, 모든 마케팅 및 영업 인쇄물에 대한 검토와 디자인 변경, 새로운 웹사이트, 새로운 표지판, 홍보 안내물과 비디오 및 로드 쇼 현수막을 포함해서, 직원들을 위한 내부 홍보, 새로운 기업 소개서, 연례보고서 디자인 개편, 고객을 대면하는 팀이 쓸 수 있는 홍보물의 개선, 영업용 전화 프로그램(Sales Calling Program)이라는 중요한 팀 영업 프로그램, 경영진 연설, 보도 자료 작성 및 PR 활동이 포함되었다. 투자가들에 대한 홍보에는 기업의 성공적인 재무성과 자료가 포함되었다. 내부적으로는 영업 및 서비스 팀들에 대한 새로운 성과 기준을 포함해서 모든 직원용 자료와 직원 채용 및 관리에 관한 인사 정책에 대한 개편이 있었다.

3. 스테이트 스트리트의 사업을 보관 및 '거래 후' 서비스 외의 분야까지 넓힌 새로운 제품 및 서비스들

고객 회사들의 이용자들에게 전자적으로 전달되는 부가가치가

높은 '거래 중' 및 '거래 후' 상품들을 개발하기 위해 많은 투자가
이뤄졌다. '거래 전' 분야에서는, 기관 투자가들에게는 그들의 포
트폴리오에 들어 있는 기업들에 관한 정보를 수집하는 목표를 지닌
고객이 있었기 때문에, 기관투자가들은 포트폴리오를 효율적으로
관리하고 싶어 했다. 이상적인 상품을 만들기 위해서, 스테이트 스
트리트는 포트폴리오 관리 소프트웨어를 구입했으며 대체 유통망
을 확보하기 위해 브리지시스템(Bridge Systems)과 전략적 제휴를
맺었다. 복잡한 일련의 처리를 할 필요가 있는 '거래 중' 분야에서
는, 고급 전자 거래 시스템 제공업체인 래티스(Lattice)를 인수했다.
이 인수로 인해 스테이트 스트리트는 포트폴리오 거래 관리 도구,
주문 처리 및 현금 관리 도구를 확보했다. 다양한 거래들이 이뤄지
고 있었기 때문에, 포트폴리오 관리 도구들은 미국 주식을 거래하
는 것부터 글로벌 주식까지, 미국 고정 수입 및 글로벌 고정 수입까
지 확장될 수 있었다. 이런 기회의 확장이 스테이트 스트리트의 전
통적인 외환 거래 능력을 훨씬 능가하는 미래 성장을 가능하게 만
들어줬다.

삶이자 문화가 되는 것

남성 미용 상품 브랜드인 액스의 사례는 개관수준의 전략 청사진

이 특정한 배경 내에서, 즉 성숙한 소비재 범주 또는, 특정한 남성 타겟 고객의 일상생활 속의 최우선 관심 대상 활동 내에서 실제로 이뤄진 사례를 보여준다. 여기서 액스의 사례를 제시하는 이유는 그것이 스테이트 스트리트의 B2B 경험과 매우 대조적인 사례인 동시에 DIG 모형의 핵심 요소들을 똑같이 효과적으로 응용했고, 일상생활이라는 사회문화적 배경 내에서 고객의 목적 시점 또는 소비 및 이용 단계가 강력하게 작용했기 때문이다.

영국과 네덜란드에 기반을 둔 소비재 대기업인 유니레버가 1983년에 프랑스에서 액스(영국과 아일랜드 및 호주에서는 링크스Lynx라는 이름으로 판매된다)를 출시했을 때, 유니레버 내부의 가장 열렬한 지지자들조차 액스가 새로 고안된 남성 미용 상품 범주에서 20년 후에는 전 세계 1등 브랜드가 된다는 것을 알았다면 놀랐을 것이다. 오늘날 액스는 60개가 넘는 나라에서 강력한 위상을 자랑하고 있으며, 유럽, 라틴아메리카, 아시아 및 미국에서 급속하게 확대되는 남성 미용 상품 시장에서 인상적인 10 내지 20%의 점유율을 차지하고 있다. 이 제품 범주를 단지 '바디 스프레이(사실상 유니레버와 액스가 발명한 개인위생 분야이다)'만 포함되 좁히면, 액스 브랜드는 미국 내 1억 8천만 달러 시장 중 83%에 달하는 엄청난 점유율을 보였으며 2005년 기준 연간 매출이 1억 5천만 달러가 넘었다. 2005년에 미디어 리서치가 행한 조사에 따르면 액스의 타겟 고객인 18~24세 남성에 대한 전체 미용 상품 범주는 2004년에 미국에서 38% 성장했고, 2004년 8월부터 2005년 8월까지는 62%라는 놀라운 증가를 보였으며, 2005년 액스 브랜드의 매출은 27%나 되는 두드러진 증가를 보였다. 광고 잡지인 애드버타이징 에이지(Advertising Age)에 따르면, 2006년에 액스는 마찬가지로 증가 일로에 있던 올드 스파이스(Old Spice)로부터 범주 주도권을 탈환했는데, 그것은 겨우 출시 4년 만에 성취한 것이었으며, 성숙한 미국 시장에서는 놀라운 성과였다.

성장 기반은 시간이 지나면서 고객 우위를 창출한다

액스의 엄청난 성공은 유니레버가 젊은 소비자 타겟에 중요한 일인 '데이트'의 관점에서 최적 시장을 정의한 방법에 크게 기인한다. 제품 출시 후 몇 년 동안 유니레버는 '여성을 사로잡는' 방법과 그 과정에서의 액스의 역할에 관한 대화들을 체계적으로 심화시키고 확대하는 데에 초점을 맞췄다. 미국 광고는 인상적이었다.

2002년 8월, 유럽에서 20년간 탄탄한 성공기를 보낸 후, 유니레버는 북미 시장에 액스를 출시하면서 매체 지출을 1억 달러로 높이고, 타겟 고객에게 그들이 어쩔 수 없이 영속적으로 추구해야 하는 데이트에서 액스가 결정적인 우위를 줄 수 있다는 것을 설득하기 위해 용의주도하게 광고를 집행했다. 뺨을 간질이는 듯한 TV 스폿 광고에는 멋진 아가씨들이 전략적으로 중요한 신체 부분들에 액스 탈취제를 미리 많이 뿌려둔 벌거벗은 상점 마네킹 앞에서 애교를 떠는 내용이 나온다. 특히 희화적인 한 부분에는 자기의 남성 마네킹에 향수를 뿌리고 있던 한 열띤 아가씨가 결국 남자 친구에게 발각되고, 그 남자친구는 그 마네킹의 머리에 주먹을 날리지만 그 아가씨는 아무 일도 없었다는 듯이 "로저! 우리는 그냥 대화만 하고 있었을 뿐이야!"라고 항변한다.

이 광고의 요점은 매끈한 검정색 포장 속의 3.99 내지 4.99 달러짜리 4온스 에어로졸 스프레이 제품이, BMW 5 시리즈가 올즈모빌 토로나도(Oldsmobile Toronado)와 다른 것처럼 할아버지들이 쓰던 탈취제와 극적으로 다르며 신중하게 디자인되었다는 메시지를 네트워크 광고 기준이 허락하는 한 대담하고 날카롭게 전달하고자 했다는 것이다.

향기를 뿜으면서 단숨에, 액스 바디 스프레이(경쟁자들이 이 분야로 몰려들 때까지는 탈취제의 흡수 성분과 향수의 향기를 독특하게 결합시킨 유일한 제품이었다)의 전 세계 출시는 남성 미용 행동에 근본적인 변화를 가져왔다. 제품 옆면에 인쇄된 이용법이 현명하게 조언하는 것처럼 "통을 몸에서 15센티미터 떨어뜨린 상태로 가슴, 목, 겨드랑이 등 어디든지 향기가 나기를 바라는 곳에 골고루 분사"하면 되었다. 향이 다른 제품들이 정기적으로 출시되어 브랜드를 유지했고, 최근에 나온 10대용 겨드랑이 제품인 "푸른 꽃 향기"가 나는 아폴로(Apollo)와 "오래된 그리스 신화에 나오는 유명한 사냥꾼으로 별자리에 그의 이름을 붙였다……. 기품 있는 나무 향과 과일 향이 나며 정열적이고 상쾌한" 오리온(Orion)까지 이어지고 있다.

액스의 2002년 여름 출시 이후 3년 만에 11세에서 24세에 이르는 청년들 중 35%가 유니레버 덕에 일종의 바디 스프레이를 뿌리는 데에 익숙해져 있었다. 그 때쯤에는 P&G도 경쟁 상품인 레드존(Red Zone)이라는 바디 스프레이를 출시했고, 질레트의 태그(Tag)가 오랫동안 주도자의 자리를 지켰던 P&G의 올드 스파이스의 보완제가 되었다(태그는 P&G와 질레트의 합병에 따라 곧 P&G에 속하게 되었다. AC닐슨에 따르면 2005년에는 발한억제제 및 탈취제 범주에서 액스의 점유율은 11.7%로 성장했으며, 올드 스파이스의 점유율은 10% 전후로 줄어들었다).

액스는 단지 젊은 남성들 사이에 행동 방식과 데이트 관습에 큰 변화를 가져온 것뿐만이 아니었다. 액스는 젊은 남성들이 하루에 몇 번 몸 전체에 바디 스프레이를 뿌리면 여성들과 더 잘 될 수 있다고 강하게 암시함으로써 바디 스프레이 분야의 제품 판매량을 극적으로 늘렸고 그로 인해 사용자들뿐만 아니라 이용 횟수도 증가시켰던 것이다. 액스의 미국 출시 직후에 이미 〈비즈니스 2.0〉잡지는 "남성들은 몸에서 악취가 난다. 남성들은 여성들을 사로잡고 싶어 한다. 후자에서 성공하려면 전자를 해결해야 한다." 액스 브랜드의 명백한 성공 전망을 언급했다.

유니레버 부사장 겸 탈취제 부문 총괄 관리자인 케빈 조지(Kevin George)는 액스 광고의 성공은 경쟁자들이 선호하던 '기능적 이점’ 접근방법을 피하기로 한 결정 덕택이었다고 말한다. 단지 “땀과 냄새를 없애도록’ 디자인된 상품을 제시하는 대신, 액스는 뭔가 극적으로 다른 것, 즉 데이트에서의 우위를 약속했던 것이다.

속성 함정 벗어나기

케빈 조지는 “여러 해 동안 탈취제 시장은 매우 기능적인 시장이었다. 모두가 똑같은 내용의 이점, 즉 땀과 냄새를 없앤다는 속성만 제시했었다.” 하지만 액스의 약속과 이점들 속에는 데이트 분야의 익살스런 조언과 전문성이 들어있었다. 조지가 잘 관찰한 것처럼, 뉴욕 타임즈는 “이 범주가 다분히 완전히 뒤바뀌었다. 전에는 부정적인 것을 없애는 것, 즉 나쁜 체취를 없애는 데 주안점을 뒀었다. 하지만 이제는 완전히 긍정적인 것, 즉 여성을 사로잡는 것에 관한 범주로 바뀐 것이다.”라고 논평했다.

액스가 전 세계(액스 브랜드는 인도에서도 엄청나게 히트하고 있다) 젊은 남성들의 마음과 정신과 육체를 공략하는 데에 있어서 두드러지게 성공한 것을 뒷받침하는 중요한 요인 중 한 가지는, 어디에 살고 어디에서 숨을 쉬든지 상관없이 대학 캠퍼스이든, 셀프서비스로 빨래를 하는 론드로매트(Laundromat)에서든, 사교 클럽에서든, 동아리나 온라인 대화방에서 어울리든, 남성미가 두드러지는 비디오 게임을 열정적으로 하고 있든지 상관없이 전형적인 표어 같은 ‘액스 남(Axe guy)’에 도달하기 위한 섬세한 전략이었다.

액스가 더 성공적으로 신세대의 현대식 마케팅 세상으로 진입한 요인 중의 하나로는 액스 웹사이트(www.theaxeeffect.com)에만 나오는 거의 성인용 비디오처럼 보이게 만든 일련의 광고들이 있었다. 황금 시간대에 나오기에는 너무 야한 이 짧은 동영상들은 액스를 뿌리는 미식축구 선수들에게 유혹당하는 매혹적인 젊은 여성들을 사실적이지만 야릇하게 묘사했다. 조지의 표현에 따르면 '멍청한 미식축구 선수들이 땀을 흘리지만 악취는 나지 않는 것'을 묘사하는 경우가 너무 많았던 전통적이고 뻔한 탈취제 판매 제안에 대한 의도적인 조롱이었다. 액스의 경우에는 기능적 이점(땀과 냄새가 나지 않는 것)이 제품에서 도출된 것이 아니라 배경적으로 자극을 받은 것이었으며, 그것은 행동적인 변모를 가져왔다. 액스를 한 번 뿌리면 마법처럼, 발랄한 치어리더들이 기꺼이 남성을 유혹하는 요녀들로 변모하는 식으로 말이다. 조지는 이렇게 설명했다. "우리는 24시간 보호해 주는 제품을 파는 것이 아니라, 자신감을 파는 것이다."

첫 광고를 올린 지 4개월 만에, 유니레버는 대략 170만 명의 젊은이들이 액스 웹사이트에 접속한 것을 보고 놀랐다. 백만 달러가 안 되는 총비용으로 20억 달러에 가까운 미국 탈취제 시장에서 액스가 첫 해에 거의 5%에 가까운 점유율을 차지했으니 그럴 만도 했다.

모험적이고 자극적인 활동들과는 별도로, 액스는 청년 시장의 들

뜬 마음과 변덕스러운 관심 영역을 반영하여 휴대폰과 블로그 및 눈이 빙빙 돌 만큼 다양한 사이트들(www.theaxeeffect.com/www. gamekillers.com/www.theorderoftheserpentine.com/www. pimpmyfraternityshower.com)에 실린 비디오 게임 같은 대체 매체들에서 그 존재를 효과적으로 극대화시켰다. 단지 대체 매체들로 영역을 확장하는 데에 만족하지 않고, 액스는 엄청난 시간과 자원을 들여 의식적으로 '액스남'에 몰두했으며, 그 일환으로 미국 전역의 25개 최고 대학에서 젊은 '액스 대사'들을 뽑았다. 액스는 해마다 시카고에 있는 기업 본사에서 3일간의 파티를 여는데, 이 기간동안 유니레버의 통찰력 팀원들은 '액스 대사'들로부터 당시 미국에서 행해지는 변화무쌍한 데이트 방법에 관해 '모든 종류의 새로운 것들'을 배운다.

유니레버 소비자 및 시장 통찰력 팀장인 앨리슨 젤런(Alison Zelen)은 자신의 최우선 과제는 '액스남을 만드는' 통찰력을 정의해서 자신의 팀과 함께 액스남이 '여성을 사로잡는' 것을 돕는 일이라고 생각한다면서 "우리는 타겟 고객과 같은 삶을 살고 그들과 같이 숨쉰다."고 주장한다. 유니레버는 소비자 연결(Consumer Connect)이라고 부르는 일군의 조사 기법들을 전개하면서, 조지와 젤런 및 그들의 북미 액스 브랜드 관리 팀 직원들은 타겟 고객과 함께 온라인 및 실제 생활 속에서 상당히 오랜 시간을 보냈다. 액스는 전 세계적으로 청년 위원회(Youth Board)라는 프로그램을 운영하는데, 이 프로그램은 전 세계 마케팅 팀들에 타겟 고객의 생활 속에 2~3일 동안 철저하게 몰입할 수 있는 기회를 자주 제공한다.

젤런의 설명에 따르면 "액스는 남성들의 삶을 기술부터 데이트, 교육, 스포츠, 영화 및 커뮤니케이션에 이르는 정신적 영역들로 나눈다. 그것은 몇 시간 동안 포커스 그룹 속에 몰두하는 것과는 다르다. 그것은 한 번에 며칠씩 타겟 고객과 함께 시간을 보내는 것이다. 청년 위원회는 의도적으로 액스에 관한 것은 전혀 다루지 않는다. 우리는 그들에게 액스에 관해서는 질문조차 하지 않는다." 그 대신 액스 마케팅 팀원들은 암스테르담, 로스앤젤레스 및 오렌지카운티처럼 젊은이들이 모이는 유행에 민감한 주요 지역들을 여행하면서 지역 문화를 체감한다.

유니레버는 이 외에도 온라인 가상 '공동공간(communispace)'을 운영하는데, 이 공간은 18세 이상의 젊은이들 3백명이 모여서 '그들의 생활에서 이뤄지는 모든 일에 관한' 질문들에 기꺼이 답변을 해준다. 액스가 여기에 "위성 라디오에 광고를 해야 할까? 영화관에서 광고를 하면 어떨까?" 같은 질문을 올리면 보통 24시간 이내에 답변을 받을 수 있다. 조지와 젤런의 말에 따르면 관측과 통찰력으로부터 도출된 행동을 해석하는 것이 유니레버가 액스 브랜드를 고객에게 적합하도록 유지한 주요 수단이 되어 왔다.

성장 기반 활성화에 들어간 3년

최근 3년간 매년 새로운 향기가 나는 신제품을 출시한 것이 액스의 글로벌 브랜드 전략에서 빠질 수 없는 부분 중 하나였다고 젤런은 말한다. 이 새로운 제품 각각은, 즉 에센스(Essence)와 터치(Touch) 및 언리미티드(Unlimited)는 가장 기초적이고 단순한 연례 제품 출시 사례이다. 하지만 이런 마케팅 노력 뒤에는 훨씬 더 많은 것이 숨어 있다. 그것은 소비자의 일상생활 속에 액스의 적합성을 심화시키고자 하는 성장 기반의 활성화로서, 타겟 고객과 액스가 양쪽 모두의 마음에 가장 절실한 데이트라는 주제를 놓고 대화를 함으로써 타겟 고객을 액스 브랜드에 참여하게 하는 것이다.

에센스의 경우, 그 개념은 심층적인 민족지학적 조사에서 직접 도출되었는데, 조사 결과 오랫동안 남성들과 여성들을 모두 괴롭혀온 데이트에 관한 핵심적인 모호함을 확인할 수 있었다. 조사에 응답한 여성들은 '악동'을 선호하거나 성적으로 자극을 받는 경우가 많은 것처럼 보이지만, 그와 동시에 남자 파트너에게 기사도와 친절 및 세심함이 있는 것을 좋아하거나 기대한다는 것도 표현했다.

이런 고전적인 여성들의 수수께끼를 공략하기 위해 다른 향이 나는 에센스가 2003년 여름에 출시되었다. 젤런의 표현에 따르면 "모든 남성에게는 좋은 점과 나쁜 점이 있으며 여성들은 두 가지 점을 모두 좋아한다. 그러면 남성들은 무엇을 해야 할까?" 명백한 것은, 이 모순을 해결하기 위해 남성들이 에센스를 뿌리고 여성들과 잘 되기를 속으로 기도한다는 점이다. 유니레버 웹사이트에서 이 제품을 요약한 것을 보면, 에센스는 "여성들이 '원하는' 달콤하고, 정중하며, 보석을 사주는 자상한 측면과 더불어 여성들이 '필요로 하는' 강하고, 모험적이며, 능숙하게 짝을 짓는 남성적인 측면도 드러내 주겠다고 약속한다. 정말로 여자들이 찾는 것은 착한 동시에 거칠기도 한 것이다." 에센스의 출시와 더불어 BBH 텔레비전의 광고를 집행했는데, 그 광고에는 일란성 쌍둥이인 젊은 남성 둘이 젊은 여성 한 명의 집에 나타나서 그녀와 데이트를 나간다. 남성 중 한 명은 거칠고 짓궂은 반면에 다른 한 명은 친절하고 착하다. 그 여성은, 말할 것도 없이, 두 남성 모두에게 끌린다. 그 광고는 세 명이 모두 어떤 클럽에서 춤을 추다가 서로 껴안는데, 그 시점에서 쌍둥이 남성 둘이 점차 한 명의 남성으로 합쳐진다. "남성의 본질은 선과 악 둘 다이다."라는 대사는 대량 시장 맥주 광고 같은 데에서는 흔히 찾아보기 힘든 심리적인 복잡성을 표현한다.

2004년 여름에 출시된 터치는 젊은 남성이 맨 처음 여성을 만지려고 손을 뻗칠 때 느끼는 달콤하면서도 떨리는 '두근거리는' 느낌을 불러일으킬 의도로 나온 '현대적이고, 신선하며, 촉촉하고, 나무향이 나는' 속성으로 특징지어졌다. 하지만 에센스의 경우와 마찬가지로 터치가 표현한 실제 개념은 단순한 물리적 접촉보다는 더 미묘하고 복잡했다. 젤런의 표현을 빌면 '그 개념은 실제로 만지지 않으면서 만지는 듯함'이다. 터치 역시 젊은이들이 언제, 예를 들면 젊은 남자와 여자가 서로에게 매력을 느껴서 맨 처음 서로 가까워 질 때, 특정한 신체적 느낌이 생기는지 면담을 통해 조사하여 얻은 통찰력을 기반으로 나온 것이었다. 젤런은 "여자가 어깨 위로 머리 칼을 넘기는 것을 지켜보면 남자에게 신체적인 반응이 일어난다." 면서 터치는 그 이름이 암시하듯 "에센스보다 덜 철학적이며 더 신 체적이다"라고 덧붙인다.

터치 광고에는 젊은 남성 한명이 적도에 있는 어떤 이국적인 나 라의 버스 정류장에 앉아 있다. 글자 그대로 그림 같이 매력적인 여 성이 목에 땀을 흘리면서 다가오는데, 다른 한 명은 긴 부츠의 지퍼 를 올리기 위해 허리를 숙이고 있다. "그것은 만지는 것에 관한 것 이 아니라 만지지 않는 것, 나중에 생길 일에 대한 서곡 같은 것이 다." 터치를 판촉하고 활성화시키기 위해서 액스는 불을 하나도 켜 지 않은 바에서, 젊은 남녀들이 모여 있지만 손으로 만져서만 서로 를 찾을 수 있는 '어둠 속의 파티'를 주최했다. 젊은 남녀들은 어둠 속에서 야간 투시경을 쓴 웨이터와 웨이트리스들이 내주는 음식을 먹고, 어둠 속에서 춤을 춰야 했는데, 그 모두가 터치 제품을 둘러 싼 브랜드 인식을 구축하기 위한 것이었다.

2005년 여름에 새로운 제품인 언리미티드가 출시되었을 때, 그 향과 제품 자체가 소비자 조사의 직접적인 산물이었는데, 그 조사 에서는 타겟 세그먼트 내의 소비자에게 "데이트 시 무슨 일이 일어 나는가?"라는 질문을 했다. 젤런의 표현에 따르면, "언리미티드는 여성을 사로잡기 위해서 필요한 것들로 이뤄진 세상을 둘러싸고 수행된 전 세계적인 평가와 조사에서 나온 상품이다. 우리는 데이트에 성공한 남성들에게 ‘데이트에서 성공하는 전략과 기법은 무엇인가?’ ‘여성을 사로잡는 정해진 방법은 있는가?’ 라고 질문해서 솔직하게 무엇이 먹혀들었는지 말해달라고 요청했다.”

물론 유니레버는 조사를 그런 질문에만 국한하지는 않았다. 모든 적합한 장소에서 먹혀드는 것은 무엇인지 그렇지 않은 것은 무엇인지 지켜보기도 했다. 젤런은 “우리는 젊은이들의 실제 데이트 현장을 지켜봤다. 친구가 특정한 여성에게 관심이 있다는 것을 알고 그에게 도움을 주기 위해 딱딱한 분위기를 부드럽게 만드는 언변이 유창하고 재미있는 ‘아이스브레이커(icebraker)’, 여러 명의 여성을 훨씬 쉽게 접근할 수 있도록 나누는 재주를 지닌 ‘큐볼(cue ball: 포켓볼에서 모아 놓은 색공들을 쳐서 갈라지게 하는 흰색 공)’, 또는 어떤 여성에게 관심이 있는 친구를 위해 그 여성 옆에 있는 친구를 떼어 놓는 역할을 해주는 ‘윙맨(wing man)’ 같은 보편적인 관행들을 발견했다.”고 말해주었다.

미국에서 언리미티드를 홍보한 TV 스폿 광고는 글로벌 광고와는 달랐는데, 그 이유는 북미 마케팅 팀이 미국식 분위기가 필요하다고 느꼈기 때문이었다. 젤런의 설명은 이렇게 이어졌다. “우리는 미국용 광고를 따로 만들었는데, 그 광고에는 한 젊은 남성이 초밥 집에서 매력적인 아가씨와 앉아 있고, 그들 뒤로는 수조 안에서 수영하는 인어가 나온다. 다음 장면에는 그 아가씨와 인어가 남자와 함께 있다. 그 다음에 그 남성이 카지노에서 섹시한 여성 딜러와 함께 있는 것이 나오고, 그가 그녀의 손에 입김을 불면, 그들이 모두 어떤 호텔 스위트룸에 함께 있는 장면이 나온다. 그 다음에 자명종 소리가 나는데, 당연히 그가 꿈을 꾸고 있었던 것이다." 언리미티드는 모든 적합한 행마를 하면 무한한 성적인 정복을 기약할 수 있다는 평범한 남성의 환상에 호소한 상품이었던 것이다.

언리미티드의 출시에도 역시 광범위한 웹 홍보가 뒤따랐다. 언리미티드의 홍보 사이트에는 모조 마스터(Mojo Master)라는 모든 적합한 행마를 좌우할 수 있는 젊은 남성들에게 여성들을 유혹할 수 있는 '무한한' 잠재력을 부여하는 무료 온라인 가상 짝고르기 게임을 할 수 있는 기능이 있어서 타겟 고객과의 대화가 지속된다. 이 남성 판타지 게임은 게임을 하는 남성들에게, 인공 지능뿐만 아니라 인공 체격을 갖추고 게임을 하는 각 행마의 효과를 정확하게 기억하는 여러 명의 가상 여성들을 대상으로, 일련의 시도를 통해 입증된 짝고르기 방법들을 시험할 수 있게 해준다. 워싱턴주 레드먼드(Redmond)에 있는 게임 회사인 와일드탠전트(WildTangent)가 개발한 이 게임은 게임을 하는 사람에게 매번 여성을 매혹하는 목적에 대한 수단으로 액스 제품을 정확하게 쓸 때마다 더 높은 모조(점수)를 보상으로 주도록 구성되어 있다.

모조 마스터는 더 나아가 에반과 개럿(일반 사람들의 삶 속에서 임기

응변하는 코메디 팀)이라는 두 명의 '일반 남성'이 나오는 가상현실 쇼로 보완되었다. 이 쇼에서 유니레버는 그 둘 각각에게 25,000달러의 현찰을 주고 자칭 '유혹 시험 대상'으로 전국을 여행하면서 그들의 성적인 성공과 실패 사례들을 블로그와 소형 비디오에 올려서 전 세계 사람들이 보고 즐기게 했다.

열광

액스가 현재까지 성공한 배경에는 매우 영리한 사업 및 마케팅 전략이 있었다. 초기 출시기의 다른 브랜드들과 달리, 액스는 브랜드 확장을 단지 몇 가지의 새로운 향과 변형으로 한정하고, 대신 영원한 핵심 주제(여성을 사로잡아서 이성 관계에서 성공하는 것)를 위주로 하여 고객 관계를 강화하고 심화시키는 데에 자원을 투자하는 쪽을 택했다. 액스는 그 분야의 전문가이자 안내자인 동시에 비밀 유지자로서 스스로의 포지션을 설정하고 있다.

성공적으로 출시한 다른 브랜드들과는 달리, 액스는 또한 지속적으로 똑같은 고객과 타겟 세그먼트들에 초점을 맞췄다. 유니레버가 액스 브랜드를 확장함에 있어서 추구할 수도 있는 전형적인 대체 성장 전략으로는 더 높은 가격 수준의 고가형 상품을 출시하는 '트레이드 업(trade up)' 전략이 있었다. 그런 세그먼트 설정이 일리가 있었을지도 모르며, 전문가들이 다른 인구통계학적 고객(예를 들면 질레트와 P&G의 제품을 고집하는 더 나이가 많거나 혹은 적거나, 더 부유한 소비자)을 공략하기 위해 자주 추천하는 방법이기도 하다. 하지만 그 대신 액스는 고객 우위를 창출하는 쪽에 주안점을 두었다. 액스는 선택한 타겟 세그먼트의 고객과 데이트에 관한 관심과 대화를 더 넓히고 심화시켰다. 새로 출시한 상품들은 데이트에서의 성공이라는 영원한 숙제를 둘러싼 더 넓은 주제들에 걸쳐 액스의 적합성을 심화시켰으며, 고도로 세밀하게 타겟을 설정한 바이러스처럼 입에서 입으로 전해지는 홍보를 통해 고객 관계를 생성했다. 액스는 열광적인 인기를 창출했던 것이다.

이제 DIG 모형에 대한 정의와 설명은 마쳤고, 제3부에서는 기업들이 특정 브랜드 관리를 이행하는 동안 직면하게 되는 문제들을 살펴볼 텐데, 이 분야는 내가 여러 해를 투자하여 집중적으로 전문성을 갖추게 된 분야이다. 기존 브랜드와 신규 브랜드들의 문제는 새로운 성장 기반들에 어떻게 연관되는가? 기업이 진정으로 고객 위주 시각을 기업 문화에 뿌리박게 할 수 있는 방법은 무엇인가? 맨해튼에 있는 타임스광장(Times Square)은 우리 기업들과 그들의 잠재력에 대해 무슨 얘기를 해줄 수 있는가?

제 3 부

고객 우위를
구체화하라

Create Market >>

브랜드를 통한 다양한 요구의 수용 ▼

어떤 의미에서는 내가 전략 청사진에 대해 해주는 설명이 아무리 자세하더라도, DIG 모형이 전략과 마케팅 및 혁신에 미치는 모든 내용과 엄청난 의미를 완전히 설명해주지는 못할 것이다. 그 이유는 가장 간단한 응용분야들에도, 비교적 두꺼운 책 한 권으로도 다룰 수 없을 정도로 수많은 독특한 의미와 내용이 담겨있기 때문이다.

예를 들면, 어떤 기업을 성공적으로 활성화하려면 혁신의 포지션을 브랜드 확장으로 설정해야 할지 전혀 새로운 브랜드로 설정해야 할지 결정해야 된다고 말하기는 비교적 쉽다. 어떤 기업이 고객의 구매 경험에 대한 분석을 마친 후에야 새로운 브랜드를 출시할지 결정할 수 있다고 말하기는 쉽다. 하지만 다양한 브랜드가 한정된 자원을 쓰려고 경쟁하고, 기존 시장 포지션을 위협하는 경쟁자들이 새로운 수준의 '차별화' 속성들을 추가하며, 목표를 달성하고 있는지 평가하는 분기 보고서를 일주일 내로 제출해야 하는, 정해진 조직 설정과 어려운 사업 상황 및 복잡하고 포괄적인 포트폴리오의 배경에서 이런 결정을 내리고 의사 결정 과정의 고뇌를 겪어내는 것은 완전히 다른 이야기이다.

그것이 제7장과 제8장을 브랜드 전략과 포트폴리오 문제에 할애한 이유이다. 브랜드설정은 어떤 기업이 DIG 모형을 이용해야 하지만 그러지 못하고 있을 때 거의 때늦은 지혜처럼 이뤄지는 경우가 많다. 브랜드설정은 그와 함께 많은 기존의 기대와 약속을 기반으로 이뤄지며, 그에 따라 기업이 새로운 측면에서 사물을 바라볼 수 있는 능력을 심하게 제한할 수 있다. 또 브랜드는 그 스스로에 가해지는 힘이어서, 오랫동안 브랜드를 관리하는 사람들 속에는 브랜드가 강해질수록 더 많은 기업 위주의 시각이 배어든다.

하지만 브랜드는, 의심의 여지없이 궁극적으로, 기업의 혁신과 성장 전략을 소비자 수요의 생태계와 연결시키는 주요 수단이다. 브랜드 포트폴리오는 소비자 수요 생태계를 구성하는 기업 자체의 브랜드와 기타 브랜드들로 이뤄진다. 브랜드 포트폴리오 전략은 포트폴리오 내의 각 브랜드의 포지션과 역할 및 관계를 정의한다. 중요한 점은 브랜드들의 힘이 기업의 시각을 제한하지 않도록 하면서 그 힘을 제어하는 것이다.

이 장에 나오는 BMW의 사례는 기업들이 어떻게 브랜드의 힘을 이용하여 고객과 연결하고 고객을 끌어들여 강한 포트폴리오의 이면에서 수익성이 높은 사업을 구축하고 수요 생태계와 미래를 위한 기회들을 정확히 이해할 수 있는지 탐색할 수 있는 기초를 제시해 준다.

내가 BMW를 선택한 이유는 이 회사를 통해 몇 가지 핵심 요소들에 대해 공부를 할 수 있기 때문이다. 첫째는 점점 더 정교해지면서 기업과 기업의 제품 포지션을 설정해줄 뿐만 아니라 BMW 그룹 내부에서 소비자 통찰력, 마케팅, R&D, 엔지니어링 및 디자인부터 영업에 이르기까지의 요소들을 연결시켜주는 브랜드 관리 시스템의 발전이다. 둘째는 브랜드 기업에서 여러 개의 브랜드를 지닌 기업으로 브랜드 포트폴리오를 성공적으로 전개시켜서 BMW로 하여금 전체 자동차 산업 내에서 최고의 물량과 수익성 높은 성장을 달성하는 데 도움을 줬다는 사실이다. 셋째는 전통적인 모형을 뒤엎은 새로운 브랜드형성 모형의 대두이다. 이 새로운 모형은 BMW 그룹의 미니(MINI) 출시 노력과 그것이 BMW의 지속적으로 확대되는 브랜드 포트폴리오와 통합된 것으로 설명할 수 있으며 DIG 모형의 힘을 보여주는 실례이기도 하다.

제8장은 BMW그룹과 다른 기업들의 경험으로부터 5가지의 지침을 제시하여, 기업이 이런 접근방법들을 DIG 모형으로 브랜드형성과 마케팅에 통합시키는 방법을 보여준다.

BMW, 성공 이후의 과제

2005년 1월, 뮌헨에 있는 BMW그룹은 회사가 생긴 이래 처음으로 백만 대가 넘는 차량을 판매했다고 발표했다. 특히 2004년에는 현재 BMW 그룹의 브랜드 포트폴리오를 구성하는 3대 '고급' 브랜드인 비엠더블유, 미니 및 롤스로이스 120만 8,732대가 조립 라인에서 생산되어 전 세계의 뛰어난 딜러들에게 출고되었으며, BMW의 매출 증가가 두드러져서 2003년 대비 인상적인 9.4%의 성장을 보였다.

그룹 매출은 같은 기간 6.8%가 늘어서 443억 유로가 되었고, 수익은 한 해 동안 11%가 늘어 35억 유로에 달했는데, 이는 특히 미국의 자동차 대기업인 GM의 실적과 비교할 때 매우 높은 것이었다. 한편 GM은, 매년 BMW 그룹보다 거의 10배에 가까운 수의 자동차를 판매하는 데에도 불구하고, 2005년 1사분기 동안 10억 달러라는 기록적인 손실이 났다는 우울한 발표를 했다.

바꿔 말하면, 2004년에 BMW그룹 자동차 브랜드들의 운영 이익은 GM, 포드, 폭스바겐과 르노를 합친 것보다 많았고, 그 결과 BMW그룹 회장인 헬무트 판케(Helmut Panke)는 언론에 이렇게 선언하기에 이르렀다.

"우리 회사 제품 포트폴리오와 세계적인 존재감은 예전 어느 때보다 더 넓어졌다. 우리는 앞으로 우리에게 주어진 시장 잠재력을 지속적으로 최대한 활용할 작정이다."

그의 말대로 되었다. 그로부터 몇 달 후, 2005년 1사분기를 마감하면서, 판케 회장은 또 다른 신기원을 이룩했다면서, BMW그룹이 1사분기에 23만 9,387대의 자동차를 판매하여 고급 승용차 세그먼트에서 BMW의 주요 경쟁사로서 슈투트가르트에 본사가 있는 메르세데스 벤츠를 근소한 차로 앞질렀다고 발표했다.

1시리즈의 출시와 최고급인 7시리즈의 전면적인 설계 변경에 대해 오랫동안 기다려온 대중들이 내놓은 호평과 비평가들의 반응을 즐기면서, 판케 회장은 "영원한 숙적을 누른 것에 대해 우리 회사의 모든 직원이 심리적으로 즐거워하고 있다."고 점잖게 언급했다.

2003년에서 2005년 사이의 BMW의 튼튼하고 안정적인 재무성과는 BMW가 2000년경에 불안한 시기를 겪은 후라서 특히 더 경영진을 기쁘게 해줬다. 그보다 5년 전 BMW는 1994년에 영국의 전설적인 자동차 기업인 MG 로버를 인수한 후 부진의 늪에서 벗어나지 못하면서 전 세계적으로 겨우 70만 대의 자동차를 판매하는 데에 그쳤었던 것이다. 그 해 말 로버를 매각하자 BMW의 사기와 수익에 놀라운 변화가 일어났으며, 새로운 경영진으로 하여금 혁신적인 엔지니어링과 품질을 BMW의 강점인 성숙함과 고급스러움에 결합시켜서 발전시킬 수 있게 해줬던 것이다.

새로운 기회 공간에서 새로운 브랜드들의 성장을 촉진하기

BMW가 수익을 올리면서 성공을 추구하자 새로운 과제가 생겨났다. 거기에는 더 중요하고 복잡한 제품 포트폴리오와 전향적인 브랜드 관리에 대한 긴급한 필요가 포함되었다. 각각의 브랜드가 무엇을 의미하며 무엇을 창출하고자 하는지에 관해 더 정확하게 정의할 필요가 있었으며, 브랜드들에 걸쳐서 최대의 시너지와 효율을 달성하는 것을 전반적인 목표로 했다. 브랜드들은 핵심 BMW 브랜드의 힘을 떠받치면서, 항상 변화하는 자동차 소비자의 수요 생태계에서 최대의 기회들을 잡기 위해서, 분명하고 정확하게 포지션을 설정할 필요가 있었다. 이것이 브랜드 포트폴리오 전략의 핵심 과제였다. BMW그룹의 가장 긴급한 브랜드 과제는 브랜드 기업(그 핵심에 3시리즈, 5시리즈 및 7시리즈 모델이 몇 가지씩 있다)에서 여러 개의 브랜드를 지닌 기업으로, 즉 그룹의 포트폴리오에 포함되어 있는 2개의 신규 브랜드인 롤스로이스와 미니에 풍부한 여지를 줄 수 있는 기업으로 우아하게 변모시키는 것이었다.

BMW그룹이 로버 포트폴리오의 누더기로부터 오랫동안 버려뒀던 원래 미니 브랜드를 살려내기로 결정한 것은 가장 닳고 닳은 자동차 구매자들의 상상력까지 공략할 수 있는 새로운 고급 소형차의 능력에 비춰볼 때 특히 선견지명이 있는 것으로 보였다. 랜드로버(Land Rover)를 떼어 포드에 매각한 후 다양한 기발함과 독창성을 갖추고 여러 모델로 생산되어 2001년에 출시된 미니는 비슷한 사

양의 혼다 시빅(Honda Civic)에 비해 평균 3천 달러나 더 높은 가격을 받는 것을 쉽사리 당연시할 수 있을 만큼 곧장 인기의 대상이 되었다.

다차종 브랜드 전략을 채택하기로 한 결정은 핵심 BMW 브랜드를 초월하여 회사가 활용할 수 있는 기회 공간들에 대한 조사 결과에 따른 것이었다. 자동차 산업에서는 제품을 가격대별로 분류하고 시장을 후륜구동이냐 전륜구동이냐에 따라 나누고 있었는데, BMW 브랜드를 떠받치는 힘에 대한 판케의 예리한 분석에 따라, 경쟁 제조사들이 전략적으로 고가 세그먼트와 대량시장 세그먼트에 양다리를 걸치려고 하는 데에 반해, BMW그룹은 2만 달러짜리 미니에서 25만 달러짜리 롤스로이스 팬텀(Phantom)까지 거의 모든 가격대에서 고급 포지션을 유지하는 데에 가능한 한 모든 주안점을 두면서, 의도적으로 3개의 고급 브랜드를 구축하는 데에 초점을 맞추는 쪽을 택했다. 미니가 논란의 여지없이 모든 시장에서 인기를 누리고 있었지만, BMW그룹은 모든 영국 브랜드들 중에 가장 유명한 롤스로이스를 더 정밀하게 포지셔닝하기 위한 노력을 계속했다. 판케 회장은 "지난 15 내지 20년간 롤스로이스 브랜드는 포지셔닝의 일부를 상실했다."고 솔직하게 인정하면서, "롤스로이스를 자동차 시장의 정점으로서 포지셔닝하고 재보강해야 한다."는 견해를 밝혔다. BMW그룹이 '저가형' 롤스로이스 출시를 고려하고 있다는 소문에 대해, 판케는 "더 싼 롤스로이스가 그렇게 일찍 나온다면, 우리가 롤스로이스 브랜드를 최고 포지션으로 되돌리려 애쓰지 않을 것이다."라면서 부인했다.

3개 브랜드에 대해 모든 가격대 및 모든 세그먼트에 걸쳐서 고급 포지션을 유지하고자 하는 BMW그룹의 확고한 신념은 BMW로 하여금 대량 생산의 위험과 함정을 피하도록 만들었다. 판케 회장은 "두 분야는 완전히 다르다. 대량 시장 제조에서는 최저 원가 기반을 보유해야 한다. 하지만 고급형 시장에서는 고객에게 정서적인 가치를 전달한다. 고객은 BMW나 메르세데스를 고를 때, 구체적인 특징을 보유하고 싶어 한다. 그것은 자동차가 그들에게 어떤 느낌을 주느냐의 문제이다."라고 말했다.

수십 년 전 BMW의 최고 차종들이 BMW의 아늑한 영토에 거주하는 유일한 야수들이었고 BMW가 브랜드 회사로 전성기를 누렸을 때는, 핵심 고객에게 3·5·7 시리즈라는 3개 차종으로 이뤄진 매우 단순한 구성밖에 제공하지 않았는데, 각 시리즈는 크기만 빼면 서로 너무 닮았었기 때문에 뮌헨에 있던 BMW 디자이너들이 자랑스럽게 '크기만 다른 세 가지 소시지'라는 말을 할 정도였다. 이런 완벽한 단순함이 BMW 브랜드의 옹색한 호소력의 전부였다. 하지만 이런 좁은 틈새시장에서만 브랜드의 힘을 유지하는 데에는 여러 가지 문제가 있었다. 그러면 BMW 브랜드는 어떻게 새로운 기회들을 찾아낼 수 있었을까?

해결책 중의 한 가지는 BMW를 변화하는 사회적인 추세에 더 잘 반응하도록 포지셔닝하고, 새로운 차종을 출시하고, BMW의 시각적 표현을 변화시키거나 디자인 주도력을 장악함으로써 개선에 초점을 맞추는 것이었다. 1990년대 말의 미국 상황을 보면 이런 노력이 설명된다. 여피(yuppie: young urban professionals. 도시의 젊은 전문 인력) 붐이 약해져서 문화의 주류에서 벗어남에 따라, 수년 동안 BMW의 핵심 고객들('궁극의 운전 기계The Ultimate Driving Machine'라는 영원한 표어로 정확하게 표현되던 포지셔닝)을 형성했던 '사회적 지위를 추구하던 사람들'이 나이가 들어가고 있었다. 어떤 경우에는 젊을 때 BMW를 열망했던 고객이 '세 가지 소시지'를 벗어나서, 도요타의 렉서스(Lexus)로 대표되는 새로 소개된 일제 고급 브랜드들은 말할 것도 없이, 볼보(Volvo) 스테이션웨건(station wagon: 접거나 뗄 수 있는 의자가 달려 있고, 뒤에 있는 문으로 짐을 싣고 내릴 수 있게 만든 차종 – 옮긴이), SUV(Sports Utility Vehicle: 다목적 스포츠 차량), 미니밴(minivan: 밴과 스테이션웨건을 절충시킨 형태의 차량 – 옮긴이) 및 최대 경쟁사인 메르세데스의 고급형 차종 같은 가족형 자동차를 열망하기 시작했다.

하지만 BMW는 핵심 고객을 소외시킬 위험이 있음에도 불구하고 뭔가 의도적으로 논란의 여지가 있는 전략을 택했고, 신형 SUV인 X5, X3 및 화려한 로드스터(roadster: 2~3인용 스포츠카)인 Z3과

Z4를 출시했는데, 이 차종들은 BMW 전체의 이미지를 쇄신시키기 위한 수단이었으며, 널리 보급된 전형적인 차종들과 형태와 느낌에서 첨예하게 달랐다. 미국 디자이너인 크리스 뱅글(Chris Bangle)의 복고와 미래를 혼합한 육감적이고 환상적인 감수성은 논란의 여지없이 사람들의 눈길을 끌면서도 신성한 전통과 너무 많이 달라서 열성적인 추종자들 중에도 눈살을 찌푸리는 사람들이 있었다. 판케 회장은 월스트리트저널의 표지에 등장했을 때 이에 관해 "우리는 뭔가 다른 것을 할 수 밖에 없었다. 우리는 브랜드와 회사 입장에서 막다른 길에 이르는 위험을 감수했다."면서 BMW그룹을 디자인 측면에 집착하게 한 그의 확신을 되풀이해서 주장했다. 그럼에도 불구하고, 7인승 BMW 미니밴을 출시한 결정은 일부 순수론자들로 하여금 BMW가 남성 레이서들을 버려둔 채 교외에 거주하는 중년 중산층 엄마들에 영합하는 것 같다고 비난하게 만들었다.

21세기 첫 10년의 절반이 지나가면서, 처음에는 제1차 세계대전 중에 항공기 엔진을 제조하던 바바리아 모터 공장(Bayerische Motoren Werke)으로 시작했던 BMW에게 있어서, 매우 중요한 브랜드의 과제는 수익을 내면서 그룹의 고객 기반을 확장하고 성장 기회를 공략하면서 지구상에 거의 전례가 없는 수준의 고객 충성도를 지속적으로 촉진하는 것이 되었다.

다양한 브랜드의 협연

로버와 롤스로이스를 인수하기(그리고 그 결과 미니와 롤스를 브랜드 포트폴리오에 포함하게 되기) 전 거의 80년 동안, BMW는 단순한 브랜드 구조를 유지해 온 단일 브랜드이자 기업이었다. BMW의 제품 포트폴리오는 소니나 나이키 같은 브랜드 기업의 고전적인 노선을 따라 조직되었었다. 전략적으로 보면 이것은 BMW 브랜드가 역사적으로 브랜드와 기업 둘 다를 대변해 왔으며 BMW라는 이름을 위주로 한 브랜드 연상(聯想)을 구축하는 데에 초점을 맞춰왔다는 것을 의미했다. 바바리아 군주 시대의 청백 깃발을 연상하게 하는 청백의 체크무늬를 둘러싼 문장(紋章) 같은 3개의 두문자는 자동차부터 오토바이 및 기업 브랜드까지 한 지붕 밑에 있던 모든 가치를 대변했던 것이다.

하지만 이사회가 내부적인 성장과 더불어 인수에 의한 성장을 택했던 1990년대 중반이 되자, 더 넓은 브랜드 포트폴리오를 효과적으로 관리하는 것이 최우선 경영 과제가 되었다. BMW그룹은 BMW 브랜드의 글로벌 브랜드 정체성을 유지하면서 그 정체성의 다양한 측면을 여러 주력 시장(특히 유럽과 미국)에서 제시하는 것에 수반되는 추가적인 부담에 직면했다.

MG 로버를 인수한 후에, BMW그룹은 주요 브랜드의 자격을 갖춘 BMW와 롤스로이스 및 미니로 구성된 포트폴리오에 속한 3개 브랜드 모두에 대해 중요한 우산 같은 존재가 되었다. 브랜드 주도권 장악이라는 과제에는 BMW 브랜드뿐만 아니라 롤스로이스와 미니에 대해서도 성장 기회들을 극대화할 필요가 있었다. 또한 이 과제에는 지형적으로 다른 여러 시장에 걸쳐서 똑같은 글로벌 브랜드 정체성을 유지하는 복잡한 일이 더해졌다. 예를 들면 미국에서는 BMW의 포지셔닝이 계속해서 '궁극의 운전 기계'라는 표어로 대표되었다. 그런데 이 표어는 브랜드 정체성의 요소들 중에서 제품과 기술 및 운전 경험에 더 긴밀하게 연관된 한 가지 만을 강조하는 것이었다. 한편 유럽에서는 BMW의 포지셔닝이 더 넓어졌으며 '운전의 기쁨'이라는 표어로 대변되었는데, 이것은 BMW 자동차를 소유하고 운전하는 경험을 하는 일상생활에서 기쁨을 추구하는 소비자의 수많은 문화적 표현과 밀접하게 연관되는 것이었다.

여러 개의 브랜드를 지닌 기업을 관리하는 복잡한 과업은 BMW 전체의 성장 야심을 지원하는 방법의 하나로서 그룹의 전략 관리팀에 맡겨졌다. 사실 미니의 놀라운 성공과 롤스로이스의 꾸준한 성과가 없었다면 2004년에 백만 대에 가까운 BMW 자동차를 판매하는 것은 거의 불가능했을 것이다. BMW그룹은, 브랜드 관리 시스템과 브랜드 포트폴리오 접근방법을 더 정교하게 만들지 않았다면, 보유 브랜드들의 가치가 심각하게 저하되는 아픈 경험을 했을 지도 모른다.

이미지에서 정체성으로

브랜드 인식과 브랜드 이미지의 개념은 근본적으로 전술적이다. 그와 대조적으로 브랜드 정체성은 기본적으로 전략적인 개념이다. 브랜드 이미지는 단지 강한 브랜드 정체성의 결과일 뿐이며, 온도계로 체온을 재듯이 브랜드의 건전성을 측정하는 수단에 불과하다. 반면에 브랜드 정체성 시스템은 전략적인 균형을 표현하며 강한 브랜드를 구축하는 출발점으로서, 브랜드의 현재 속성이 무엇이며 무엇이 되기를 열망하는지를 명확하게 정의한다. 그리스의 철학자인 헤라클레이투스가 말했던 것처럼 성격은 운명이다. 브랜드 정체성 시스템은 기업 전략 및 사업 전략, 즉 제6장에서 설명한 것처럼 전략적 포지셔닝과 수요 생태계의 복잡성 및 역동적인 속성에 완벽하게 연결된다.[14]

전략으로서의 브랜드 이미지는 제품의 개수가 적고 포지셔닝이 제품 속성에서 유일한 주안점일 때는 커뮤니케이션 활동을 이끄는 전술적 도구로서 유용했었다. 예를 들면, 볼보(Volvo)는 안전이라는 속성에 최고의 중점을 두고 스스로를 정의했으며 시장에서도 그렇게 포지션을 설정했었다. 또 다른 예를 들자면, 허츠(Hertz) 렌트카는 업계 1등이었고 에이비스(Avis) 렌트카는 2등이었지만 더 열심히 노력하는 기업으로서 스스로의 포지션을 설정했었다. 오늘날 '포지셔닝주의자' 들이라고 불리는 집단이 옹호하는 포지셔닝 전략은 커뮤니케이션 목표로서는 유용할지 모르지만, 복잡하고 언제나 변화하는 소비자 수요 생태계의 분야에서 기회를 발견하는 측면에서는 의미 있는 전략을 정의할 수 없다. 여러 개의 브랜드로 이뤄진 복잡한 포트폴리오를 의미 있게 포지셔닝 하기에는 너무 좁고 얕은 접근 방법에 불과하다는 말이다.

1994년에 BMW가 MG 로버와 계열 브랜드들을 인수하기 전에는, BMW의 브랜드 관리는 주로 브랜드 이미지 관리라는 전술적인 차원에서 이뤄졌었다. 그것은 엄밀하게 제품 및 원산지 위주였으며, BMW가 독일 기술을 보유하고 있고 미국에서 판매되는 자동차가 고품질과 고성능 특성을 가지고 있다는 것을 강조하는 것이었다. BMW의 브랜드 이미지는 1975년에 유명한 "궁극의 운전 기계"라는 광고를 시작하면서 신중하게 확립되고 규정되었다. 이 고전적인 광고는 BMW 브랜드의 성능 측면을 핵심 본질로서 지속적으로 강조하면서 더 큰 정서적 호소력을 부여하기로 한 결정에 기인한 것이었다.

1980년대가 되면서 BMW는 BMW 브랜드를 단연 고소득층에 속하는 것으로서, 특히 미국에서 공격적으로 포지셔닝하기 시작했다. 그것은 운전이라는 흥분과 뛰어난 가치를 강조함으로써 정서와 기능의 혼합을 가속화하는 브랜드 전략이었다. 그렇게 함으로써, BMW는 이미 BMW를 몰고 있지만 나이가 들어가고 소득이 증가함에 따라 언젠가는 메르세데스나 재규어(Jaguar)로 옮겨갈지도 모르는 부유하고 젊은 남성 운전자들을 명시적인 타겟으로 삼았다. 1990년대 초가 되자, BMW의 여피 이미지가 더 이상 핵심적인 가치를 표현하지 못하게 됨에 따라 고객이 실제로 경쟁 브랜드들로 옮겨가면서, 그렇게 빤하고 좁은 포지셔닝에는 그 자체에 위험이 내재한다는 것을 뒤늦게 깨달은 BMW는 제품 포트폴리오의 폭을 넓히기로 결정했다.

1994년 로버를 인수하고 1998년에 롤스로이스 브랜드를 인수하면서 BMW는 5개의 분명하고 강한 정체성을 보유하게 되었는데, 그 각각이 포트폴리오의 드러나지 않았던 잠재력을 최대로 활용하기 위해 적극적인 관리를 요하게 되었다. 그러나 BMW가 로버와 롤스로이스로부터 얻은 것은 성장 기반이 아니라 제품 기반이었다. 로버나 롤스로이스로부터 소비자 수요의 생태계를 구성하는 새로운 사고방식이나 고객과 연결하는 새로운 방식을 인수한 것은 아니었다는 말이다. BMW그룹은 그런 기존 제품 기반들의 꼭대기에 있는 브랜드들을 위한 전략을 개발할 필요가 있었다. 로버로부터 어떤 브랜드를 구축할 수 있을까? 이 브랜드들에 BMW 브랜드 포트폴리오라는 새로운 집과 배경이 생긴 상황에서 이 브랜드들을 어떻게 구축할 것인가? BMW가 고급 브랜드를 구축하는 데에 전념했던 것에 비춰볼 때, 미니가 영국에서 독일의 폭스바겐 비틀(Beetle)이나 프랑스의 시트로엥(Citroen) 2CV 또는 르노(Renault) R4와 똑같은 공간을 차지하고 있었던 상황에서, 오랫동안 잠자고 있던 미니를 소생시키기로 한 결정은 의아한 것이었다. BMW는 스스로의 정의에 따르면 고급 브랜드들만 구축할 수 있었기 때문이었다. 그런데 BMW가 오랫동안 잊혀졌던 대량 시장 차종을 택해서 그것으로부터 BMW그룹 포트폴리오를 배경으로 한 고급 제품을 구축하기로 선택했던 것이다.

점점 더 정교해지는 BMW그룹의 브랜드 관리 접근 방법은, BMW와 롤스로이스 및 미니를 전 세계 주요 지역 내에 분명하게 초점을 맞춘 포지션과 연결시키는 전략적 틀을 이용하여 3대 브랜드를 관리하고, 시장들 내의 세그먼트들에 타겟을 설정하는 것에 노골적인 주안점을 두었다. BMW그룹의 천재성은 수요 생태계에서 적합하고 새로운 영역을 파악하여 BMW 브랜드와의 중첩을 최소화하는 성장 기반을 창출한 데에 있다. 그 성장 기반은, BMW에 연결되어 있지만 본질적으로는 BMW 및 롤스로이스 브랜드와는 차별화되는, 미니 브랜드의 가치를 더 잘 개발할 수 있도록 보장해 주는 단독 사업을 창출했다. BMW그룹의 포트폴리오 속에서 미니는 아이팟에 필적하는 자동차 브랜드가 되었다.

브랜드들을 정의하는 브랜드 이미지 차원을 초월하여 움직이는 BMW와 미니 및 롤스로이스 브랜드는 다음과 같은 핵심 질문들에 답하도록 설계된 포괄적인 브랜드 정체성 시스템에 따라 정의되었다.

- 우리가 창출하고자 열망하는 우리의 핵심 가치와 우리에게서 연상되는 이미지들은 무엇인가?
- 브랜드는 무엇을 나타내는가?
- 브랜드가 어떻게 인식되기를 바라는가?
- 브랜드가 투사하기를 바라는 인성은 무엇인가?
- 브랜드와 고객과의 관계는 무엇인가?
- 새로운 브랜드 정체성은 발전하고 변화하는 자동차 부문의 수요 생태계를 어떻게 파악해서 공략할 수 있는가?

이런 질문들에 대한 답변은 논리적인 관리 시스템과 브랜드 정체성 구조 속에 반영된다. 그 구조는 BMW 만의 전유물로서 BMW 브랜드 관리 팀이 개발한 것이다. 예를 들면 BMW 브랜드의 정수는 유명한 독일 광고 표어인 '운전의 기쁨(Freude am Fahren)'에서 전달된 것처럼 '기쁨'과 연관되어 있었다.

궁극적으로 BMW그룹을 BMW와 미니 및 롤스로이스의 개별 브랜드들에 대한 '숨은 지지자'로서 개발하기 위한 결정이 내려졌는데, 그것은 개별 주요 브랜드들에 대해 기업차원에서 신뢰성과 고품격을 보장하는 전략이었다. 그 대신 BMW와 미니 및 롤스로이스 브랜드는 BMW그룹에 대한 '제2의 숨은 지지자'로서 작용했다.

BMW의 브랜드 정체성은 전 세계적으로 유일하게 중요한 개념인 '기쁨'을 위주로 정의되었다. 이 기쁨이라는 핵심은 유럽에서 가장 폭넓게 개발되었으며, '순수한 운전의 즐거움(Sheer Driving Pleasure)'이라는 요소에 초점을 맞춰서 다음 7가지 차원에서 표현되었다. (1)운전의 기쁨, (2)발전과 혁신의 기쁨, (3)아름다운 것들에서 느끼는 기쁨, (4)인생의 기쁨, (5)성공의 기쁨, (6)소유의 기쁨, (7)진정한 가치의 기쁨.

기쁨의 다양한 요소들에는 역동성과 속도의 감각이 스며들었으며, 그것은 성능 속성을 강화해주었다. 유럽에서는 BMW 브랜드의 강조점을 운전 자체 정서를 위주로 전개한다. BMW가 전체 자동차 시장에서 1.5%를 점유하고 있는 미국에서는 전설적인 독일의 정교함과 전문성의 기능적인 이점이 전면에 대두된다. 유럽에서는 BMW를 훨씬 더 흔하게 볼 수 있는데, 독일 전체 자동차 시장에서는 7%의 점유율을 누리고 있다. 미국과 유럽 시장들 간의 포지셔닝 차이를 살펴보면 다음과 같다.

- 유럽의 '기쁨'은 거의 보편적인 호소력을 지니고 있으며 더 폭넓고 더 발전된 브랜드 정체성을 보여주고 있다. 그것은 힘들이지 않고 높은 연료 효율과 힘 및 속도 같은 별개의 기능적인 이점들을 결합시킨다. 하지만 미국에서는 이 핵심 개념이 보

다 더 또렷하게 '궁극의 운전 기계'라는 개념에 초점을 둔 포지션으로 해석되었다.

- 미국에서의 포지셔닝은 더 제품 중심적이며 극단을 달릴 가능성이 있다. 포지셔닝의 정확성은 커다란 틈새시장에 더 잘 어울리는 호소력을 발휘하게 만들어주는데, 미국 시장 내의 잠재력이 주어진 상황에서 적절한 전략으로 보인다. 정서적인 관점에서 보면 제어, 운전 성능 및 기술에 대한 경험을 추구하는 핵심 시장 고객의 욕구를 충족시켜준다.

BMW는 미국보다 독일에서 가족의 총시간을 둘러싼 수요 생태계에서 더 큰 점유율을 보이고 있으며, 더 넓은 포지셔닝은 그만큼 높은 고객 우위를 반영한다. 브랜드 정체성 시스템은 수요를 충족시키고 다양한 시장의 기회를 활용하기 위해 다양한 방식으로 발전되어 왔다. 미국에서는 차별화의 1차적인 요소가 고성능과 배타성이다. 하지만 포르쉐와 메르세데스 및 아우디를 포함하는 고성능 브랜드의 천국인 독일에서는 성능 축을 위주로 하는 차별화는 훨씬 더 달성하기 어렵다. 따라서 차와는 완전히 별개로 존재할 수 있는 정서적인 개념인 기쁨이라는 브랜드의 핵심에 훨씬 더 예리하게 초점이 맞춰진다. 인생의 아름다움, 움직임, 발전, 완성, 정밀성과 성능에서 느끼는 기쁨 말이다. 기쁨은 제품을 일상생활 용어로 바꿔주는 것이다.

정체성에서 수요우선 전략으로

BMW에서 브랜드 관리 시스템이 발전한 것은 모범적인 사례이다. 그렇게 확립되어 발전하는 시스템이 없다면, 다양한 제품과 시장 및 세그먼트들에 걸쳐서 여러 개의 브랜드를 관리하고 혁신을 촉진하며 성장을 성취하기는 어렵다. 그런 시스템이 없다면, 현재의 성장 기회를 포착하기 어려울 뿐만 아니라 핵심 브랜드의 속성과 가치를 최대로 활용하고 그 핵심의 긍정적인 속성들을 강화하기도 어렵다. BMW그룹이 채택한 '숨은 지지자' 전략은 핵심 BMW 브랜드의 가치 저하를 겪지 않고 새로운 시장들로 침투해 들어가는 가장 효과적인 방법이었다.

내가 경험한 바에 의하면, 브랜드 관리 시스템은 반대로 혁신과 성장을 저해할 수도 있다. 기업의 다른 어떤 시스템이나 과정과 똑같이, 브랜드 관리 시스템에 의해 브랜드들이 너무 빡빡하게 정의될 수도 있다. 그 때문에 경계가 생기고, 연막의 형성이 빨라지기도 하며, 기업의 전체적인 성장 목표보다는 시스템 자체를 섬기는 노력과 프로그램들이 생길 수도 있다. 이런 현상은 브랜드들이 수요 우선 성장 기반 대신 제품들을 위주로 정의되는 경우에 발생한다. 그래서 브랜드 관리가, 예컨대 브랜드 가이드라인을 정하는 것으로 격하되는 경우가 많다.

효과적으로 작동하는 적극적인 브랜드 관리 시스템이 있는 경우에, 브랜드 관리 시스템은 항상 변화하는 고객 수요 생태계에 비춰 본 브랜드 정체성에 대한 근본적인 질문들을 가지고 기업과 맞서게 된다. 그것은 사람들을 움직이게 만들고, 창의력을 자극하며 상상력을 한 데 모은다. 그것은 기업의 혁신 및 성장 경로를 정밀하게 이끈다. 브랜드는 내적·외적으로 문화가 된다. 이 과정을 제8장과 9장에서 두 가지의 서로 다른 관점으로 살펴볼 것이다.

외적인 시각으로 보면, 브랜드는 소비자의 일상생활에 대한 깊은 이해와 수요 생태계에 대한 완전한 이해에서 생겨나지만, 브랜드는 또 외부 문화의 일부가 되기도 한다. BMW그룹의 브랜드 포트폴리오에 미니가 더해진 것은 이런 브랜드 발전의 문화적 과정을 보여 주는 일례이다.

BMW 미니

신형 미니의 뿌리는 원래 1960년대 초의 영국 미니(British Mini) 또는 미니 쿠페(Mini Cooper)로서, 당시의 대량 시장 또는 대중 시장에 맞춰 설계된 대표적인 자동차이자 인기 브랜드였다. 하지만 신형 미니는 그런 뿌리를 초월하여 영국적인 성격을 훨씬 줄여 BMW에 더 가깝다. 시간을 초월한 미니 디자인의 표준은 최대의 존경을 받아 왔다. 신형 미니에는 아직도 계기반의 가운데에 속도계가 달려있다. 그 속은 비록 BMW그룹 표준에 따라 만들어졌지만 말이다. 신형 미니는 구형보다 더 크고 더 남성적이며, 최신 자동차 기술의 기능을 갖추고 있다. 원형과 완전히 대조적으로 매우 다른 타겟 집단에 맞춰 포지션이 설정된 고급형 자동차라고 할 수 있다.

미니의 성공은 매우 투명한 브랜드 정체성과, 오늘날의 구체적인 청년 문화를 지향하는 시장에서 설정된 포지션, BMW그룹의 포트폴리오 내에서의 역할, 그리고 그런 포지셔닝이 배경에서 활성화된 덕택이다.

미니는 비견할 데 없는 독특함과 매력을 갖춘 소형 자동차의 구체화로 포지션이 설정되어 있다. 미니를 보면 첫눈에 사랑에 빠지게 되며, 구형 미니의 독특함과 재미가 배어나온다. 미니는 BMW 브랜드와 분명히 다르며, 다분히 경쾌함과 역동성과 운전의 기쁨에 더 가깝다. BMW가 배타적인 분위기라면, 미니는 어울림에 더 가깝다.

구형 미니를 생각나게 한다는 점과 BMW 브랜드에서 차별화된다는 점을 제외하면, 미니는 완전히 새로운 아이디어이자 새로운 개념인 것처럼 보인다. 신형 미니는 오늘날의 사회문화적 배경과 폭넓게 정의된 25세에서 35세 사이의(비록 운전자들의 나이가 훨씬 더 많을 수는 있지만) 교육 수준이 높고 열린 마음을 지닌 젊은 소비자로 이뤄진 타겟 시장(BMW 승용차의 고급스러운 속성을 중요시하지만 고급스러움을 자기과시의 형태로 받아들이기는 거부하는 소비자로 이뤄진 세그먼트)으로부터 훨씬 더 많은 영감을 받아서 고객위주의 시각으로 설계된 것 같다.

　　신형 BMW 미니 쿠페의
시각적 정체성과 언어를 생
각해 보라. 구형 미니와
BMW와는 분명히 다른 신
형 미니는 소위 틀이라고 불
리는 검정색 배경과 신선하

신형 BMW 미니 쿠페 MINI Cooper

고 단순한 색상을 기반으로 하고 있다. 미니는 오늘날의 패션주의
자들의 코드인 멋과 테크노문화의 상징인 검정색을 이용한다. 단순
하고 직선적인 외관이 중요하다. 미니의 타겟 고객은 단지 디자인
을 의식하는 것뿐만 아니라 디자인에서 앞서가며 스타일의 실체를
보는 사람들이다. 가장 최신의 진보된 기술이 모여 있다. 기존 질서
에 대항하는 세계관이 들어 있으며, 기존 BMW의 질서는 배제되어
있다. 만약 신형 미니가 T 버드(T-Bird)나 신형 폭스바겐 비틀처럼
단지 복고풍 디자인의 승용차라면, 어색해 보일 것이며 오늘날의
문화 속에 다소 어울리지 않는 것처럼 보일지도 모른다. 요즘 타겟
고객의 삶에 들어맞기 위해서, 미니에는 훨씬 더 많은 흥분과 힘이
필요했다.

　　신형 미니는 훌륭한 디자인은 보편적이고 어디에나 있어야 한다
는 전제를 근거로 이케아가 어디서나 인기를 끌고, 저가 소매 유통
업체인 자라와 H&M이 고급 패션은 비싸야 한다는 오래된 모순을
해결한 문화적인 배경에 맞아떨어진다. 신형 미니는 오늘날의 이런

문화적 코드와 기호를 파악한다. 미니는 고급스러움이 배타적일 필요는 없다고 항변하는 듯하다.

미니의 출시와 미니의 행동 방식은, 매체에 민감하고 마케팅의 대상이 되기를 거부하는 고객을 염두에 두고 브랜드 정체성을 확립하기 위해 오랫동안 기획되었다. 미니는 출시 전에 장장 15개월 동안 인터넷 상에 가상 세계를 만들어 놓았었는데, 호기심을 자극하기에 충분할 만큼, 신형 미니에 대해서는 제품이나 그 사양에 대해 한 마디도 설명하지 않았다. 모든 커뮤니케이션은 단지 미니 뒤에 숨은 아이디어와, 가치와 개념들에 관한 것만 언급했다. 자주 바뀌는 내용은 음악, 패션, 예술 및 디자인 같은 논제들에 초점을 맞췄으며, 순전히 특정 청중들을 즐겁게 하고 그들과 대화를 나누는 역할만 했다. 전 세계용 라디오 같은 매우 멋진 하이테크 제품들에 대한 경매도 이뤄졌다. 그 세상은 타겟 고객의 배경, 인생, 신화, 원형 및 문화적 코드들과 상징을 순수하게 문화적으로 표현한 것이었다. 그것은 바이러스 마케팅(viral marketing)이나 입소문 마케팅(buzz marketing) 같은 용어들이 채 생겨나기도 전에 존재했지만, 15개월 동안 존재한 이 세상은 그런 마케팅과 똑같은 효과를 발휘했다. 신형 미니는 사람들과의 대화에 있어서 엄청난 얘깃거리가 되었다.

시간이 흐르면서, 문화적 배경이 성장함에 따라 커뮤니케이션이 달라졌다. 천천히 제품이 소개되었다. 처음에는 온라인에서, 나중에는 디자인 전시회나 미술 전시회 및 밀라노, 파리, 런던 또는 싱

가포르 같이 사람들이 모이는 인기 있는 도시 등 청중들이 있는 장
소들에서 수많은 이벤트들을 통한 소개가 이뤄졌다. 중요한 점은
미니가 절대 배경을 벗어나서 홍보된 적이 없다는 것인데, 그것은
미니가 단지 승용차에 관한 것만은 아니었기 때문이었다. 미니는
2003년도 영화인 〈이탈리안 잡〉의 주연 '배우'였다. 미니는 심지어
대중적인 문화 행사와 모임에 혁신적인 방식으로 소개되기까지 했
다. 미니가 NBA 게임의 관객으로 등장한 것을 생각해보라. 승용차
를 관객석에 앉히려면 좌석 20개를 차지해야 했다. 이 영리한 홍보
전략을 제품을 대형 빌보드 광고판에 올리거나 하프 타임 중에 자
랑스러운 후원 기업으로서 소개하거나 하는(아마도 BMW 브랜드나
다른 브랜드에 더 어울릴 만한) 홍보 방법과 비교해보라.

새로운 브랜드형성 모형

BMW그룹은 미니 브랜드로 단순히 하나의 제품을 위주로 브랜
드를 확립하는 것이 아닌 새로운 브랜드 형성 모형을 보여줬다. 이
새로운 모형은 단지 기능적이고 정서적이며 자기표현적인 이점들
을 고품질의 제품에 연결시키는 것만을 요구하지 않는다. 그 대신
그것은 문화의 개념과 소비자의 일상생활이라는 배경으로 시작한
다. 그것은 고전적인 브랜드형성 모형을 완전히 뒤엎는다. 미니가
다른 복고풍 디자인 자동차들을 능가해서 지속적으로 성공하는 것
은 이런 새로운 브랜드형성 모형을 채택한 것과 관련이 있다.

이 모형은 DIG 모형과 밀접하며 당연히 그것을 뒤따른다. 전략가들은 소비자 수요의 생태계에 대한 깊은 이해로 시작하여 수요 조망을 개발할 때, 사람들이 생활하고 일하며 노는 풍부한 문화적 배경을 정의한다. 하지만 DIG 모형은 단순히 문화와 문화를 창출하는 과정들을 발견하고 이해하는 수준에서 멈추지 않는다. DIG 모형은 더 나아가 사고를 기회 공간을 구성하는 것과 수요우선 성장 기반들을 활성화시키는 것에 집중시킨다.

래플리(A. G. Lafley)는 P&G의 CEO로 근무하던 초기에, P&G의 브랜드들과 소비자 수요의 생태계를 파악하는 데에 있어서 브랜드들의 역할을 더 잘 이해하는 것을 목표로, 회사를 이런 종류의 급진적인 사고로 밀어붙였었다. 크레스트는 단지 최고의 치약 브랜드여야 하는가, 아니면 구강 건강의 권위자로서 포지션을 설정해야 하는가? 구강 건강의 권위자로서 크레스트의 개념을 정립하려면 고객 위주의 시각으로 브랜드를 바라보는 근본적인 변화가 필요하다. 거기에는 소비자의 일상생활이라는 배경과, 건강의 역할 및 구강 건강의 역할에 대한 이해가 필요하다. 제2장에서 설명한 것처럼 P&G가 자사 브랜드들을 위한 이런 기회 공간에 대해 생각을 바꾼 것이 회사의 성공에 엄청난 기여를 했던 것이다.

그런 사고는 정말로 사업에 심오한 의미를 부여할 수 있다. 만약 큐나드가 1900년대 초에 스스로를 선적 회사가 아니라 (다양한 문화들에 걸쳐서 20세기 초부터 지금까지 더 뛰어난 아이디어인) 운송 회사로 정의했다면 어땠을까? 그랬다면 큐나드는 현재 시장에서 유람선 운용 회사의 지위로 급속하게 줄어드는 대신, 유피에스(UPS)나 루프트한자(Lufthansa)나 페덱스(FedEx)를 합친 것보다 더 큰 회사가 되었을 지도 모른다. 만약 유피에스가 스스로를 단지 선적 회사로 정의하는 대신 세계 공급사슬 관리 기업으로 정의했다면 어땠을까? 스테이트 스트리트의 경우에, 기업의 성공적인 변모에는 수익이 나는 거래 사업 대신 정보 사업을 위주로 해서 브랜드의 정의를 바꾸는 작업이 수반되었다. 캐나다의 거대 매체 기업인 톰슨(Thomson)의 CEO인 리처드 해링턴(Richard Harrington)이 수십억 달러짜리 신문 사업을 물려받았을 때, 그는 그 사업의 항로를 새로운 수역에 등록했다. 그는 중요한 신문 자산을 매각하고 일련의 인수 작업과 80억 달러에 이르는 지출을 통해 금융, 법률, 과학, 건강 및 교육 시장에 통합 정보를 제공하는 기업인 새로운 톰슨을 세웠던 것이다. 스티브 잡스는 애플을 컴퓨터 기업으로 생각할까?

수요우선 고객 위주의 시각으로 보면 거의 항상 현재의 사업 정의와 브랜드 전략 및 기업이 무엇을 나타내는지를 새롭게 보게 된다. 수요 시각은 사업체의 혁신과 성장 과정에 도움이 되는 의미 있는 도구가 될 수 있다. 의당 그래야만 한다. 그리고 그럴 때면 배경 또는 소비자의 일상생활 문화라는 시각에서 그래야 한다. 고객 위주의 시각으로 보면, 기업이나 사업에 제시되는 빤히 보이는 기회들을 어떻게 개발할 것이냐가 문제가 되는 것이다.

인텔의 이야기를 간단히 소개함으로써 이 장을 마치겠다. 인텔 이야기를 하는 것은 브랜드의 과제를 여러 가지 시각에서, 즉 전형적인 시각뿐만 아니라 수요우선 시각에서도 살펴보는 것이 중요하다는 점을 강조하기 위해서이다. 인텔은 고객 위주의 시각이 단지 사업 전략의 표면으로서 브랜드의 변화를 가져올 뿐만 아니라 사업 그 자체의 변화까지 가져올 수 있다는 사실을 잘 보여준다.

인텔을 내일로 이끈 아이디어들

1985년, 17년 된 인텔(Intel Corporation)은 메모리 사업에 깊게 관여하고 있었다. 인텔과 인텔의 고객들은 인텔의 공동 창업자인 로버트 노이스(Robert Noyce)가 1959년에 발명한 웨이퍼처럼 얇고 정교하게 에칭으로 인쇄된 통합 회로인 실리콘 칩에 디지털 메모리를 저장했다. 인텔의 최초 제품은 64비트 메모리 칩이었다. 시간이 흐르면서, 그리고 무어의 법칙(Moore's Law: 인텔의 공동 창업자인 고든 무어Gordon Moore가 1965년에 쓴 획기적인 논문에서 주장한 것으로서, 컴퓨터 메모리의 밀도는 18개월마다 두 배가 된다고 정확하게 예측한 것으로 유명하다)에 따라서 인텔은 트랜지스터들이 더 빽빽하게 들어차고 용량도 늘어나는 칩 메모리들을 개발했다. 한 때 인텔의 메모리는 세계 최고였다.

논란의 여지없이 메모리 사업을 최초로 시작한 기업인 인텔은 거의 10년 동안 시장을 100% 가깝게 점유한 것을 포함해서 최초 기업이 갖는 모든 전형적인 우위들을 누렸다. 그러나 1970년대 초가 되자 소수의 미국 경쟁 기업들이(잊혀진 지 오래된 유니셈Unisem과 모스텍Mostek이 여기에 포함된다) 경쟁에 뛰어들었지만 곧 압도적인 업계 주도자인 인텔에 패배했다. 1980년대가 되자 일본의 칩 제조업체들이 품질과 가격 양면에서 인텔보다 우월한 제품들을 공급하면서 공격적으로 인텔의 우위에 도전하기 시작했다. 인텔 사장이었던 앤드루 그로브(Andrew S. Grove)가 나중에 회상한 것처럼 "1980년대에는 경쟁 업체들이 인텔을 능가했다." 역시 그로브의 말을 빌자면 인텔이 경쟁하기 위해 보인 반응은 인텔 제품의 품질 수준을 '양호'에서 '탁월' 수준으로 끌어올리는 것이었다.

하지만 일본 기업들은 계속 밀려들어왔고 점점 더 좋아졌다. 그로우브가 후에 회환에 차서 회고한 바에 따르면 "그들의 기본적인 무기는 고품질 제품을 놀랍도록 낮은 가격에 낼 수 있다는 것이었다." 1985년이 되자, 그로브는 침울한 표정을 한 무어와 함께 사무실에 앉아서 '엄청나게 많은 점유율을 빼앗긴 위기'에 직면하게 되었는데, 다음은 그의 회고록 일부를 인용한 것이다.

우리의 분위기는 비관적이었다. 나는 창 밖 멀리서 돌아가고 있는 그레이트 아메리카 놀이 공원의 회전 관람차를 바라보다가, 고든에게 몸을 돌려 이렇게 물었다. "만약 우리가 쫓겨나고 이사회가 새 CEO를 영입한다면, 우리는 어떻게 해야 할 것 같나?" 고든은 주저 없이 이렇게 대답했다. "그는 우리를 메모리에서 지워버리겠지." 나는 기가 막혀서 그를 바라보다가 이렇게 말했다. "자네와 내가 저 문을 걸어 나갔다가 돌아와서 우리가 직접 하면 안 될까?"

그로브와 무어가 상징적으로 그들 스스로를 해고했다가 균등 고용 사용자로서 스스로를 다시 고용했던 것은 여러 해 동안 스토아학파처럼 그들이 처한 모진 현실을 거부하다가 받아들이고서는 그 현실에 대해 뭔가 근본적이고 극적인 조치를 했던 강인한 생존자들의 이야기이다. 하지만 이 이야기를 근본적으로 시각에 관한 이야기로 보는 것도 가능하다. 스스로의 인식을 가리고 제한하던 편협한 틀에서 벗어나서, 연막을 걷어내고, 인식의 창문을 닦아서 눈앞에 있는 무한한 기회들을 보는 용기를 갖게 된 이야기 말이다.

'전략적 전환점'에 정통한 대가였던 그로브의 마음의 눈에는 그 스스로가 무어와 함께 인텔의 문을 걸어 나가서 인텔을 되돌아보고는, 밖에서 들여다보는 시각으로 인텔에 관해 뭔가 새로운 것을 보는 자기 자신이 보였던 것이다. 그 뭔가 새로운 것은 더 이상 메모리 사업에만 머물러 있지 않고 더 새롭고 마진이 높은 마이크로프로세서 사업에서 번성하고 있는 인텔이었다. 그는 정확하게 인텔의 미래를 바라봤던 것이다. 그는, 단지 생존하기 위해서가 아니라 앞

으로 수십 년 동안 번창할 수 있도록 스스로의 포지션을 재정립하
도록 하기 위해서, 자기 회사와 브랜드를 위한 기회 공간을 확장하
거나 재조정했던 것이다.

Chapter 08

고객과 유대관계 맺기

새로운 시장에서 성장하고 기업을 변화 및 변모시키며 인접 시장들로 확장하고 새로운 수요우선 성장 기반을 구축하려면 해결해야 할 브랜드 과제가 엄청나게 많다. 브랜드 과제 중에서 중요한 것은 고객과 관계를 맺는 것이며, 그렇게 하지 못하는 기업은 고객 우위를 창출할 수 없다. 여기에서 주목해야할 주요 지침은 다음의 5가지이다.

1. 기존의 가정과 신념들에 도전하기

전략가에게 가장 어려운 과제는 잘 생각해서 만든 기존의 사업 및 브랜드 전략을 발전시키거나 변화시킬 필요가 있다는 사실을 인식하는 것이다. 경영진은 많은 투자를 하여 포지셔닝을 개발하고 이행해 왔으며, 브랜드가 무엇을 대표하는지에 관한 명쾌한 언명을 해 왔다. 비전 선언문을 썼고 미션 선언문도 발표했다. 브랜드 정체성 시스템과 구조를 개발했고 브랜드 전략 지침서도 썼다. 브랜드를 제반 소비자 접점에 걸쳐서 어떻게 얼마나 정확히 표현해야 하는지 규정한 문서들도 있다. 포지셔닝 이행 가능성은 매우 높으며, 그 결과들은 소비자 조사 연구들에 나타나 있다. 광고 제휴 업체들을 교육해 왔으며, 그들은 브랜드 포지셔닝에 대비하여 광고 집행을 어떻게 뒷받침해야 하는지 이해하고 있다. 훌륭한 브랜드형성 원칙은 일관성을 칭송한다.

그럼에도 불구하고, 모든 중요한 일이 이룩되어 있는 것처럼 보이는 바로 이 시점에, 항상 변화하는 수요의 생태계(냉혹하고 편견 없는 밖에서 들여다보는 수요우선 시각)에서 발견되는 현실을 가지고 기존 사업과 브랜드를 직시하고, 기존의 포지셔닝을 뒷받침하고 있는 가정들과 신념들에 의문을 제기하는 것이 필요하며 정말 중요하다.

일렉트로닉스아츠(Electronics Arts. EA)의 경우를 살펴보자. 이 회사는 훌륭하게 성장하여 동종 기업들 중에서 최고의 자리를 차지한 게임 전문 기업이다. 만약 당신이 이렇게 막강한 게임 개발 전통과 먼데이 나이트 풋볼(Monday Night Football)과 매든 NFL 풋볼(Madden NFL Football) 같은 대작 비디오 게임을 만든 성공 기록을 지닌 회사를 위해 일하는 전략가라면, 당신이 가장 잘하는 일에 초점을 맞추고 핵심 역량을 강화하며 일관성 있는 전략이 진행되는 놀라움을 지켜보는 것이 바로 정확히 당신이 해야 할 일이라고 생각할 것이다. 하지만 절대 그러면 안 된다! EA가 대면하는 수요의 생태계는 급속하게 변화하고 있다. 포지셔닝은 5년마다 한 번씩 하는 일회성 행사가 아니라, 강하고 분명한 브랜드 정체성 시스템에 기초해서 이뤄지는 역동적이고 지속적인 과정이 되고 있다. EA가 속한 업종 경계들이 지속적으로 세분화되어 가고 있는 데에 대한 반응의 일환으로, EA를 게임 개발 기업으로 보는 지배적인 시각에 의문을 던질 필요가 있다. EA에 대한 더 적합한 시각, 즉 기회 공간을 재구성하는 방법은 EA를 스포츠 관리, 매체 및 생산업체, 즉 나이키 같은 스포츠 기업 또는 폭스(Fox)나 마이스페이스닷컴(MySpace.com) 또는 이런 기업들을 어떤 식으로든 합쳐 놓은 것 같은 기업으로 바라보는 것이 될 것이다.

브랜드 전략의 초점은, 정서적인 이점들이 어떻게 제품은 믿을 근거와 이유에 연결되는지를 정의하는 것뿐만 아니라, 생활하고 일하며 즐기는 소비자의 총 변모 경험에 브랜드와 사업이 얼마나 기여하는지에 더 큰 중점을 두는 쪽으로 옮겨갈 수밖에 없다. 이것은 제품으로부터 소비자로, 즉 사회문화적 배경 속에 있는 사람들로 옮겨가는 것을 의미한다. P&G는 식기용 세제인 도온 다이렉트 폼(Dawn Direct Foam)을 더 이상 단순히 기름기 제거 능력을 위주로 정의해서는 안 되며, 가정의 잡일인 설거지를 자녀들도 쉽게 할 수 있다는 내용을 위주로 정의해야만 한다. 만약 당신이 코닥 경영자라면, 당신은 정말로 은–할로겐 필름 사업을 하고 있는 것일까? 코닥을 진정 최고의 필름을 제공할 수 있는 기업으로 정의해야 할까, 아니면 사람들의 일상생활에 대한 기억을 관리하는 기업으로 자리매김해야 할까?

이런 '틀 바꾸기'는 사업과 브랜드에 관한 새로운 시각을 창출하여, 커뮤니케이션을 통해서만이 아니라 직접 새로운 쌍방향 경험들을 창출함으로써, 전혀 달라진 브랜드 구축 방법을 생기게 할 수 있다. 경험이 브랜드를 창출하는 것이다. 만약 그 경험이 문화의 진정한 한 부분이라면, 그것은 당연히 문화적 과정을 통해 브랜드를 형성한다. 게다가 브랜드형성이 기업의 잘 정의된 수요우선 성장기반들의 범위 내에서 진행된다면 특히 효과가 좋다. 그런 경험과 과정들을 창출하려면 커뮤니케이션과 창의성 이상의 무엇인가가 요구된다. 거기에는 새로운 역량 전체를 활성화시키는 작업이 필요하다. 매체는 새로운 창의적 도구가 된다. 궁극적으로는 브랜드가 고객을 끌어들여서 고객이 제품이나 서비스 또는 혁신을 흡수하여 거기에 동화되고 그것을 그들의 생활과 문화적 배경의 일부가 되게 만드는 것이 가장 좋은 결과를 가져온다.

2. 브랜드를 문화의 일부로 만들기

고객 우위를 달성하는 데 있어서 또 하나의 필수적인 단계는 기업의 전략과 브랜드들의 역할 및 포트폴리오를 위주로 조직을 활성화시켜서 수요 생태계에서 더 큰 점유율을 확보하는 것이다. BMW 그룹은 연구할 만한 훌륭한 사례이다. BMW는 기업의 모든 노력과 활동, 전체 혁신 및 성장 과정이 복수 주요(multi-master) 브랜드 전략이라는 비전에 합치되도록 하기 위해 광범위하고 지속적인 과정을 전개한다.

BMW그룹은 새로운 자동차를 개발할 때, 공학, 설계, 제조, 마케팅, 구매 및 회계 부문의 수백 명의 인원을 FIZ라고 불리는 연구 및 혁신 센터에 몇 년 동안 배치한다. 이 과정에서 일군의 직원들을 소비자의 수요 생태계로 이뤄진 가상 세계에 상당 기간 몰입시킨다.

마찬가지로 BMW그룹은 브랜드 시각에서 BMW그룹 직원들 간에 주요 브랜드들이 그룹의 새로운 "여러 개의 브랜드를 지닌 기업" 구조에 어떻게 통합되는지에 관한 깊고 포괄적인 이해를 다지기 위해 몰입을 이용한다. 브랜드 아카데미(Brand Academy)의 역할은 BMW그룹을 운영하는 노력과 관심을 잘 보여준다. BMW그룹은 2002년에 그룹 자체의 브랜드 아카데미를 만들었는데, 그것은 오늘날 뮌헨에 있는 독특한 다중 원통형 그룹 본사 건물에 인접한 곳에 위치한 최첨단 학습의 전당이다. 브랜드 아카데미는 직원들이 일반적으로 어떤 종류의 내부적인 브랜드형성 접근방법에 대해서도 의문을 가져야 하며, BMW의 접근방법은 업계에 형성되어 있던 기존의 모든 것을 초월해야 한다는 생각을 전제로 만들어졌다.[15]

통상 1일 과정으로 브랜드 아카데미에 참여하는 사람들(보통 상급 임원, 관리자, 딜러 및 기타 핵심 직원들)에게 단순히 수동적으로 그룹 브랜드들에 대해 배우게만 하는 것이 아니라 특별히 준비된 브랜드실(brand rooms) 안에서 적극적으로 그룹 브랜드들을 경험할 수 있는 독특한 기회를 준다. 하루 일과가 끝날 때까지, 참여자들은 고전적인 강의실용 과제부터 브랜드 영화 제작이나 실제로 자동차를 만들어 보는 것까지 다양하고 지적인 과제를 수행한다.

브랜드 아카데미는, 다분히 글자 그대로, 여러 개의 브랜드를 지닌 시설로서, 그 안에는 브랜드의 가장 두드러진 태도와 속성들을 다감각적 인식으로 구현하도록 고안한 여러 개의 방과 모든 것을 포함하는 감각적 환경이 갖춰져 있어 그룹의 복수 고급 브랜드 전략을 완전히 몰입시키는 브랜드 환경을 정밀하게 실행하고 있다. 매년 2,500명이 넘는 사람이 브랜드 아카데미의 1일 과정을 마쳤으며, 그것은 BMW그룹의 성공적인 브랜드 지향을 위한 기반을 구축했고, 그로부터 그룹의 고급 브랜드 포트폴리오를 위한 화려한 미래가 펼쳐진다.

경영의 시각으로 보면, 조직 전체를 브랜드 기업에서 여러 개의 브랜드를 지닌 기업으로 변모시키는 데에는 모든 브랜드 가치가 조직 전반에 걸쳐서 일관성 있게 직원들에게 전달될 수 있도록 문화 내에서의 변화 관리 과정을 정립해서 이행하는 것이 필요했다. 브랜드 아카데미는 조직 전체에 걸쳐서 전달될 이런 핵심 메시지들을 결정하는 것부터 시작되었다.

"핵심 메시지들을 내부적으로 전달하기 위해서 어떤 모듈들을 개발할 필요가 있는가?" 같은 질문들에 기초해서, 일반적으로 브랜드가 BMW그룹에 대해 갖는 중요성과 복수 고급 브랜드 포트폴리오 전략이 BMW그룹의 전반적인 힘에 대해 갖는 중요성이라는 두 가지 특성에 메시지의 초점이 맞춰졌다. 요컨대 브랜드 아카데미의 개념은 BMW 직원들이 브랜드의 중요성에 더 예민해지도록 만들고, 브랜드의 가능성에 관해 더 관심을 갖도록 만들며, 무엇보다도 브랜드를 이해하고 경험하도록 하려는 것이었다.

브랜드 아카데미에서 전달하는 학습 경험은 다음의 질문들에 대한 답을 제공하도록 고안되었다.

- 브랜드를 강하게 만드는 것은 무엇인가?
- BMW그룹과 BMW의 여러 브랜드들이 나타내는 것은 무엇인가?
- BMW그룹 내의 여러 브랜드들은 서로 간에, 그리고 경쟁자들과 어떻게 차별화되는가?
- BMW그룹은 브랜드 포트폴리오를 어떻게 관리하는가?

브랜드 아카데미의 교육 시설은 참여자들로 하여금 그룹 3대 브랜드의 핵심 가치를 전달해 주는 다감각 환경 또는 '심리적 학습 경로' 속에, 스스로를 몰입시킬 수 있도록 해준다. 브랜드 가치들은 감각, 열정, 이해, 안착(安着) 및 실현 또는 이행 등의 여러 가지 요소를 따라 전달된다.

BMW 브랜드 아카데미에서 정말로 독특한 점은 그것이 상설 기관으로서 기업들이 딜러 매장이나 업종 전시회에서 제공하거나 영화나 비디오로 보여주는 것 같은 일시적인 경험이 아니라는 점이다. 이곳은 언제든 돌아가서 아이디어로서가 아니라 경험으로서 브랜드를 곰곰이 생각해볼 수 있는 곳이다. 이곳은 원한다면 몇 번이고 다시 찾아 갈 수 있는 그룹의 내부 마케팅 프로그램의 핵심이자 본부이며 성전과도 같은 곳이다.

무엇보다도 이곳은 브랜드 전략에 관해 진지한 토의를 할 수 있는 곳이다. 이곳은 또한 가장 고집 센 엔지니어들에게까지 제품을 움직이게 하는 것은 디자인 이상의 무엇이며, 기술과 제품 및 그것들의 속성보다 중요한 무엇인가가 있다는 것을 설득할 수 있는 곳이다. 이곳은 브랜드와 제품 간의 차별화 감각을 학습하고 향상시키는 지속적인 기반을 제공하는, 내부 마케팅이 약동하는 곳인 것이다.

훈련 프로그램이 끝난 후에도 브랜드와 브랜드 내용에 대한 접촉은 사라지지 않는다. 참여자들은 적극적인 브랜드 지식을 통해 브랜드 작업을 일상 업무로 전달하도록 도와주는 인터넷 사이트에 접속할 수 있다.

BMW 회장 헬무트 판케의 말을 다시 인용하자면 '고급 브랜드 시장에서는 고객에게 정서적인 가치를 전달한다. 고객은 BMW나 메르세데스를 고를 때, 구체적인 특징을 보유하고 싶어 한다. 그것은 자동차가 그들에게 어떤 느낌을 주느냐의 문제이다." 브랜드 아카데미는 이런 정서적 가치를 감각을 통해 경험하게 하는 곳이다.

3. 현재 고객이 있는 곳에서 고객 찾기

기업은 브랜드를 기업 내부 문화의 일부로 만든 후 커뮤니케이션을 통해 브랜드를 고객과 연결시켜서 관계를 맺을 필요가 있다. 전략가는 수요우선 성장 기반들을 활성화시킴으로써 이 과정을 이끌 수 있다. 궁극적인 과제는 소비자들로 하여금 그들의 생활 속에 브랜드를 흡수하고 동화시켜서 브랜드를 그들 문화의 일부로 만들도록 하는 것이다.

브랜드를 문화의 일부로 만들려면 브랜드를 두드러지게 하기보다는 어우러지게 할 필요가 있다. 차별화와 경쟁자들보다 두드러지는 메시지 전달 대신 수요군에 적합하고 연결되어 관계를 맺는 데에 우선적인 중점을 둬야 한다는 말이다.

효과 측면에서 보면, 고전적인 커뮤니케이션 모형은 이와 정반대이다. 그러면 고전적인 모형은 어떤가? 그것은 고객으로 하여금 제품을 인식하고 관심과 욕망을 거쳐 궁극적으로는 구매하고 충성하게 만드는 깔때기 모양의 하향식 과정이다. 그 깔때기의 윗부분에는 커뮤니케이션을 통해 제품에 대해 인식하게 되는 잠재 구매자들로 이뤄진 전체 인구가 있고, 밑에는 실제로 그 제품을 구매하는 훨씬 더 적은 수의 사람들이 존재한다. 각 하향 단계에서 광고 및 기타 마케팅 도구들이 제품과 브랜드 메시지로 소비자를 공략하여 점점 숫자가 줄어드는 잠재 고객들로 하여금 궁극적으로는 매출 거래를 하는 구매 시점에 다가가도록 밀어붙인다.

하지만 고전적인 커뮤니케이션 모형과 정반대인 새로운 모형에서는 수요군에서 정의된 소비와 용도에 가장 가까운 지점들에 더 많은 자원을 쏟을 필요가 있다. 그렇게 하려면 소비자가 일상생활의 배경 속에서 참여하게 되는 각 수요군 내의 활동과 접점들을 공략할 수 있는 다양한 프로그램들을 활성화시켜야 한다. 비용이 많이 드는 고전적인 매체 경로들을 통해 단순하게 한 마디 말 또는 문장으로 포지셔닝을 하는 것은 그 역할과 가치가 훨씬 적다. 예를 들어, 팸퍼스의 포지션을 설정하고 싶다면, 최대 도달 범위(가능한 많은 사람들에게)와 빈도(가능한 한 자주)를 통해 탁월한 뽀송뽀송함이라는 독특한 영업 제안을 전달하는 대신, 자녀의 발달을 향상시키는 방법을 위주로 고객을 끌어들여야 한다. 여기에는 임신, 출산, 영아, 유아, 24개월 이상의 아동 등 다양한 발달 단계에 맞춘 일간, 주간 또는 월간의 구체적인 프로그램들을 포함시켜야 한다. 프로그램들은 부모와 자녀들에게 팸퍼스의 역할과 탁월한 브랜드 약속을 포함하는 변모의 경험을 주도록 고안해야 한다. 목표는 제품이나 서비스 또는 브랜드를 소비자의 일상생활, 문화적 배경, 신화, 원형 및 정신적 모범에 뿌리박히게 함으로써, 소비자 경험과 조화시켜서 진화하는 수요 생태계의 역동성과 복잡성을 직접 치밀하게 파악하는 것이다. 커뮤니케이션은 과거의 소비자 학습 모형보다는 소비 및 이용 경험과 빈틈없이 맞아떨어져야 한다.

다양한 프로그램들을 활성화한다는 것이 단순히 광고, 인쇄물, 후원, 행사 및 기타 판촉 수단부터 시작해서 몇 가지 수단으로 이뤄진 통합 마케팅 커뮤니케이션을 진행하는 것을 의미하지는 않는다. 그것은 있는 그대로의 개인들인 고객과 대화의 물꼬를 트는 기존의 방법 및 새로운 가능성들을 최대한 이용하고, 가능한 기술, 마케팅, 연예 및 매체의 발전을 최대한 활용해야 한다는 것을 의미한다. 이는 예전에 전적으로 TV나 라디오에서만 가능했던 영상이나 음성부터 시작해서 아이팟, PC, 휴대폰 및 옥외 빌보드 광고판까지 활용해야 한다는 것을 뜻한다. 그 범위는 소비자가 받아들이는 것뿐만이 아니라 소위 이용자가 만드는 매체라고 불리는 블로그(blog), 비디오블로그(videoblog 또는 vlog), 포토로그(photolog) 또는 비디오로그(videolog) 등의 형태로 소비자가 만들거나 전달하는 것들까지 포함해서, 인터럽션 마케팅(interruption marketing: 소비자가 어떤 활동을 할 때 소비자의 의사와 상관없이 중간에 끼어드는 마케팅. DM, TM, TV 스폿 광고 등이 모두 여기에 해당한다 - 옮긴이)부터 퍼미션 마케팅(permission marketing: 마케팅 홍보물을 받겠다는 허락을 받은 소비자를 대상으로 하는 마케팅. 메일 수신에 동의한 고객에게만 판촉 행사를 알리는 것을 예로 들 수 있다 - 옮긴이) 및 바이러스 마케팅(viral marketing: 상품이나 서비스를 이용해 본 소비자가 그 효과를 다른 사람들에게 전파하도록 만드는 마케팅 - 옮긴이)까지 다양하다.

이런 총체적인 노력을 매체무시 또는 매체중립적인 방식으로 훨씬 더 진취적으로 관리할 필요가 있다. 그것은 수요우선 성장 기반의 배경 내에서 여러 가지 대안들을 결합하는 창의적인 형태로, 더 이상 '우선 광고비를 쓰고 나서 사람들이 우리를 보기를 바라는' 접근방법이 아니다. 이 새로운 접근방법을 효과적인 유정(油井) 굴착 작업에 비유할 수 있는데, 유정을 뚫을 때 드릴에는 지표를 뚫는 부분이 아니라 오일을 담고 있는 암반을 뚫을 때 최대의 힘을 가한다. 마찬가지로, 우리의 역깔때기 모형은 최종 단계에서 고객에게 미치는 영향을 최적화하는 것을 목표로 소비와 이용 사이클 및 과정의 각 단계에서 자원을 투입한다. 이것은 제품 또는 브랜드를 배경에 적합하게 해주며, 구체적으로 느낄 수 있는 방식으로 문화에 들어맞게 해 준다. 고전적인 커뮤니케이션 모형은 그 목표가 도달 범위와 빈도를 극대화하는 것이기 때문에 대량 시장 인식 모형

(mass market awareness model)이라고 부를 수 있다. 반면에 우리의 새로운 모형은 고객의 생활 속에서 최대의 시간 점유율을 확보하는 것을 추구하기 때문에 1,440분 모형이라고 불러도 좋을 것이다. 만약 당신이 스타벅스라면, 우리 모두가 날마다 살아가는 1,440분에서 더 많은 시간을 차지하고 싶을 것이다. 만약 당신이 팸퍼스라면, 탁월한 뽀송뽀송함으로만 인식되는 것이 아니라, 출산 전부터 자녀의 초기 발달 과정에 이르기까지 기간 동안 적합하다는 점으로 인식되고 싶을 것이다.

폭스바겐 되살리기

깔때기를 뒤집어서 전체 소비 또는 이용 과정을 따라 자원을 투입하는 것은 다른 효과를 주며, 브랜드형성 과정을 보다 더 자연스럽고 확실한 문화적 과정으로 만들어준다. 이 새로운 커뮤니케이션 모형을 훌륭하게 적용한 사례 중의 하나는 미국에서 폭스바겐 브랜드를 되살린 노력에서 찾을 수 있다. 그 노력은 2006년 봄에 폭스바겐 GTI의 출시와 더불어 시작되었는데, GTI는 주로 젊은 남성들, 튜닝 열광자들, 그리고 오랫동안 폭스바겐을 고집해 온 사람들을 매혹하는 진짜 '주머니 로켓(pocket rocket: 주머니에 들어갈 것처럼 작지만 로켓처럼 빠르다는 의미의 애칭 – 옮긴이)'이다. 이들 자동차 열광자들은 속도를 요구하는데, GTI는 경쟁이 치열한 고성능 해치형 승용차 세그먼트에서 다른 어떤 자동차보다 역사상 비용대비 속

도가 가장 빠른 자동차였
다. 이 새롭고 강력한 노력
의 천재성은 단지 자동차
자체에 대해 제품 특성과
취급 속성을 강조하는 브랜
드를 형성하기만 한 것이

폭스바겐 GTI

아니라 GTI의 타겟 고객이 특히 강하게 지니고 있던 문화적 신화
와 신념 체계를 위주로 브랜드를 형성한 데에 있다. 이 노력은 미국
남성 문화의 중심부 깊숙하게 자리 잡은 잘 알려지고 널리 퍼져 있
는 반역의 신화(반항의 기운, 규범에 대한 저항, 권위에 대한 거부)를 활용
한다. 반역에 대한 현대의 표현은 제임스 딘을 너무 극단적이고 동
떨어져 보이게 만든다. 그것은 일상생활 속에서 우리가 잘 아는 일
련의 더 유약하고 '바람직하지 않은' 행동들 속에서 모습을 드러낸
다. 어떤 조사에 의하면 고성능 해치형 승용차에 열광하는 사람들
이 제한 속도 준수를 싫어할 가능성이 더 높고, 교통 흐름보다 더
빠르게 운전할 가능성도 더 높으며, 출력이 더 센 차를 사려고 더
높은 값을 기꺼이 치른다는 결과가 나왔다. 또 그들은 튜닝과 주문
형을 좋아하기는 하지만, 일부 열광자들은 일부 튜닝이, 특히 일제
승용차의 경우에는, 너무 지나치고 현란하다고 생각하는 사람들도
있다고 한다.

　폭스바겐은 이 미국 문화의 반역의 신화를 간파하여 GTI 출시를

전후해서 타겟 고객의 문화에 딱 들어맞는 상징, 우상, 디자인 및 표현들을 개발했다. 폭스바겐의 브랜드 혁신을 맡고 있는 임원인 케리 마틴(Kerry Martin)은 '우리는 문화를 창조하고 문화의 일부가 되고 싶다.'고 언급한다. 감각적인 방법으로 반역의 신화를 표현한 기발하고 짓궂은 표정의 브랜드 마스코트인 '패스트(Fast)'가 핵심 상징이 되었다. 패스트는 5천명의 GTI 열광자들을 ProjectFAST.com이라는 웹사이트에 방문하여 패스트의 심리적·사회적 개념을 탐구하는 전국적인 조사에 참여하도록 초청함으로써 개시되었다. 이 웹사이트에 방문한 사람들은 일련의 질문에 답함으로써 '자신만의' 브랜드 마스코트를 디자인했다. 예를 들면 질문 중의 하나는 "만약 패스트에 눈이 있다면, 어떤 모양이어야 할까?"였다. 웹사이트의 내용은 패스트의 창조로 마무리되었는데, 거기에는 이런 글이 쓰여 있었다. "우리 모두는 아니더라도 대부분의 마음속에 패스트가 있다. 우리가 수천 명의 응답자들로부터 수집한 데이터에 따르면 패스트는 이와 조금 비슷한 것처럼 보인다. 아마도 당신은 당신의 패스트가 어떤 모습인지에 대해 한 번도 생각해 보지 않았을지 모른다. 하지만 우리가 GTI Mk V 자동차를 디자인했을 때, 우리는 패스트에 대해 생각해 보게 되었다. 우리는 패스트의 냄새가 어떤지, 무게가 얼마인지, 아침으로 무엇을 먹는지에 관해 생각해보았다. 그것은 우리가 생각해본 모든 것이다. 그 이유는 GTI가 당신의 패스트를 행복하게 만들기를 원했기 때문이다." 그 다음에 방문자들은 자신들이 창조한, 속도에 대한 욕구를 대변하는 짓궂은 모양의 브랜드 마스코트를 보게 되었다. 토끼에서 영감을 받은 이 마스코트의 모양은 의도적으로 GTI와 몇 가지 핵심 디자인 측면에서 같게 만들어졌

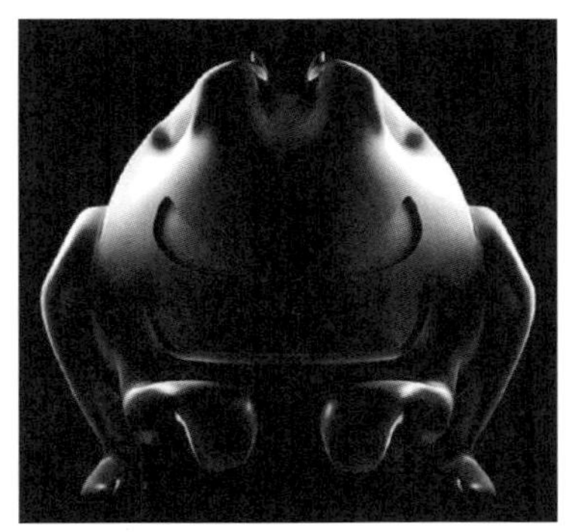

폭스바겐의 FAST 마스코트

다. 예를 들면 그 입은 GTI의 전면 그릴과 같은 모양으로 검정 바탕에 붉은 색이었으며, 꼬리는 원래 GTI Mk 1에서 나온 골프공 운반기에서 영감을 받아 교체 가능하게 되어 있었다. GTI를 구매할 수 있기도 한참 전에, 그 웹사이트는 인터넷 상에서 엄청난 화젯거리가 되었다. 사이트 방문자 수가 10만 명이 넘었으며, GTI를 구매하면 공짜로 받을 수 있는 패스트가 곧 이베이(eBay)에서 최대 600달러에 까지 거래 되었다. 자동차 딜러들은 시운전을 하러 매장에 오는 사람들이 크게 늘었다고 보고했다. 다음과 같은 문제를 풀어 보도록 권유함으로써 타겟 고객들 간의 대화를 더 자극했다. "당신은 자신의 패스트에 대해 얼마나 잘 아나요? 안에 들어 있는 문제를 풀어보고 확인해 보세요." 그 문제는 전형적인 자동차 홍보물들과는 상당히 다른 매우 혁신적인 소책자에 담겨 배포되었다.

GTI 출시 노력의 또 다른 중요한 특징은 컨피규레이터(configurator)였다. 그것은 열광자들이 자신만의 GTI 옵션을 구성해서 최종적으

로 나중에 '개조한 차 원상복구하기'를 좋아하는 가공의 독일 기술자인 볼프강(Wolfgang)과 TV 광고에 나오는 여배우 헬가(Helga)와 함께 시승을 해볼 수 있는 웹사이트였다. 이 컨피규레이터 웹사이트에는 사람들이 엄청나게 몰렸고, 사이트에 올려놓은 3가지의 주요 TV 광고는 유튜브(YouTube)를 통해 배포됐는데, 조회수가 2백만 건이 넘었다. GTI 출시를 지원하는 독특한 빌보드 광고도 많이 했다. GTI 출시 노력의 모든 면면에 관한 글이 실린 블로그들이 엄청나게 많았고, 일부 열광자들은 자신들 나름의 웹사이트를 만들기까지 했다.

그런 노력이 소비자를 출시 이야기 속으로 끌어들였으며, 타겟 청중들이 GTI에 관심을 갖도록 만들었다. 다양한 출시 활동은 그 과정이 잠재 구매자를 향해 그들과의 대화를 이끌고, 문화적인 과정을 용이하게 만들기 위해 신중하게 안배되었다. 그 노력은 GTI가 출시되기 한참 전부터 시작되었다. 물론 영업 결과와 전시장 방문객의 증가는 폭스바겐에 엄청난 플러스 효과를 가져왔다.

이렇게 배경 내의 경험과 이용 및 행동을 중시하는 것은 커뮤니케이션을 급진적으로 변화시킨다. 이와 비교해 보면, 소비자를 구매 깔때기 또는 브랜드 깔때기를 통과하게 만드는 대량 시장 인식 접근방법은 훨씬 효과가 떨어진다. 올바른 상징화, 올바른 배경적 코드, 시대 분위기 및 문화적 표현을 가지고 접근하는 것이 훨씬 더 중요해진다. 이 접근 방법은 브랜드형성과 신제품 커뮤니케이션에 귀중하기도 하지만, UN 같은 기관, 앤더슨 암 센터(M. D. Anderson Cancer Center) 같은 유수한 병원, 또는 심지어는 하나의 국가 같은 브랜드를 형성하고 전달할 때 특히 효과가 좋다.

국가 브랜드 형성하기

예를 들면 독일의 경우를 생각해보라. 독일과 독일의 현대성에 관해 커뮤니케이션을 시도하는 이미지 홍보가 많이 이뤄지지만, 이런 노력들 중의 어떤 것도 축구에서 가장 중요한 시합인 2006 피파 월드컵을 유치했던 독일이 2006년에 했던 브랜드형성 노력만큼 강하지는 않다. 축구가 독일 문화에서 엄청나게 중요한 정체성의 역할을 한다는 것은 잘 알려진 사실이다. 그것은 일상생활에서 중요한 부분이다. 다음의 이야기는 새로운 브랜드형성 및 커뮤니케이션 모형이 어떻게 작용하는지를 잘 보여준다.

독일 팀은 독일이 1990년 월드컵과 1996년 UEFA 유럽 선수권전에서 우승하는 데에 기여하고 캘리포니아에서 은퇴했던 과거의 축구 스타였던 위르겐 클린스만(Juergen Klinsmana)이 감독을 맡았다. 클린스만이 2004년에 독일 국가 대표팀 감독이 되었을 때, 그에게 넘겨진 것은 2004 유럽 선수권전 1차전에서 패했던 비교적 젊은 선수단이었다. 독일 팬들은 2006년 월드컵에서 가망이 있다는 편과 가망이 없다는 편으로 갈렸고, 여론은 주로 부정적인 견해 내지는 극히 비관적인 쪽으로서, 독일 팀에 대한 큰 실망감이 감돌고 있었다.

이런 배경 또는 사회상황적 배경에 비춰볼 때 독일 국가 대표팀이 3위로 월드컵을 마감한 것은 엄청난 성공이었다. 가장 중요한 것은 독일과 세계 각국에 있는 독일인들이 하나의 국가로 뭉쳐 대표팀의 성공을 얼싸안았다는 점이다. 그들은 월드컵 유치 기회를 온통 긍정적이고 기억할 만한 경험으로 변모시켰고, 독일의 가치와 문화 및 브랜드를 전 세계에 보여줬다.

몇 가지 요소가 어우러져 독일이라는 브랜드를 구축하고 강화시키는 완벽한 배경을 만들었는데, 그 중 많은 요소는 신임 감독 클린스만의 핵심적인 지도력과 상당한 관련이 있었다. 첫째, 2004 UEFA 유럽 선수권전에서 패배한 바로 그 선수들로 월드컵 대표팀을 구성했다. 유럽 선수권전에서의 패배, 국제 경기 경험이 부족한 선수들이 많았던 점, 그리고 매체와 대중들의 반대론자들에도 불구하고, 클린스만은 대표팀을 자신의 핵심 노력으로 만들었고, 대표팀에 긍정적인 단체정신을 스며들게 했으며, 그들에게 "월드컵을 거머쥐라!"는 믿을 수 없는 뚜렷한 목적을 부여했다. 클린스만은 독일의 문화와 독일 대표팀의 뛰어난 국제 경기 기록들을 볼 때 그것만이 유일하게 받아들일 수 있는 목표라고 생각했던 것이다.

그 다음 클린스만은 요아킴 뢰브(Joachim Loew)와 안드레아스 쾨프케(Andreas Koepke) 및 올리버 비어호프(Oliver Bierhoff)를 독일 대표팀 코치진으로 뽑았다. 그들 각각은 나름대로 내로라하는 축구

경력이 있었고, 모두 똑똑하고 매우 성공적이라고 여겨졌으며, 그들이 있다는 것만으로도 자신감과 "할 수 있다."는 태도가 우러날 만한 사람들이었다. 그들은 독일 축구에서 최고로 자부했으며, 독일에서 신화와 같은 모범적인 성공 사례를 대변했다. 개별적으로뿐만 아니라 팀으로서, 그들은 클린스만의 메시지를 독일 선수들과 독일 대중들에게 전하는 것을 도왔다. 그것은 다름 아니라 "독일이 월드컵에서 성공할 준비가 되어있다."는 메시지였다.

미국에서 반쯤 은퇴했다 돌아온 신임 감독과 세 명의 잘 나가던 선수 출신 코치진의 결합은 국가 대표팀에 낙관적인 전망을 심어줬고, 잃을 것은 아무 것도 없고 유일하게 헌신할 목표(최고 팀들에 맞서 승리하는 것)를 추구하는 강인한 의지를 지닌 대표팀에 대한 측은함이 통하고 정이 가는 친근한 캐릭터를 만들어 냈던 것이다.

클린스만은 대표팀의 의지를 국민들에게 전하고, 월드컵 첫 경기가 시작되기 한참 전에 국민들을 끌어 들이며, 대표팀 지지 운동을 시작하게 할 방법을 찾아냈다. 첫째는 경기에서 성공하는 데에 중요한 요소 중의 하나인 경기 스타일이었다. 클린스만은 역사적인 독일의 강점을 기반으로 구축되었지만 그와 동시에 신세대 선수들의 능력과 관심을 뒷받침하는 스타일을 개발했다. 이 스타일은 대표팀을 성공 의지를 지닌 정통 독일의 선택된 집단으로 강화시켰다. 축구의 기존 관습에 완전히 대조적으로, 클린스만은 그 다음에 대표팀을 독일 대중에 드러내고 대중과 접촉하게 했다. 카메라와

뉴스에서 격리된 상태로 팀을 훈련시키는 대신, 클린스만은 팀의
언론 노출을 권장했다. 그는 심지어 대표팀의 월드컵 본부를 독일
의 수도인 베를린에 설치하여 대표팀이 독일의 '심장' 속에서 훈련
을 하게 만들었다. 클린스먼은 더 나아가 선수들이 자유 시간에 밖
에 나가 대중들과 어울리도록 허용했다. 그는 반복해서 공개 훈련
시간을 가짐으로써 매체를 통해 대표팀이 독일의 팀, 국민의 팀이
라는 사실을 인식시키고 드러내 보여줬다. 대표팀 또는 감독의 모
든 노력과 행동을 매체에서 시합 전에 노출함으로써 언론 보도, 집
중 논의, 인터넷과 길거리에서의 입소문을 타며 내내 열띤 분위기
를 자아냈다.

　클린스먼 자신의 인품과 성실과 집중 및 확신에 찬 지도력 스타
일은 상당히 근본적인 핵심 가치들을 강화시켰다. 그의 스타일은
팀 전체를 위한 촉매가 되었고 독일 대중들과 세계 곳곳의 팬들을
움직였다. 독일 대표팀이 월드컵에서 3등을 했을 때, 그 성적은 기
대를 훨씬 뛰어넘은 것이었다. 국민들은 축배를 들었다. 3-4위전
경기 다음 날 백만 명이 넘는 독일 팬들이 쏟아져 나와 그들의 팀에
감사의 인사를 했다. 독일이 월드컵 유치국이었기 때문에, 3등이라
는 성과는 독일 팀이 완벽한 주최국으로서 경기를 마쳤다는 인사를
할 만한 이상적인 분위기를 만들었던 것이다.

　클린스만 감독은 대표팀과 대표팀의 노력을 독일의 중요한 가치
들의 상징으로, 즉 첫째는 독일 대중을, 다음은 축구 팬들을, 그 다

음은 월드컵에 참가하거나 참가하지 않은 다른 많은 나라의 국민들까지 끌어들일 근로 윤리와 신념의 체계로 만드는 데 앞장섰던 것이다. 클린스만 자신이 곤경을 이겨내고 팀을 꾸리고 관습을 거스르고 역경에 맞서서 선수들을 하나로 뭉쳐 성공하게 만든 지도자로서 이런 가치들을 체현했다. 이 지도력의 본보기는, 독일 문화를 포함하여 많은 문화에서, 사람을 끌어들여 관계를 맺는 브랜드에 관한 전설적인 이야기가 되었다. 클린스만은 월드컵 경기에서 독일이 어느 정도로 성공할지를 예측할 수는 없었겠지만, 감독으로서 스스로 높은 목표를 세웠고, 포용을 실천했으며, 독일 문화를 지켜냄으로써 독일이라는 브랜드를 강력하게 구축한 사람이 되었다. 월드컵이라는 무대에서 그의 지도력과 독일 대표팀이 성공한 이야기는 독일 팬들과 국민의 이야기가 되었고, 그것은 어디서든 가능한 모든 형태의 커뮤니케이션을 통해 확대된 문화적인 과정이었던 것이다.

스펙트럼의 다른 쪽 끝에는 이런 새로운 브랜드형성 형태로부터 이득을 보는 틈새 브랜드들, 즉 좁은 고객 기반을 지닌 생태여행이나 운동가들 같은 특수 – 관심 브랜드들이 있다. 예를 들면, 가장 기묘한 발견과 여행 경험을 주관하는 토크 월드 투어즈(Tauck World Tours) 같은 브랜드는 일반 대중에게 마케팅을 하는 것보다 고도로 선별된 고객을 끌어들여서 이득을 본다. 여기서 브랜드형성은 포지션설정과 타겟설정이 문제가 되는 정복이나 마케팅 전쟁이 아니라,

하나의 강력한 아이디어를 향한 매력을 창출하는 끌어들임이다. 소위 롱테일(long tail: 각각의 점유율은 낮지만 모두 합치면 꽤 높은 점유율을 보이는 작은 것들 – 옮긴이)에 속하는 많은 브랜드들은 이런 커뮤니케이션 모형에서 이득을 본다. 이런 브랜드들은 너무 수동적이기 때문에, 제품과 브랜드들이 배경에 적합하다는 것을 드러내 보이는 방법으로서 영화, TV, 음악, 게임 및 극장 공연 등에 빈틈없이 통합되는 브랜드를 통한 즐거움 또는 강한 제품 포지션으로부터 보는 이득은 훨씬 적다. 이런 배경중립적 커뮤니케이션은 브랜드 이미지와 대단한 아이디어 및 새로운 광고 슬로건들을 영리하고 거창한 방법으로 홍보하는 경우가 많다. 이런 예로는 건전지 수명을 홍보하는 에너자이저 토끼(Energizer Bunny: 검은 썬글라스를 쓴 핑크색 토끼 모양의 북치는 에너자이저 마스코트 – 옮긴이)나 결혼을 더 행복하게 만드는 하얀 웨딩드레스를 들 수 있다.

이와 대조적으로, 독일의 월드컵 이야기에 나오는 것 같은, 문화적 과정에 맞아떨어지는 배경에 적합하고 문화에 민감한 커뮤니케이션은, 학습부터 제품 이용 및 소비라는 목적 시점까지의 거리를 줄이고 청중을 끌어들여서, 커뮤니케이션을 개인적이고 대화식이며 직접적이고 장소에 무관한 것으로 만든다. 어떤 면에서 보면, 그것은

에너자이저 토끼

커뮤니케이션에 관한 것이 아니라 대화를 이끌어내는 과정에 관한 것이기도 하다. 그것은 사람들의 관심을 사려고 그들의 삶에 끼어 드는 것이 아니라, 사람들의 일상생활의 경험을 개선시키면서, 언제 어디서 어떻게 일상생활을 영위하는 소비자에게 도달할지 결정함으로써 가장 적합한 방법으로 고객과 연결하려고 노력하며, 사람들이 살고, 놀고, 일하고, 소비하는 때와 장소에 연결해서 관계를 맺는 방법을 모색한다. 기업이 이것을 달성하려면, 매체무시 또는 매체중립적인 기획을 해야 한다.

P&G는 새로운 형태로 브랜드를 형성하고 또 다른 상업적 형태로 고객의 삶에 어우러져서 관계를 맺는 방법을 보여준다. P&G는 가정주부들과 상당한 구전(口傳) 커뮤니케이션을 이용하여 대화를 시작한다. 그것은 광범위한 사회적 네트워크를 보유하고 있으면서 다른 많은 엄마들과 대화를 나누는 6만 명의 여성들로 이뤄진 보컬 포인트(Vocalpoint)라고 불리는 데이터베이스이다. 마케팅 메시지를 전달하고 타겟으로 설정한 고객에게 면도날처럼 예리하게 초점을 맞춘 제품 메시지와 편익을 전달하던 때는 끝났다.

P&G는 소비자를 군별로 묶는다든가 세그먼트를 설정하는 작업을 단지 TV 광고 시간을 확보하는 최적의 매체 구매를 통해서 뿐만 아니라 아이빌리지(iVillage)나 마이스페이스닷컴 같은 사회적인 네트워킹 사이트나 팟캐스트(podcast), 블로그 및 사진공유 사이트 같은 강력한 '연결자들'을 모집함으로써 시작한다. 이런 사이트들은

소비자가 그들의 의견, 감정 및 일상생활을 다른 사람들과 (심지어는 낯선 사람들과도) 공유하고 자발적으로 표현하는 가상 세계이다. 예를 들면 사진공유 사이트들은 사람들이 올린 사진을 모든 사람이 볼 수 있게 해준다. 어떤 사람들은 블로그의 형태로 일기를 쓰기도 하는데, 현재 이런 블로그들이 1,400만 개가 넘는다. 블로그나 사진공유 사이트처럼 사람들이 아이팟으로 내려 받을 수 있는(이것이 팟캐스트라는 이름이 생긴 이유이다) 짧은 음성이나 동영상을 만들어 올릴 수 있는 팟캐스트는 소비자가 다른 사람들에게 자신들을 귀찮게 하는 일이 무엇인지, 바로 지금 여기에서 그들의 일상생활에서 무슨 일이 일어나고 있는지 표현할 수 있는 방법 중의 하나이다.

4. 배경 및 문화적 코드 활용하기

아주 오래전부터 마케터들에 대한 교과서적인 권장사항은 제품 메시지를 정서화해서 고객에게 전달하는 것과 관련된 것이었다. 또 하나의 방법은 제품을 초월하여 브랜드를 정의하고 정서적 또는 개인적 편익을 표현하는 것이었다. 할리데이비슨(Harley-Davidson)은 강한 개성, 할리를 보유하는 것에 대한 자부심, 애국심과 독립심 같은 강력한 속성 등 뿌리 깊은 사회의 문화적 가치를 강조함으로써 열성적인 문화와 성공적인 사업을 창조했다. 할리를 모는 것은 오토바이를 타고 이동하는 것 이상의 의미가 되었다. 할리 중역 중 한 명이 《결과 기반 리더십 *Results-Based Leadership*》에서 말한 것처럼, "우리가 파는 것은 오토바이가 아니라 능력이다. 예를 들면 43살 먹은 회계사가 검은 가죽 옷을 입고 할리를 타고 작은 마을들을 지나가면 사람들이 그를 경외의 눈빛으로 보게 만든다." 사실 할리는 그 자체로 그것이 오토바이든 아니면 그것과 더불어 연상되는 상품이든 미국 전역의 라이더들과 공감대를 형성한 강력한 정서적 연결과 소속감 및 메시지를 표현하는 시발점을 제공했다. 할리는 그것을 소유함으로써 자기 정체성을 표현하기를 바라는 사람들로 이뤄진 브랜드 성격을 띤 공동체가 되었던 것이다.

아메리칸 익스프레스(American Express.아멕스)와 비자(Visa)도 이와 똑같은 방법으로 브랜드를 구축했다. "회원권 보유는 특권을 의미한다."라는 고전적인 아멕스 광고는 아멕스 브랜드를 고소득층의 신용카드로, 즉 엘리트 집단 또는 엘리트 집단에 속하기를 원하는 사람들의 지불 수단으로 포지셔닝했다. 비자는 "원하시는 곳 어디에나 있습니다."라는 광고로 세계 여행이라는 사치와 비자카드를 어디서나 쓸 수 있다는 점을 위주로 포지셔닝을 개발했다. 비자는 세계 어디서나 받아주기 때문에 항상 지니고 다녀야 하는 카드라는 것이다. 비자는 기본적으로 제품 그 자체 또는 하나의 구체적인 특징, 즉 비자카드를 전 세계 어디서나 쓸 수 있다는 점(이것은 믿을 수 없을 만큼 놀라운 업적이다)을 사람들의 마음속에 새겨지게 만든 것이다. 이 접근방법이 두 카드사 모두에 효과가 있었다. 아멕스와 비자는 둘 다 시장 주도자였던 마스터카드의 시장 점유율을 줄어들게 만들었다. 마스터카드는 3대 경쟁사 중에서 누구나 가질 수 있고 누구나 가지고 있는 '일반인의 카드'로 지위가 격하되었다. 마스터카드의 시장 점유율은 20% 초반으로 줄어들었다.

하지만 마스터카드는 성공에 이르는 매우 다른 방법을 따랐다. 어쨌든 소비자는 이미 지갑 속에 비자나 아멕스 카드를 지니고 있어 거의 신경을 쓰지 않는 범용품이었기 때문에 마스터카드는 소비자의 일상생활에서 진정으로 중요하고 마스터카드와 강하게 연결되는 특정한 순간과 활동의 정서적 배경과 문화적 코드를 최대한 활용했다.

마스터카드

래리 플래너건(Larry Flanagan)이 세계에서 가장 인기 있는 신용카드 회사였던 마스터카드 인터내셔널(MasterCard International)의 미국 지역 광고 담당 수석 부사장이 된 1996년 10월쯤에는 회사가 심각한 상태였다. P&G의 미용 용품 부서의 마케팅 이사였다가 마스터카드에 합류하기 전 잠깐 로레알에 다녔던 플래너건은 한 때 업계 주도자였던 마스터카드가 오랜 경쟁사인 비자와 아멕스라는 물결에 휩쓸리는 것을 저지하기 위해 해외에서 건너왔다. 비자와 아멕스뿐만 아니라 그 직전에는 시어스(Sear's)의 당돌한 신규 브랜드인 디스커버(Discover)도 두각을 나타내고 있었다. 가차 없는 '경제 진화론'의 환경 속에서 마스터카드는 잠재적인 멸종의 위기에 직면해 있었던 것이다. 플래너건이 당시 은행원들의 일반적인 사고 방식을 회고한 바에 따르면, "수 년 전에 IBM을 샀다는 이유로 해고당한 은행원이 하나도 없었던 것처럼, 마스터카드 대신 비자카드를 선택했다는 이유로 해고된 은행원은 하나도 없었다." 마스터카드가 '침몰하는 것'은 진정 시간문제라고 생각한 마스터카드 임원들도 꽤 많았다.

현재는 일반에 공개된 기업인 마스터카드 인코포레이티드(MasterCard Incorporated)는 원래 뱅크오브아메리카가 발급하던 뱅크아메리카드(BankAmericard: 뱅크아메리카드는 나중에 결국 비자카드가 되었다)와 경쟁 구도를 형성하기 위해 유나이티드캘리포니아은행(United California Bank)과 웰스파고은행(Wells Fargo Bank) 및 뱅크오브캘리포니아(Bank of California) 등이 만든 회사였다. 1967년에 '마스터 차지(Master Charge)'라는 이름의 사용권이 켄터키주 루이스빌에 있는 퍼스트내셔널은행(First National Bank)으로부터 이들 캘리포니아 지역 은행들로 이뤄진 컨소시엄에 부여되었으며, 뉴욕의 마린미들랜드은행(Marine Midland Bank. 현재의 HSBC)의 도움으로 이들 캘리포니아 은행 컨소시엄은 인터뱅크카드협회(Interbank Card Association. ICA)와 합병하여 '마스터 차지 – 인터뱅크 카드'를 만들게 되었다. 1980년에 '마스터차지 – 인터뱅크 카드'는 브랜드 변경 작업을 거쳐 '마스터카드'로 이름이 줄어들었다.

아멕스는 시장 점유율은 더 낮았지만 업계에서 1990년대 중반까지 시장을 주도한 마스터카드보다 훨씬 더 든든한 포지션을 향유했다. 하지만 아멕스 역시 몇 년 동안 힘든 시기를 겪은 것은 마찬가지였고, 1991년에는 불만에 가득 찬 보스턴 지역의 식당주들과 아멕스의 오랜 고객이 소위 '보스턴 무료 파티(Boston Free Party)'라는 행사를 열게 되는데, 이 행사는 그들이 비자카드나 마스터카드보다 훨씬 높은 수수료를 내야만 하는 데에 대한 불만을 토로하는 격렬한 항의의 장소였다. 새로 임명된 여행 및 관련 서비스 부서장 케네스 쉐노(Kenneth Chenault)가 불만에 찬 아멕스 가맹점들과의 관계 개선을 위해 오랫동안 노력을 해야만 했다. 하지만 매출이 7% 감소했던 1993년의 다음 해인 1994년, 아멕스는 궤도를 되찾았고, 1995년에는 수많은 브랜드 제휴 상품들의 효시인 델타스카이마일즈옵티마 카드(Delta SkyMiles Optima Card)를 출시하면서 우위를 점하기 시작했다.

그런데 아멕스는 공격적으로 확장을 하고 있었음에도 불구하고, 중산층을 공략하는 경쟁사들과 달리, 가장 부유한 고객만을 대상으로 능숙하게 세그먼트와 타겟을 설정함으로써 지속적으로 큰 성공을 향유했다. 아멕스 카드는 단지 상품을 구매하는 수단만이 아니었으며, 그 광고 문구인 "회원권 보유는 특권을 의미한다."에 잘 나타나는 것처럼 진정한 엘리트들만을 위한 배타적인 클럽이었다. 비자 역시 나름대로 광고 전략에서 마스터카드는 완전히 무시하고 아멕스와 맞서는 것으로 포지셔닝함으로써 브랜드 이미지를 강화했다. 비자 광고는 소비자가 이국적인 장소에서 평범한 맥주보다 샴페인과 캐비아에 더 잘 어울리는 상품과 서비스를 구매하는 것을 보여줬다. 아멕스와 경합함으로써, 비자는 대중들을 대상으로 비자카드에 고급 이미지를 투영하면서 동시에 아멕스에는 두드러지게 부족한 부분인 싸고 편리하게 어디서나 쓸 수 있다는 점을 약속했다. 그것은 강력한 특유 판매 제안(Unique Selling Proposition. USP)이었다.

한편 마스터카드는 점점 더 어려워지는 마케팅 환경에 직면했다. 경쟁사 두 곳이 고급 시장에서 활약을 하는 동안, 마스터카드가 전 세계 시장에 가맹점 망을 형성하는 것은 모든 면에서 비자만큼 비용이 많이 드는 데에도 불구하고, 마스터카드 브랜드는 한편으로는 저급이며 다른 한 편으로는 비자보다 편의와 기능 면에서 처진다는 고객의 인식을 뒤바꿀 수 없었던 것이다.

마스터카드의 2대 경쟁사들이 고급스러움과 전 세계 어디에서나 쓸 수 있다는 점을 주요 차별화 요인으로 고객에게 연상시키기 위해 죽어라 싸우고 있는 상황에서, 마스터카드가 똑같은 포지셔닝과 브랜드형성 광고를 하는 것은 어울리지 않는 일이었다. 하지만, 잠시 동안이기는 했어도, 바로 그것이 마스터카드가 했던 일이다. 마스터카드는 10년 동안 5번이나 주요 광고를 바꾸면서 방향을 몇 차레 바꿨지만, 그 결과는 고객과 잠재 고객의 마음속에 혼란과 혼동을 심어주었을 뿐이었다.

90년부터 플래너건이 임명된 1996년 사이의 6년 동안 마스터카드는 단지 2년만 시장 점유율이 증가했었다. 같은 기간동안 마스터카드의 시장 점유율은 수억 달러를 광고에 썼음에도 불구하고 은행권 카드 중 37.6%에서 35.9%로 줄었다. 비자와 아멕스 2개사에게 시장 점유율을 빼앗겼던 것이다.

그런데 비자와 아멕스가 위에서 마스터카드를 내리누르고 있는 와중에, 새로 나온 디스커버 카드(Discover Card)가 아래로부터 마스터카드를 거세게 공략하고 있었다. 디스커버는 카드 소지자들이 신용으로 지출하는 금액 중 몇 %를 돌려주는 '캐시백(cash back)' 기능 때문에 특히 가격에 예민한 소비자에게 인기를 끌고 있었다. 디스커버가 일상적인 기능의 측면에서 우위를 보이는 동안, 비자는 사치와 여행 및 해외 이용 분야에서 인식의 우위를 유지했다. 마스터카드는 시장 점유율, 고객의 신뢰, 가맹점 관계 및 브랜드 자산 등 모든 것을 잃을 위험에 처했다. 게다가 비자가 매년 마스터카드의 2배에 이르는 마케팅 지출을 하고 있었고, 아멕스와 디스커버도 각각 매년 마스터카드보다 수천 만 달러를 더 쓰고 있었기 때문에, 마스터카드의 목소리는 급격하게 줄어들고 있었다.

1997년, 마침내 플래너건이 새로 구성한 마케팅팀이 활동을 개시했다. 얀켈로비치 파트너즈(Yankelovich Partners)가 수행한 조사에 따르면 소비자가 '성공의 징후'라고 여기는 것에는 엄청난 변모가 일어나고 있었다. 1980년대가 톰 울프(Tom Wolfe)의 《허영의 불꽃*Bonfire of the Vanities*》에서 풍자적으로 묘사된 우주를 지배하는 자들로 대변된 영락한 물질주의의 시대였던 반면, 얀켈로비치 파트너즈의 조사에 따르면 1990년대 중반에 이르면서 영락한 물질주의의 인기가 빠르게 식어가고 있었다. 성공은 더 이상 개인이 지닌 재화의 질로 측정되지 않았고 삶의 질로 측정되었던 것이다.

성공은 두드러진 소비나 번쩍이는 자동차, 비싼 호텔에 묵는 것, 화려한 보석류 또는 값비싼 디자이너 의류가 아닌 뭔가 다른 것을 의미했다. 아멕스와 비자가 자기탐닉 활동을 찬미하는 광고로 이런 환경에서 잘 해나가고 있는 동안, 마스터카드는 그렇게 부유하지는 않으면서 풍요로운 삶을 영위하고자 하는 고객에게 타겟을 맞출 기회를 찾아냈던 것이다.

마스터카드의 마케팅 간부들은 플래너건의 지도 하에, 마스터카드가 아멕스와 비자에 상대적으로 얼마나 잘 포지셔닝되어 있는지가 아니라, 고객의 일상생활에 어떻게 들어맞는지, 변화하는 고객 니즈, 원츠, 욕망, 환상과 기쁨의 생태계를 어떻게 파악할지를 탐색하기 시작했다. "고객에게 정말 중요한 것은 무엇인가?" "고객이 삶 속에서 성취하고자 하고 깊은 의미를 주는 활동과 프로젝트 및 일들은 무엇인가?" "고객의 일상적인 목표와 인생에서 기대하는 바는 무엇인가?" "사람들은 하고 싶다고 말하는 것 말고 실제로 무

엇을 하는가?" "고객이 우선시하는 것은 무엇인가?" "단순한 신용
카드가 어떻게 고객의 일상생활 속에서 완전하고 두드러진 요소의
하나로 변모할 수 있는가?" 같은 질문이 중요해졌던 것이다.

마스터카드가 의뢰했던 조사는 다음 4가지 기본적인 사실에 마
케터들의 주의를 끌었다.

- 사람들은 사랑과 사람들 간의 관계에 깊은 관심을 갖는다.
- 사람들은 그들이 원하는 것을 하고 가고 싶은 곳에 갈 수 있는
  자유를 중시한다.
- 사람들은 하고 싶은 일들을 하는 데에 보내는 시간을 더 많이
  갖고 싶어 하며, 하고 싶지 않아도 해야 되는 활동들에 낭비하
  는 시간은 줄이고 싶어 한다.
- 사람들은 안정과 물리적, 정서적, 금전적 자유를 바란다.

이 조사는 "사람들이 어떤 상품이 다른 상품을 무슨 점에서 능가
하는지에 관심이 없는 세상에서 브랜드를 구축하는 방법은 무엇인
가?"를 물었다. 마스터카드와 경쟁사들 간의 기능 및 편익의 차이
점들은 결국 예전이나 지금이나 그다지 중요하지 않은 것이다. 마
스터카드가 찾은 해답은 소비자의 일상생활 속에서 기억할 만한 순
간들로 이뤄진 배경적 코드의 효과를 극대화해서 마스터카드라는
브랜드와 연결시키는 것이었다.

이런 인식, 즉 현실 파악은 수많은 광고상을 받은 마스터카드의 돈으로 살 수 없는 감동의 순간 광고의 창출로 귀결되었는데, 그것은 지금까지 오랫동안 마스터카드의 광고를 대행해 온 뉴욕 맥칸에릭슨(McCann Erickson)의 도움으로 멋지게 표현되었다. 그런데 '돈으로 살 수 없는 감동의 순간' 이 광고 스토리에 불과하다는 일반적인 오해는 여러 가지 사실들로 입증되고 있다. 마스터카드의 최고마케팅책임자(CMO)인 플래너건은 '돈으로 살 수 없는 감동의 순간' 개념을 만들어서 멋지게 광고를 집행한 것은 맥칸에릭슨의 덕이라고 주저 없이 말하지만, 맥칸에릭슨은 그 광고 작업을 마스터카드가 제공한 상세한 창의적인 지시에 기초한 것이었고, 마스터카드는 성공을 보장하려면 새 생명을 불어넣은 브랜드 포지셔닝을 명확하게 해야 한다는 일련의 분명한 전략적 목표들을 그 전에 이미 설정해 놓았던 것이다.

'돈으로 살 수 없는 감동의 순간' 광고가 까딱하면 나오지 못했을 수도 있다는 사실을 아는 사람은 거의 없다. 마스터카드는 마케팅 전략을 구체화하고 적절한 광고 메시지를 고안하기 위해 광고 대행사 5곳과 접촉했다. 마스터카드 마케팅 팀에 35개의 개념이 제시되었다. 그것들 중 2개가 다른 것들보다 탁월했고, '돈으로 살 수 없는 감동의 순간' 은 그 둘 중 하나였다. 긴 시간 동안 소비자 조사를 수행했고 결과가 요약되었는데, '돈으로 살 수 없는 감동의 순간' 은 한참 처진 2위로 들어왔다. 이사회는 세계 최대의 금융 기관들의 중역 출신들로서 마케터들이 아니라 은행가들로 구성되어 있었는데, 그들은 '돈으로 살 수 없는 감동의 순간'과 경쟁 광고 개념에 대해 조사로 예측되었던 것처럼 반응했다. 이사회는 근소한 차이로 '돈으로 살 수 없는 감동의 순간'보다 다른 개념을 선호했다. 다행히 마스터카드의 마케팅 간부들은 일회성 광고보다는 지속적인 광고가 효과가 훨씬 높다는 것을 알고 있었다. 이번 광고는 브랜드에 완전히 새로운 포지셔닝을 해줄 기초를 형성하고 회사의 전략을 이끌어 가야 했다. 광고 메시지는 시간의 시험을 견디고 불확실한 미래의 도전을 감당하도록 진화할 필요가 있었다. 마케팅 간부들은 다른 개념의 폭이 너무 제한적이라고 생각했다. 입증되지 않은 것은 거의 마찬가지였지만, '돈으로 살 수 없는 감동의 순간'이 더 폭이 넓은 것으로 보였다. 결국 마케팅 간부들이 이사회를 설득하여 '돈으로 살 수 없는 감동의 순간'을 선택하게 했다.

특히 높은 점수를 받은 비범하고 강력한 일회성 광고 대신, 장기적인 시각, 즉 더 많은 순간들로 이뤄져 있고, 각각의 순간이 마스터카드 브랜드에 도움이 되는 방향으로 작용할 수 있는 정서적 코드를 지니고 있으며, 진화하는 소비자 수요의 생태계에 적합하고 중요한 부분을 차지하는 시각을 지닌 더 강한 전략적 기반을 선택하는 최종 결정이 이뤄졌던 것이다.

마스터카드의 새로운 통합 마케팅 자료들은(그 중 광고가 단지 가장 눈에 띄는 부분일 뿐이다) '기억하고 싶은 순간들'을 강조했다. 지붕 꼭대기에서 예전보다 더 큰 소리로 똑같은 제품에 중심을 맞춘 기능적 속성들을 외치는 대신, 마스터카드의 새로운 광고와 브랜드형성 활동들은 '가치를 초월한' 소중한 순간들이 카드 소지자들의 생활에서 차지하는 역할을 강조했다. 그 광고는 마스터카드가 아무리 많은 돈으로도 살 수 없는 순간이 있다는 사실을 잘 이해하고 있다는 것을 전달하는 새로운 브랜드 포지셔닝을 모색했던 것이다.

아이러니컬하게도, 광고에는 '돈으로 살 수 없는 감동의 순간'이라는 이 주제가 카드 사용이 연상되는 다양한 '지불 순간'들과 교묘하게 통합되었다. 마스터카드는 직감적으로 상품을 사는 것과 훌륭한 삶을 영위하는 것, 즉 부자인 것과 풍요로운 삶을 사는 것 간의 근본적인 차이를 파악했다. 자녀에게 책을 읽어주는 것부터 장난감 대신에 장난감을 포장했던 상자를 가지고 노는 자녀들을 지켜보는 것까지, 이런 무형의 가치와 관계에 관해 주안점을 둔 것이 마스터카드를 믿을 수 있고 제대로 된 '가족의 가치'를 보여주는 브랜드로 정립시킨 것이다.

1997년 10월부터 현재까지 전 세계 105개 국가에서 48개 언어로 방송되고 있는 마스터카드의 '돈으로 살 수 없는 감동의 순간' 광고는 마스터카드 브랜드를 '중요한 모든 것의 값을 치르는 최고의 방법'으로서 멋지게 포지셔닝해 왔다. 거의 10년을 창조적으로 반복하면서, 이 광고는 100개가 넘는 상을 받았고, 2005년 10월에는 '홈(Home)-깨진 유리창' 광고로 상을 받는 등 여전히 광고상의 대상이 되고 있다. 〈애드위크〉가 논평했듯이 '돈으로 살 수 없는 감동의 순간' 광고는 여러 해가 지난 뒤에도 여전히 우리의 심금을 울리는 힘을 지니고 있다.' 이 스폿 광고의 하이라이트에는 세계 여러 곳의 어린이들이 임시로 만든 장비로 단지 좋아서 야구를 하고 있는 장면이 나오는데, 광고 시나리오는 이렇다.

1루 (낡은 타이어): 58달러, 2루 (정원 의자를 접으며): 630페소, 3루 (길가에 주차된 자동차): 30만 엔, 홈 (유리 깨지는 소리가 나고 아이들이 달아난다): 돈으로 살 수 없는 감동의 순간.

2000년 11월에 마스터카드 인터내셔널의 최고마케팅책임자로 임명된 직후 플래너건은 〈브랜드위크〉와의 인터뷰에서 이렇게 말했다. "마스터카드의 대성공작인 '돈으로 살 수 없는 감동의 순간' 광고 개발의 핵심에 있었던 것이 우리 브랜드가 어디에 있으며 우리가 그것을 어디로 옮기고 싶어 하는지에 관한 탁월한 시각을 제공해주었다. 그 광고의 성공 덕에 전 세계적으로 마스터카드에 대한 인식과 선호도가 극적으로 높아졌다. '돈으로 살 수 없는 감동의 순간'은 하나의 광고 수준을 뛰어넘어 우리 회사 마케팅 프로그램 전반에 통합되었다."

'돈으로 살 수 없는 감동의 순간' 광고는 처음 방송을 탄 후 거의 8년 후에도 여전히 강한 생명력을 유지하면서 마스터카드사의 다양한 브랜드형성 프로그램들을 합리적으로 단일화하고 통합시켰다. 그 중 가장 중요한 점은 그것이 고객과 마스터카드 모두가 '정말 중요한 것'은 가족의 시간과 관계 및 기억하고 싶은 순간들이라는 것을 이해한다는 사실을 별나고 묘하며 센스 있게 전달했다는 것이다. "주말은 중요하다." 경품 행사 같은 브랜드형성 프로그램들은 절묘하고 단순하게 이런 브랜드 메시지를 전달한다. 신용카드 구매의 40%가 금요일과 토요일에 이뤄진다는 사실을 보여준 조사에 자극을 받은 마스터카드는 경품 당첨자들에게 주말 별장을 일년 동안 쓸 수 있게 해줌으로써 그들에게 가족과 함께 보낼 수 있는 고품질의 시간을 부여했다. 마스터카드는 이런 '돈으로 살 수 없는 감동의 순간'들을 이용하기 위해 완전히 주말만 주제로 한 프로그램을 개발했던 것이다.

이런 세계적으로 통합된 브랜드형성 프로그램들을 개발해서 이행하기는 쉽지 않았다. 플래너건이 말했듯이, "통합 마케팅의 집행 부분은 서류상으로는 간단해보일 수 있지만, 집행과 전략적 통합은 여간한 일이 아니며," 그와 동시에 이행되는 다른 중요한 전략적 활동들을 배경으로 해서 살펴볼 필요가 있다. 고객 대면 조직 및 영업 조직에 대한 상당한 업그레이드와 조직의 업무처리 능력에 대한 재정비가 이뤄졌다. '돈으로 살 수 없는 감동의 순간'을 통해 기억하고 싶은 중요한 순간들이라는 배경적 코드를 활용하여 브랜드를 정립한 덕분에, 마스터카드에 대한 은행들의 확신을 되찾았고 수년 동안의 쇠퇴를 천천히 되돌리는 과정이 시작되었다.

마스터카드가 '돈으로 살 수 없는 감동의 순간' 광고로 성공한 것은 제품과 편익의 차별화는 소비자 수요 생태계의 적합하고 중요한 측면(여기서는 우리 모두가 인생에서 느끼는 기억하고 싶은 감동의 순간들)을 파고드는 것만큼 중요하지 않다는 사실을 잘 보여준다. 마찬가지로 "목소리를 높이고 경쟁자들 사이에서 두드러지는 것"은 브랜드가 소비자에게 중요한 것이 무엇이고 소비자가 원하는 것은 삶을 특히 우리가 단지 '돈으로 살 수 없는 감동의 순간'이라고 부르는 깊게 공감하고 느끼는 인간적인 순간들을 살아가는 것이라는 사실을 이해하고 있음을 보여주고 확신시키는 것만큼 중요하지 않다.

5. 성장 기반들을 위주로 가동 아이디어를 활성화하기

마스터카드에서 일어났던 일은 마스터카드가 애플 같은 다른 브랜드들과 똑같이 노력했던 핵심 성공 요소들을 살펴봄으로써 더 명확하게 살펴볼 수 있다. 마스터카드와 마찬가지로 애플은 애플 브랜드를 활성화시키기 위한 성장 기반들을 찾아냈었다. 마스터카드의 경우에는 성장 기반이 소비자의 인생 속에 있는 기억하고 싶은 소중한 순간들에 관한 것이다. 그런 순간들은 마스터카드의 매체 광고 집행과 다른 형태의 커뮤니케이션 수단들을 통해 활성화되었다. 애플의 성장 기반은 음악 찾기, 음악에 대해 배우기, 음악 구매하기, 음악 듣기, 음악 저장하기 및 음악 지우기 같은 소비자의 음악 사이클에 관한 것이다. 여기서 가동 아이디어는 애플이 이 사이클, 즉 모든 음악 경험을 '관리' 하는 것을 도와준다는 점이다.

소비자를 위해 음악을 관리해주는 것은 단지 소비자에게 잘 설계되고 잘 작동하는 MP3 플레이어를 판매하는 것보다 훨씬 더 어렵다. 아이팟에 동영상을 추가하는 것은 단순히 아티스트들의 동영상을 보는 것보다 훨씬 더 큰 의미가 있다. 그것은 소비자의 전체 동영상 또는 시각 자료를 관리하는 것의 시작이며, 애플의 입장에서 보면 완전히 새로운 성장 기반이다. 음악이나 동영상을 관리하는 것조차도 소비자의 시각에서 보면 훨씬 더 큰 세상(전체 디지털 세상)을 관리하는 일의 일부에 지나지 않기 때문에 제한적인 것으로 볼 수 있다. 픽사(Pixar)와 디즈니(Disney) 및 AT&T 간의 거래가 있기 때문에, 그다지 멀지 않은 시기에 더 큰 세상이 실현될 가능성이 있다(2006년 1월에 디즈니가 픽사를 인수했으며, 2007년 6월에는 AT&T가 애플 아이폰의 독점 공급을 개시했다 - 옮긴이).

아이팟만이 소비자가 음악을 중심으로 생활하고 일하고 노는 방법을 변화시킨 것은 아니다. 하지만 아이팟만이 2천개가 넘는 액세서리로 이뤄진 전체 시스템과 더불어 그것을 가능하게 했다. 아이팟은 소비자 수요 생태계에서 상당한 부분을 차지했으며, 그에 따라 우리가 생활하고 일하고 노는 방법을 변화시켰다. 그런 시스템은 소비자와 커뮤니케이션을 하고 관계를 맺으며 문화와 일상생활의 일부가 된다. 관계 맺기가 핵심 주제이다. 소비자들은 단지 바람직한 특성의 측면에서만이 아니라 브랜드가 소비자의 생활 속의 어떤 활동을 관리하는 데에 도움이 되는지의 측면에서 브랜드에 관해서 이야기를 한다. 소비자는 제품의 가치를 자신들만의 용어와 언어로 설명하면서 구전 커뮤니케이션을 통해 그 말을 다른 사람들에게 퍼뜨리는 고용된 홍보 대사 같은 역할을 하게 된다. 브랜드는 브랜드를 설명하는 어구나 그래픽 표준 설명서에 나오는 자세한 설명 문구가 아니라, 이런 저런 것을 '관리하는' 것에서처럼, 실제로 하나의 활성화된 단어가 된다. 소비자들은 그 '시스템'에 관여하여 이용하는 방법을 찾아내고 그들의 생각과 느낌 및 의견들을 다른 사람들과 자연스럽게 의도적으로 신중하게 공유한다. 브랜드형성은 방대한 오픈소스(open-source: 무상으로 공개 및 공유되는 소스 – 옮긴이) 운동이 되는 것이다.

애플에 효과를 발휘하는 것은 전통적인 방법으로 구축된 브랜드들에도 똑같은 효과를 발휘한다. 말보로(Marlboro)를 생각해 보면, 우리는 누더기에 카우보이모자를 쓰고 말을 탄 옛날 카우보이에 의해 형상화된 멋진 자유의 이미지를 상상하게 된다. 오늘날 말보로는 많은 사람들에게 커다란 사회적 네트워크를 형성해주는 수단이 된다. 여기서 가동 아이디어는 애플에서와 같은 문화적 배경 내의 활동이 아니라, 말보로가 만들어내는 신화와 오늘날의 청년 문화 속에서 그것을 활성화하는 방법이다. 말보로는 2,600백만 명의 흡연자들로 이뤄진 데이터베이스를 이용하여, 바이러스 마케팅과 입소문 마케팅 및 퍼미션 마케팅 개념들을 절묘하게 적용시킨다. 판촉 선물이나 행사 및 주말 외출처럼 늘 공략하는 대상들이 있다. 하지만 그런 활동들은 전형적인 매스마케팅에 대한 보완적인 마케팅 활동으로 쓰이는 것이 아니라 그 자체가 마케팅 활동이다. 그것은 부분적으로는 광고에 대한 심한 규제 때문이기도 하지만, 일부는 스스로가 부여한 제한(예를 들면 잡지 광고를 피하는 것) 때문이기도 하다.

그럼에도 불구하고 말보로는 대화하고 연결하고 문자 메시지를 보내고 멋진 곳에서 모이는 사람들로 이뤄진 활발한 공동체를 형성했다. 그리고 이 전략은 효과를 발휘하고 있다. 파티들은 그 어느 때보다 더 커졌고 시장 점유율은 올라갔다. 말보로 행사들은 브랜드를 판촉하기 위해 준비되는 것이 아니다. 이것은 최근에 다른 브랜드 마케터가 했던 이벤트처럼 반라의 여자들이 모피 코트를 입고 뉴욕 5번가를 걸어 다니게 하는 것과는 다르다. 여기서 마케팅과 브랜드형성은 즐기고 만나고 어울리는 사람들이라는 가동 아이디어를 활성화 하는 것에 관한 것이다. 말보로를 좋아하는 사람들에게는, 아이팟이 음악을 관리하는 사람들에게 그런 것처럼, 말보로가 그들 삶의 요체인 것이다.

이런 상황에서는, 마케터들이 더 이상 마케팅 부서가 아니다. 마케팅 부서는 민주화되어 안팎 모든 곳에 있다. 그것은 더 이상 건물 내에 있는 조직이 아니다. 고객이 마케팅 부서인 셈이다! 애플 내부에는 이와 마찬가지로 시스템을 개선시키고 소비자들 사이에 더 많은 소문과 관계에 기여하는 새로운 제품과 추가 기능 및 특성들을 개발하면서 마케팅의 일부가 되는 제품 개발자들이 있다. 그들의 노력은 삶에서 정말로 중요한 것, 즉 활동과 프로젝트와 과업 및 일상사를 영위하면서 생활하고 일하고 노는 것을 가능하게 만든다. 브랜드는 구매를 자극하는 마케팅 메시지들을 통해 속성들을 강조하는 것에 의해서만이 아니라 소비와 이용 환경 속에서 브랜드를 보여줌으로써도 구축되는 것이다.

어떤 면에서 보면 브랜드는 활동이 된다. 만약 코닥이, 오랫동안 성공적으로 운용하고 있는 '기억 관리하기' 광고에서 말하는 것처럼, 정말로 소비자의 기억을 관리하기를 원한다면, 사진을 찍어서 저장하는 것까지 사이클(사진 찍기, 편집하기, 인화 주문하기, 앨범 만들기, 사진 저장하기) 내의 주요 단계들을 위주로 브랜드를 활성화시킬 필요가 있다. 일상생활 속에서의 이런 활동들에 걸쳐서 소비자와 어떻게 관계를 맺을지의 측면에서 마케팅과 브랜드형성 및 커뮤니케이션 프로그램을 검토할 필요가 있으며, 코닥 제품과 서비스를 통해 소비와 이용 경험을 어떻게 창출할지 정의할 필요가 있다. 코닥 브랜드를 구축하는 데에 있어서, '기억 관리하기' 광고가 어떻게 지속적으로 통합 마케팅 커뮤니케이션 활동 속의 브랜드 접점들에 걸쳐서 전달되었는지 평가하는 것보다 이것이 훨씬 더 중요하다. 사실 코닥 브랜드를 형성하는 데에는 일관성과 커뮤니케이션의 중요성은 훨씬 덜하며, 디지털 세상에서 변화하는 기억 관리 사이클을 따라 소비자 경험을 변모시키는 것이 훨씬 더 중요하다. 궁극적으로는, 만약 코닥이 성공적이라면, 그것은 코닥이 브랜드를 전달했기 때문이 아니라, 그보다 더 중요한 것은 소비자가 코닥 기술과 제품과 서비스를 그들의 일상생활에 깊이 뿌리박도록 했기 때문일 것이다. 그들은 코닥을 일상 활동과 행동으로 완벽하게 동화시키고 흡수하여, 궁극적으로는 경쟁자들에 대한 우위, 즉 소비자 우위를 창출하게 될 것이다.

마지막 장에서는 어떻게 하면 기업들이 혁신과 성장 과정을 실시간으로 뿌리박히게 해서 고객 우위의 추구가 절대로 느슨해지지 않도록 할 수 있을지 살펴본다.

Chapter 09

혁신과 성장의 아젠다 내면화

기업이 일단 소비자 우위 추구의 기본요소들을 파악하고, 기업의 경영자가 그런 접근방법이 드러날 가능성을 보게 된 다음에 해야 하는 것은 이행이다.

기업이 새로 발견된 잠재력을 활용할 수 있도록 전략 청사진을 만드는 것이 눈앞에 닥친 목표이다. 하지만 실제로는 무슨 일이 일어나는가? 새로운 수요우선 성장 기반들을 구축하는 전율은 매력적이지만, 장기적으로 그와 똑같이 중요한 것은 시야를 가리는 연막이 확실히 다시 나타나지 않도록 만드는 것이다. 기업은 잘 자리잡은 제품이나 서비스가 창출하는 성공을 즐기면서, 그런 새로운 성공 때문에 소비자 우위를 달성할 수 있는 미래의 가능성을 보지 못하게 될 가능성이 농후하다.

필요한 것은 기업들이 DIG 모형을 조직에 뿌리박게 해서 최초의 발견들(그리고 그런 발견이 요구하는 행동 과정들)로부터 오랜 시간이 지난 후에도 그 접근방법이 남아있도록 할 방법이다.

이 장은 규율과 지도력 면에서 많은 존경을 받고 있으며, 지속적으로 연막을 걷어 내거나 연막이 생기지 않도록 하는 방법을 꾸준히 모색하는 문화를 형성한 기업으로 변모한 오래 된 기업 2개에 초점을 맞춘다. 연막에 눈이 가리지 않게 하는 것은 어려운 과제이다. 전략과 문화가 잘 맞아떨어지지 않으면 보통은 문화가 승리하는 법이다. 그 과정에서 조직들은 스스로의 기회를 찾아내고 획기적인 혁신과 성장을 집행하는 방법을 변화시켜 온 시스템과 과정 및 도구들을 만들어 왔다.

첫째 회사는 GE이다. 제5장에서 우리는 GE헬스케어가 어떻게 인스트루멘타리움과 애머샴을 인수하여 GE케어스테이션을 위한 중요한 성장 기반을 개발했는지에 관해 살펴보았다. 나는 GE그룹의 상상력 돌파구 정책에 대해 언급했지만 자세한 내용을 다루지는 않았다. 여기에서 그 중요한 정책에 관한 이야기를 더 해보겠다. CEO인 제프리 이멜트(Jeffrey R. Immelt)가 당시 CMO였던 엘리자베스 콤스톡(Elizabeth Comstock: 나중에는 GE NBC 유니버설 사업부 내의 더 큰 책임이 있는 자리로 옮겼다)과 함께 그렇지 않아도 크게 성공적이던 기업을 창의력과 상상력 및 혁신을 강조하고 고객중심의 혁신과 유기적인 높은 수준의 성장에 주안점을 두는 동시에 규율을 갖추고 결과를 지향하며 6시그마 효율이 자리 잡은 기업으로 변모시키려고 노력한 방법을 설명한다.

둘째 이야기는 도이체 텔레콤(Deutsche Telekom. DT)이다. DT는 유럽 1위의 전기통신 회사이며 여러 개의 브랜드와 사업으로 이뤄진 복잡한 포트폴리오를 갖춘 최대의 통신회사 중 하나이다. CMO인 옌스 구체(Jens Gutsche)가 2002년부터 2006년까지 CEO를 맡았던 카이 우베 리케(Kai Uwe Ricke)와 2006년 11월부터 CEO를 맡고 있는 르네 오버만(Renee Obermann)의 비호 하에 DT가 어떻게 서비스에 주안점을 둔 혁신과 성장 전략을 찾아내서 집행하는 데에 필수적인 분석적 틀과 기초를 형성한 일련의 수요중심 책임 조치들을 확립했는지 자세하게 알려준다.

GE와 DT의 이야기는 서로 많이 다르다. 하지만, 이 두 가지 이야기는 모두 기업들이 어떻게 수익성 높은 성장과 혁신을 향한 강력하고 새로운 수요우선 시각을 갖출 수 있는지 잘 보여준다.

상상력 돌파구

제프리 이멜트가 GE의 CEO 자리를 맡은 날은 2001년 9월 7일이었다. 1982년에 GE에 취직하여 22년 동안 GE의 플라스틱과 공구 및 의료 사업부들에서 세계적인 지도자 역할을 맡았던 이멜트는

CEO에 임명된 직후 MIT에서 GE에 대한 자신의 장기적인 비전을 설명하는 연설을 했다. 그 연설은 전설적인 발명가이자 기업가였던 토머스 에디슨(Thomas Alva Edison)이 창립한지 120년이 지난 후에도 GE가 많은 면에서 전과 다름없이 강하다는 사실을 분명하게 보여줬다. GE는 금융 언론가였던 찰스 다우(Charles Dow)가 1904년에 다우존스 인더스트리얼 애버리지(Dow Jones Industrial Average)로 발간한 12개의 산업 주식 목록에 올라 있었으며 오늘날에도 여전히 30개의 공개 기업으로 이뤄진 다우 애버리지(Dow Average)에 자리를 잡고 있는 단 하나의 기업이다. 하지만, 이멜트가 강조한 바에 따르면, 만약 GE가 과거와 똑같이 성공적인 미래를 보유하고자 한다면, GE는 토머스 에디슨이나 찰스 다우의 시절에는 기업들이 몰랐던 여러 개의 새로운 위협들에 생산적으로 대처할 필요가 있을 것이다. 이멜트는 그 연설에서 "허리케인 이사벨(Hurricane Isabelle: 2003년 9월에 미국 동부에 큰 피해를 입힌 태풍이다. 같은 해 같은 달에 우리나라 남부는 태풍 매미의 타격을 받았다 - 옮긴이)에 필적하는 다음 4개의 거대한 힘이 여러분의 미래를 형성할 것이다."라고 역설했다.

1. 더 커진 변동성과 지정학적 위험(9.11과 맥을 같이한다)의 존재로 정의되는 저성장의 세계가 대두될 것이며, 거의 모든 산업이 약 74%에 이르는 초과 생산 능력을 보유하게 될 가능성이

있다.

2. "우리 인생에서 가장 강력한 세계적인 경쟁자들"이 중국과 인도에서 대두될 것이며, 이 두 나라에서는 견고한 기술적 기반이 풍부한 인적·물적 자원과 결합하여 아시아 외부의 산업 강대국들과 현대에 들어 전례가 없던 수준의 국제 경쟁을 창출할 것이다.

3. 인터넷과 웹에 의해 '완전한 정보와 가격결정의 투명성'이 결합하여 생산 및 제조업체들을 고객에 비해 분명한 열세에 놓이게 만드는 환경이 형성되는 전 세계적인 통신 혁명이 대두될 것이다.

4. 월마트와 델을 포함해서 가치를 제어하는 경로들이 점점 더 공고해질 것이며, 그에 따라 소수의 기업이 "모두에게 적용되는 가격을 결정하는" 상황이 생길 것이다.

이멜트는 불가피하게 이렇게 강력한 세계적인 시장의 힘들이 수렴됨에 따라 GE 같은 기업들에게 엄청난 과제가 생겼다고 주장한다. 기업들은 '범용품으로 전락하는' 절박한 공포를 성공적으로 벗어나거나 오랫동안 지켜온 세계적인 주도 기업의 지위를 포기하거나 해야 할 것이다. 이런 침울한 운명을 극복하기 위해 이멜트가 제안한 유일한 해결책은, 즉 유일하게 믿을 수 있는 진정한 이익 우위의 원천은, "혁신을 통해 차별화할 수 있는 우리의 능력에 달려있다.” 이멜트의 주장에 의하면 GE에서 혁신을 통해 유기적인 성장을 촉진하는 것은 사치가 아니라 앞으로 다가 올 수십 년 동안 GE가 생존하기 위한 필요조건이다.

하지만 세상의 모든 CEO가 유기적인 성장과 혁신을 촉진하는 것에 관해 이야기를 하는 것은 아니다. GE 규모의 수십 억 달러짜리 다각화된 기업에서 그런 과정과 태도를 적극적으로 자리 잡게 하는 것은 분명 말로는 쉬워도 실행하기는 어려웠다. 이멜트는 GE의 유기 성장률(인수와 현금 변동 대신 기존 사업에서 나오는 매출 증가 실적) 목표를 과거 10년 동안의 평균 5%에서 8%로 올림으로써 혁신 작업이 이뤄지도록 하는 즉각적인 조치를 취했다. 그는 더 나아가 이런 공격적인 성장 목표를 달성하려면 기업의 제품 개발과 마케팅 기능이 이전 어느 때보다 훨씬 더 밀접하게 협력해야 할 필요가 있다고 강조했다.

“마케팅을 주도적 기능으로 만들겠다.”고 공약한 이멜트는 20개월의 작업 끝에 콤스톡(GE 본사의 커뮤니케이션 부서를 그 전 2년 동안 이끌어 왔었다)을 새로 되살린 GE 본사(GE Corporate)의 CMO에 임명하겠다고 발표했는데, 그 자리는 이멜트의 전임자였던 잭 웰치(Jack Welch) 휘하에서 거의 20년 동안 공석으로 남아 있었다. 2004년 가을에 〈이코노미스트〉의 주관으로 열린 회의에서 콤스톡은 마케팅과 제품 개발 및 고객 서비스를 조직의 관점에서 결합시켜야 하는 자신의 임무를 몇 차례 강조했다. 그녀는 이멜트의 말을 인용하면서 “마케팅의 요점은 기업을 성장시키는 것이다. 성장은 단지 수치를 만들어 내거나 기존의 수치를 능가하거나 원가를 절감하거나 하는, 우리가 GE에서 두드러지게 잘 해온 일들에 관한 것만이 아니라, 위험을 감수하고 훌륭한 획기적인 제품들을 줄기차게 개발하여 그것들을 제대로 파는 것에 관한 것이다. 회장님은 마케팅이 우리의 혈맥의 일부가 되기를, 또한 마케팅이 6시그마처럼 우리의 전반적인 문화적 과정에 있어서 핵심적인 부분이 되기를 원하신다.”

GE에서 혁신과 성장 과정을 DNA에 자리 잡게 만든 구체적인 노력들 중의 하나는 2003년 10월에 '상상력 돌파구'라는 확고한 정책을 시작한 것이었다. 이 과정을 시작할 때 GE의 모든 사업단위장들은 창의적인 아이디어를 5개씩 내라는 요청을 받았는데, 각각의 아이디어는 GE에 1억 달러의 새로운 유기적 수익을 창출할 수 있는 잠재력을 지니고 있는 믿을 만한 것이어야 했다. 이 의무는 몇 가지의 분명한 이유로 GE의 간부급들을 상당히 당황하게 만들었다. 콤스톡의 말에 따르면, “GE에서 마케팅에 대한 전통적인 시각은 제품 개발 인력이 혁신의 주역이라는 것이었다. 제품 개발 인력이 제품을 개발하면, 그 다음 마케팅 인력이 고객에게 그 제품이 필요하다고 설득할 방법을 찾아냈었다. 하지만 오늘날 GE에서는 고객이 자신들의 니즈를 말할 수 있게 되기 전에 우리가 미리 알아낼 필요가 있다. 우리 회사 마케팅 인력은 이런 새로운 수요를 충족시킬 제품을 개발하기 위해 기술 인력과 긴밀한 협조 속에 작업해야 한다.”

GE는 20년 동안 TTT(Time to Think의 두문자로 뉴욕에 있는 광고 대행사인 BBDO의 사장으로서 GE의 광고를 맡았던 전설적인 인물인 알렉스 오스본Alex Osborn의 지적 유산의 요체이다)라는 브레인스토밍 과정을 통해 새로운 아이디어들을 창출해 왔다. GE를 운영이 아닌 혁신을 위주로 재조직하고자 하는 이런 최근의 노력이 구체적으로 드러난 한 가지 사례는 상급 영업 및 마케팅 간부, 상급 기술책임자, 전략책임자 및 제품 개발 직원들 10여명으로 이뤄진 모임인 GE의 상업위원회(Commercial Council)의 책임을 늘린 것이다. 위원회 위원들은 매달 전화 회의를 하고 분기별로 모여서 성장 전략과 고객을 위한 가치 창출을 의논한다. 이멜트가 주창한 '고객 중시' 임무에 의하면 GE의 모든 새로운 정책은 “이 특정한 제품이나 서비스가 고객의 경쟁력을 어떻게 개선하는가?”라는 더 폭넓은 질문을 던지는 중요한 렌즈를 통해 엄밀하게 평가할 것을 규정하고 있었다.

새로운 성장 과정을 GE의 조직 구조에 깊게 자리 잡도록 하기 위해 다음으로 이멜트가 취한 단계는 상급 임원들의 급여를 이런 새로운 획기적인 아이디어들을 창출하는 능력과 결부시킨 것이었다. 콤스톡은 “모든 사람이 '이 회사에 적응하려면 영업 및 마케팅에 들어가야 하나?' 라는 의문을 가졌다.”고 회상하면서 그 질문에 대한 답은 분명히 '그렇다.' 였다고 말했다. “사람들은 '마케팅이라는 이 황당한 것이 뭐지?' '혁신이라는 것은 기술 문제 아닌가?' 하고 물었다." 하지만 이에 대한 그녀의 대답은 분명히 '아니다.' 였다.

콤스톡은 "우리가 회사에 구축하기를 제안했던 것은 근본적으로 색다른 모형이었다."고 말했다.

"우리는 여전히 어떻게 하면 고객을 우선해서 생각할 수 있는지를 배우는 과정에 있었다. '이 열정을 어떻게 고객에게 득이 되도록 개발할 수 있는가?' '어떻게 하면 고객에게 더 가까이 다가갈 수 있는가?' 우리 회사가 GE인 한, 우리는 부분적으로는 맹목적인 힘에 의해, 새로운 정책들을 도입하고 영업 직원들을 풀어서 고객에게 더 가까이 다가가도록 함으로써 그런 작업을 하려는 경향이 있었다. 우리는 고객과 동떨어진 일을 하는 대신 고객과 대면하는 일을 하는 것에 관한 이야기를 한다. 그것은 모두 제조업체와 고객 간의 틈을 메우는 것에 관한 것이다."

마케팅은 상업적 혁신(이 말은 진정한 혁신은 항상 새로운 기술을 찾아내는 것뿐만이 아니라 고객 가치를 창조하는 것에 관한 것이기도 하다는 사실을 강조할 의도로 쓰인 용어이다)에 책임이 있는 것으로 여겨졌다. "우리 회사 마케팅 팀은 미래의 목소리이자 GE 고객의 목소리여야 했다."

GE에서 이런 수요우선 성장 과정을 뿌리박게 한 관건은 '하나의 GE'라는 개념을 만든 것인데, 이것은 광범위한 기업의 여러 가지 요소들을 결합시켜 고객대면 기업으로 통일시킬 의도로 만든 개념이다. 기본적으로는 '하나의 GE'는 여러 가지 사업 단위를 대표하는 여러 GE가 접근하여 고객을 혼동시키지 않도록 하는 하나의 수단이 되었다. 예를 들면 헬스케어 고객에 접촉하려면, GE케어스테이션을 개발할 때 했던 것처럼, 기업의 여러 부분에서 뽑은 다기능 팀이 헬스케어 사업 고객과 통합되었다. 콤스톡은 "카타르 국왕은 5개의 GE가 아니라 하나의 GE와 사업을 하기를 원한다."고 말했다. 2005 에코매지네이션 정책은 수자원, 에너지, 철도·도로 교통, 고급 재료 및 금융의 5개 사업을 하나의 기반으로 취합하여 에너지절약과 환경 보존 방법으로 차별화되는 기반구조 프로젝트들에 관심이 있는 고객에게 접근한 중요한 사례이다.

GE의 경우에 고객과의 긴밀한 협력은 고객에게 일련의 새로운 장기적인 가치 제안을 제공하는 열쇠가 되었다. 그 과정은 크로튼빌(Crotonville)에 있는 GE의 간부 센터에서 행해지는 '꿈꾸기 수업(dreaming sessions)'으로 시작되는데, 그 곳에서는 GE 내의 여러 부서에서 온 간부들이 불확실한 미래에 관한 전략을 구상한다. 콤스톡은 "그것은 모든 노력을 내부가 아니라 외부에 지속적인 초점을 맞추기 위한 것이며, 10년 후 고객의 니즈에 대해 우리가 어디에 장기적인 베팅을 해야 할지 알아내기 위한 것이다."라고 말했다. 에코매지네이션은 GE 에너지 고객이 에너지 정책에 관해 미국에 연방 차원에서 제시되는 정책 지침이 없음에 대해 공개적으로 실망을 표한 후에 이뤄졌다. 콤스톡의 견해에 따르면, "고객만큼 자신들이 하는 일을 잘 아는 사람은 아무도 없다. 경청하는 것이 우리의 일에서 큰 부분이다."

고객우위 조직구조

전 세계 통신 산업에 규제 철폐의 물결이 휩쓸던 와중인 1990년, 독일 국영 독점 기업인 도이체 분데스포스트(Deutsche Bundespost: 독일 우정국)는 통신 부문인 DT의 민영화가 임박했음을 발표했는데, 그것은 유럽 역사상 최대의 사유 지분을 대중에게 매각한 사례로 기록되었다. 수십 년 동안 독일의 전화 사업은 훨씬 더 큰 우편 서비스에 인접한 공중 편의시설로서 규제를 받아 왔었다. 하지만 1989년에 철의 장막이 걷히면서, 전 세계의 자본주의 국가들에 걸쳐서 사회주의의 마지막 자취인 서유럽의 거대하고 육중한 '전국 최고' 기업들이 중도 탈락의 길을 걷게 되었다. 경매 시장에 오를 운명에 처한 잠재 가치가 가장 컸던 자산들 중에는 거의 모든 유럽 정부가 20세기 초에 만들었던 전화 독점 기업들과 준독점 기업들이 포함되었다. 바로 그 정부들이 이제는 그런 부문들을 되살리고 고객 서비스를 개선하며 민간 주주들의 부를 창출하고 미래 매출 흐름에서 현찰을 거둬들여서 불만이 가득한 많은 시민들의 장기적인 편익에 도움을 줄 수 있기를 바라면서 그런 골칫거리들을 처분하려고 안달이었다.

1995년 1월 1일, DT는 주식회사로 변모하였고, DT의 가장 중대한 과업의 하나는 많은 독일 시민들(독일인들은 위험을 혐오하는 사람들로 유명하다)에게 빈사상태에 빠진 예전 정부 독점기업들의 지분을 공개 시장에서 매입하는 것은 미래에 대한 훌륭한 투자임을 설득하는 것이었다. 허우적거리는 DT 자체가 많은 독일인들에게 사람들이 정부 독점기업에 관해 경멸했던 모든 것(빈약한 서비스, 높은 수수료, 공공에 대한 책임 부재)을 상징했기 때문에, DT는 스스로를 잘나가는 사기업의 사례로 만들어야 하는 힘겨운 과제에 직면하게 되었다. 하지만 DT 간부들은 역사상 처음으로 공모를 준비하면서 고객에게 직접 말을 붙여야만 했다. 이것이 DT의 심대한 조직 변화의 시작이었다.

1996년 가을, DT는 독일 매체들을 통해 엄청난 빌보드 광고와 인쇄물 및 TV 광고를 집행했는데, 그것은 모두 사람들이 1996년 11월 18일부터 프랑크푸르트 증권거래소에서 판매가 개시될 'T-지분'을 열심히 사도록 만들기 위한 것이었다. 유동지분들이 비스마르크처럼 침몰할지도 모른다는 두려움에, 거대 독일 은행들로 이뤄진 컨소시움의 지원을 받던 DT는 위험에 대한 헤지로서 소위 '안전한 T-지분'이라는 증권을 제시했다. 이 지분들에는 장래의 DT 주주들을 지분 매입에 따른 자본 손실로부터 보호해주겠다는 보증이 붙었다. 〈크리스천 사이언스 모니터〉는 이런 편의 조치를 기억하기 쉽도록 '연습용 바퀴가 달린 자본주의'라고 불렀다.[16]

투기 자금에 심한 충격을 줄 정도로 독일 대중들은 DT의 열성에 열광적으로 응답했고, 굶주린 듯 거의 120억 달러 어치에 가까운 7억 1,370만 T-지분을(그 전에 예상했던 것보다 1억 지분이 많았다) 소화

불량은 말할 것도 없고 소화할 시간도 없이 단 번에 게걸스럽게 삼켰다. 매각이 끝난 후에도 독일 정부는 이 주식회사 지분에서 엄청난 비율인 74%를 보유했는데, 그 이후 이어진 공모를 거쳐 독일 정부 지분은 현재 45% 전후로 줄어들었다.

DT가 시장에서 승리한 것은 중대한 의미가 있었다. DT는 지분 매각에서만 성공한 것이 아니라, 그 자체와 장밋빛 미래에 대한 비전을 독일 대중들에게 판매하는 데에도 성공한 것이다. 초기에 매입한 투자가들은 곧바로 그들의 지분이 20달러에서 25달러 사이에서 오르내리는 것을 보았다(뉴욕증권거래소에서 팔린 미국 예탁 증권으로 측정한 바에 따름). 1999년 1월, 공모 후 2년이 지난 후, DT 지분은 200%가 넘게 상승하여 거의 42달러가 되었다. 2000년 3월에 DT의 주가는 세계적인 전기통신 붐의 와중에 주당 95달러로 엄청나게 뛰었다(주로 휴대 전화의 증가와 인터넷에 대한 대중의 열광 덕이었다). 이런 급격한 인상 때문에 독일과 해외의 T-지분 보유자들은 시대의 '불합리한 충만감'에 휩쓸리게 되었으며, 인상된 지분 가치에 맹렬하게 현금화를 시작하여(그들이 운이 좋거나 현명하거나, 혹은 둘 다이거나 했다면) 해외 휴가를 가거나, 집을 더 사거나, 화려한 새 차를 사거나, 다른 사치와 탐닉에 쓸 자금을 확보했다. 지분을 유지한 냉정한 사람들은 나중에 사실 최악의 하락을 경험하게 되었지만 말이다.

2001년 8월 중순에는 DT가 비싼 돈을 들여 보이스스트림 와이어리스(VoiceStream Wireless: 곧 T-모바일로 브랜드를 바꿨다)를 구매하자 황망한 투자가들은 매우 실망했고, DT 지분 가치는 최초 공모 가격인 14유로를 겨우 넘는 수준으로 내려갔다. 2002년 7월 16일 민영화를 주재했던 CEO인 론 좀머(Ron Sommer)가 물러났다. 2002년 11월 15일 전임 T-모바일(DT의 포트폴리오에서 최고 속도로 성장하고 가장 고객이 많던 부문이었다) 사장이던 카이 우베 리케가 DT의 신임 CEO가 되었다.

낮은 주가와 장기 성장 문제를 인식하고 있었음에도 불구하고, DT는 유럽 최대의 통합 전기통신 기업이 되었다. DT는 전국적으로 무선 디지털 통화와 메시징 및 고속 무선 데이터 서비스를 미국 내 1,730만 명이 넘는 고객에게 제공하는 T-모바일의 모기업으로서 성공적으로 수지맞는 미국 무선 시장에 진입했다. T-모바일은 경쟁이 치열한 미국 시장에서 해외여행에 익숙한 사람들에게 엄청나게 인기가 있고 고객이 많은 GSM 통화를 저가에 제공하는 젊은 고객을 지향하는 세련된 서비스로 우뚝 섰다. 전 세계에 거의 25만 명의 직원이 있는 DT는, 오스트리아의 휴대 전화 회사인 맥스닷모빌(max.mobil)에 대한 지분을 100%로 늘린 것뿐만 아니라, 영국 휴대폰 회사인 원투원(One2One)과 프랑스 유선 전화 회사인 시리스(Siris)를 인수하여 유럽 대륙의 입지를 구축하고자 하는 확장 계획을 세우며 과감하게 앞서 나갔다. DT는 특히 2004년 700억 달러에 이르는 매출 중에서 1/3을 넘는 매출이 독일 외부에서 나오는 것을 자랑스럽게 생각한다.

2003년 초에 DT의 CEO인 카이 우베 리케는 DT가 생긴 이래 공석으로 있던 CMO 자리를 채울 고위 임원을 고용했다. 루프트한자(Lufthansa) 마케팅 부사장이었던 옌스 구체(Jens Gutsche)는 출판사인 베텔스만(Bertelsmann)과의 합작 법인인 AOL 독일 법인에서 잠시 고위 임원으로 근무하기도 했다. 독일에서 가장 명망 있고 고객을 중시하는 기업 두 곳(서비스 품질과 운영 탁월성의 모범인 루프트한자와 많은 매체 및 연예 기업과 브랜드 및 자산을 갖춘 분권화된 기업의 모범인 베텔스만)에서 고위 마케팅 임원으로서 많은 경험을 한 구체는 DT에서 소비자중심에 더 초점을 맞추는 문화적 변화를 이끄는 막중한 임무에 대해 폭넓은 세계적 비전으로 가득 찬 창의력과 운영 및 서비스 능력이 든든하게 균형을 이루도록 하겠다고 약속했다.

사업의 시각에서 보면, 여러 개의 DT 사업으로 이뤄진 전체 포트폴리오에 걸쳐서 고객과의 관계와 성장 기회를 심화시켜야 할 필요는 다분히 명확해 보였다. 10년이 넘도록 DT는 다양한 사업모형과 최대의 독립성을 갖춘 4개 사업 단위로 나뉘어 조직되어 있었다. 이 사업 단위들(T-모바일, T-온라인, T-시스템즈 및 T-콤) 각각은 이동통신, 온라인, 시스템 통합 및 유선 전화의 주요 기술들에 따라 구성되었다. 이 4개의 사업 단위는 공통의 강력한 시각적 정체성(친숙한 자홍색과 공통의 유산과 미래를 반영하는 T자)을 이용하여 브랜드가 형성되었다.

하지만 고객위주의 시각에서 보면, 기술별로 사업 단위를 분리한 것은 외견상 논리적으로 보였지만 고객에게 DT의 포괄적인 포트폴리오의 힘을 효과적으로 전달하지 못했다. 1996년의 DT의 성공적인 출발, 닥스(DAX: 독일 주가 지수)에서 DT가 높은 민간 지분을 형성한 것, 그리고 텔레콤 자매 기업들(DT 브랜드들을 때로 이렇게 부르기도 한다)의 중요하고 지속적인 매체와 광고 활동을 하는 것은 DT라는 기업의 이름과 강하게 연결된 DT 브랜드들에 대한 강한 인식과 친근감을 창출했다. 조사에 따르면 소비자는 스스로를 주로 T-모바일이나, T-온라인, T-시스템즈 또는 T-콤의 고객이라기보다는 '텔레콤'의 고객으로 본다. 기술별로 분리한 것은 전기통신 서비스가 몇 개의 계열사들에 의해 제공된다는 사실로 인해 더 흐려졌다. 예를 들면 빠른 인터넷 접속을 하려면 고객은 T-콤을 통해 접속하지만, 온라인 서비스는 T-온라인이 제공했다. 같은 서비스들의 일부를 서로 다른 텔레콤 자매 기업들이 제공했다. 듀얼폰 서비스와 3종서비스(TV와 인터넷 및 전화 결합 서비스) 및 많이 논의되던 전기통신의 통합을 실현시킨 새로운 서비스인 VoIP가 이런 서비스에 속했다(듀얼 폰은 가정용 유선 전화로 변환되는 이동 전화이고, VoIP는 네트워크 대신 인터넷을 통해 저가의 유선 전화 서비스를 가능하게 해준다).

소비자는 점점 더 모든 통신 솔루션이 단일 소스에 의해 제공되었으면 하는 필요를 느끼게 되었다. 일부 소비자는 편리한 곳에 위치한 소매 점포인 T-펑크트(T-Punkt)를 방문하거나 모든 통신 니즈를 처리하기 위해 콜센터에 전화를 거는 쪽을 선호했다. T-펑크트 점포에서는 DT가 제공하는 모든 통신 솔루션을 제공하며, 선불카드를 사거나, 전화 요금을 내거나, 더 좋은 요금제를 선택하거나, 전화와 관련된 다른 잡다한 일을 할 수 있는 편리한 서비스를 제공한다.

소비자의 변화하는 전기통신 요구사항들에 부응하기 위해 DT는 조직 구조를 다음의 전략 사업단위(strategic business units. SBU)로 조정했다.

- 소비자와 중소기업에 초점을 맞추고, T-콤/T-온라인 사업 및 브랜드 명으로 구성되는 광대역 유선망 분야. 이 단위는 또한 DT의 중추인 유선망 분야의 재판매 사업자들과의 도매 사업과 전체 기본 인프라를 다룬다.
- 이동 서비스 분야와 T-모바일로 이뤄진 무선 서비스.
- 기업체 고객들에 초점을 맞춘 단위로서, 다국적 대기업 고객들에 중점을 두는 T-시스템즈 엔터프라이즈 서비스(T-Systems Enterprise Services)와 독일 내의 16만 개의 대기업 및 중간 규모 기업들에 중점을 두는 T-시스템즈 비즈니스 서비스(T-Systems Business Services)로 나뉜다.

이렇게 조직의 배열을 소비자 세그먼트들에 맞추는 것도 중요했지만, DT에게는 급속하게 발전하는 유럽의 전기통신 조망에 적응해야 하는 많은 직면 과제가 남아 있었다. 소비자 수요는 점점 더 단편화되고 있었고, DT 같은 대형 전기통신 공급업체들은 유선 사업에서 심한 손실을 겪고 있었고, 이동 전화와 기업 분야에서도 사업이 부진했다. 역사적으로 보면, 소비자는 기존 업계 주도자의 고객 서비스를 부족하다고 평가했고 전반적인 서비스 품질에는 개선이 필요하다고 평가했다. '옛날 정부'라는 짐이 없는 새로운 공격적인 경쟁자들은 시장 자유화의 덕을 보았으며, 예를 들면 저가 소비자 세그먼트에 타겟을 맞춘 제품에 주안점을 두면서 틈새시장에 진입했다. 기업 수준에서는 IT 및 전기통신뿐만 아니라 이동 통신과 유선 전화까지 통합됨에 따라 경쟁이 치열해졌다. 소비자는, 특히 T-시스템즈 주요 고객들은 통합 솔루션(IP-VPN, 이동 솔루션 및 LAN)과 아웃소싱 거래도 요구했다.

구체가 일을 맡은 첫날인 2004년 1월 2일 금요일, 구서독의 수도였던 본의 아침 기온은 유난히 낮았다. 문이 잠긴 DT의 당당한 본부 건물 밖에서 몇 분 동안 떨던 구체는 공휴일 주말 동안 사무실에 있던 누군가를 찾을 수 있기를 기대하며 사무실 창문을 두드렸다. 마침내 1층 사무실 중 한 곳 안에서 야근을 한 외로운 직원의 주의를 끌 수 있었고, 무덤처럼 버려진 조용한 DT 건물로 들어가게 되었다. 심지어는 모든 직원이 하나둘씩 일터로 돌아온 그 다음 월요일 아침까지도, 시장 자본화 덕에 독일에서 가장 큰 기업이 되고 유럽에서 가장 큰 전화 회사가 된 DT의 마케팅 부서는 전혀 부서라고 부를 수 없을 정도였다. 이전의 경영진 휘하에서 제품 개발 및 혁신뿐만 아니라 마케팅 기능까지 모두 분권화되어 사업 단위들에 나가 있었던 것이다. 근무 첫날 책상에 앉아 있으면서, 구체는 스스로 앞으로 해야 할 일을 정의하기로 작심했다.

그가 보기에, 자신이 할 일은 DT를 둔하고 고정된 기존의 독점기업에서 소비자를 잘 이해하는 기업으로 변모시키는 것뿐이었다. 임기 동안 그가 몰두한 최우선 관심사들 중 하나는 2위 전기통신 기업인 보다폰(Vodafone)뿐만 아니라 O2 및 아커(Arcor) 같은 의욕에 찬 여러 개의 신규 기업들과 펼칠 국내외 시장에서의 격렬한 경쟁이었다. 구체가 스스로 정의한 과정은 '소비자와 DT의 다양한 서비스를 이용하는 고객의 관점에서 세상을 보는' 방법을 찾아내는 것이 되었다. 구체는 이런 시각에서 '소비자를 DT가 서비스를 전달하는 방법과 연결시키는' 전략을 수립할 방법을 모색했다.

구체의 목록에서 높은 순위를 차지한 우선적인 과업들 중의 하나는 어떻게 하면 다양한 DT 브랜드들이 보다 더 정확하게 구체적인 시장 기회들과 적합해질지를 결정하고 어떤 시장 기회들에서 DT 사업과 브랜드들의 효과를 최대화할 수 있을지 찾아내는 것이었다. 각 사업 단위가 각자의 상품에 중점을 두는 것은 당연한 일이었다. 심지어는 사업부들도(이동 통신 및 광대역 서비스, 기업체 시스템과 유선망 등) 그런 상품 지향을 권장했다. 각 계열사가 엄밀하게 자체의 핵심 사업군에서 매출을 기록하고 수익 향상을 달성했다. 구체는 "T-시스템즈와 T-모바일이 긴밀하게 협력하는 미국처럼 DT 서비스들이 통합된 소수의 국가들에만, 상품을 초월해서 생각할 수 있는 유인이 존재했다."고 회상했다.

구체는 자기가 할 일을 (1)광고, (2)후원, (3)브랜드 포트폴리오 관리 및 (4)고객 관계 관리의 4개 분야로 분명하게 나눴다. 앞으로 할 일을 성취하기 위해 갖추고 있는 과정과 시스템을 조사해 보니 몇 가지 중요한 결함이 드러났다. 비록 DT가 유럽 최대의 매체 구매 기업 중 하나이기는 했지만, DT 브랜드들에 걸쳐서 소비자 구매 고려나 선호도에 미치는 영향에 관해서 마케팅 지출을 평가할 합리적인 시스템이 없다는 것에 구체는 꽤 놀랐다. 대개 몇 개 이미지 조사업체나 광고 대행사들에 의한 광고 후 영향 평가를 통해 광고 효과를 측정하는 것을 기초로 하여 광고를 평가하고 있었다. 브랜드 자산을 측정하거나 브랜드를 알고 서비스를 구매 및 반복 구매하는 데에 미치는 영향을 측정하는 믿을 만한 시스템도 없었다. 여러 텔레콤 자매 브랜드들 간의 관계가 미치는 영향 및 그것들이 구매와 반복 구매 및 궁극적으로 전반적인 매출 성장에 기여하는 정도에 대한 이해도 거의 없거나 전무했다. 마찬가지로 고객의 평생 가치나, 고객 자산, 또는 어떤 세그먼트들이 T-브랜드들에 최고의 기회를 제공하는 지에 관한 이해도 거의 없거나 전무했다.

구체는 DT의 여러 계열사들에 걸쳐 만족도, 충성도, 고객 유지도 및 브랜드 이미지에 관해 조사한 풍부한 시장 조사 연구들을 접할 수 있었다. 자세히 살펴보니 그 조사들은 사업들에 걸친 대등함과 시간에 걸친 일관성이 결여되어 있다는 것이 드러났으며, 일부는 신뢰성과 합리성에 의심이 가는 것도 있었다. 가장 중요한 발견은 소비자와 수행한 단 하나의 조사도 전체 DT 기업과 T-브랜드들 간의 상호 의존성에 걸쳐서 총 수요측면의 기회를 탐구하는 문제에 적용해 볼 수 없다는 것이었다.

구체는 일을 시작한 지 몇 주 후에 독일, 영국 및 크로아티아의 전화 사업 가동 요인들을 소비자 또는 고객 시각에서 조사할 연구를 위탁했다. 이 연구에는 모든 기존 조사를 모으고 각 부서와 긴밀하게 협력하여 유럽에서 전화 서비스를 구매 및 재구매하게 만드는 요소들을 가려내는 작업이 뒤따랐다. 조사는 소비자가 일상생활에서 경험하는 전화 서비스의 문제와 난점들(일부는 서비스 제공업체들이 해결하고 일부는 서비스 제공업체들이 해결하지 못하는)의 목록을 작성하는 것부터 시작되었다. 소비자에게 일상생활의 경험을 기술하게 요청하는 1대1 심층 면접을 이용하여 몇 가지의 가정을 세웠다(이것은 전화 걸기 같은 특정한 일상적인 일을 하는 활동들을 가려내는 과정이다). 최초의 가정들을 해석하여 설문지에 반영했고, 그 설문지를 17,000명의 소비자와 전화 인터뷰를 하는 데에 이용했다. 이런 다양한 분석 결과는 사업성과의 요인들과 가동 요인들을 분명하게 설명하는 (각 계열사와 주요 고객 세그먼트에 대한) 일련의 기초 지도였다.

발견한 사실들 중 중요하고 가장 큰 환영을 받은 것은 DT의 여러 사업과 부서들에 걸쳐서 두드러진 유사점들이 있다는 사실이었다. 추가로 기초 지도는 각 사업의 사업 가동 요인을 소비자의 구매와 재구매의 측면에서 분명하게 정의해주었는데, 그것은 포괄적인 고객기반 브랜드 자산 측정 연구의 입력 자료가 되었다.

브랜드 자산 측정하기

DT의 브랜드 자산을 측정하는 것은 몇 가지 이유에서 복잡한 일이었다. 구체와 그의 전략 팀은 DT 브랜드의 지분뿐만이 아니라 T-모바일, T-온라인, T-시스템즈(B2B) 및 T-콤을 포함하는 전체 브랜드 포트폴리오에 대해 분명하게 이해할 필요가 있었다. 이 브랜드들은 강력한 시각적 정체성을 공유했다. 어떤 면에서는 서로 밀접하게 고정되어 있었고, 따라서 각 브랜드의 자산뿐만 아니라 브랜드들 간의 상호의존성까지 더 정확하게 측정하는 것이 중대한 일이 되었다. "T-모바일은 기업 브랜드인 도이체 텔레콤에 어떤 영향을 미치는가?", "반면에 도이체 텔레콤 브랜드는 이동 전화 브랜드인 T-모바일에 어떤 영향을 미치는가?"

구체는 브랜드 강도를 측정하는 표준적인 상용의 접근방법 대신 특히 각 사업의 매출 성장을 이끄는 브랜드의 측면이나 요소들을 연구하고 측정하며 분리하는 데에 관심을 가졌다. 구체의 핵심 질문들은 다음과 같다.

- 무엇이 전화 서비스의 구매와 재구매를 자극하는가? 다시 말해서 사업 가동 요인들은 무엇인가?
- 기존 브랜드 전략은 구매 및 재구매를 얼마나 잘 뒷받침하는가? 즉, 기존 포지셔닝이 사업 가동 요인들에 어떤 영향을 미치는가?

이것은 브랜드의 포지셔닝이 일련의 속성이나 연상으로 해석되고 일련의 경쟁 브랜드들에 걸쳐서 인식과 친밀도를 측정한 후에 그 속성들을 측정하는 표준적인 브랜드 자산 관리 측정 방법과는 분명히 다른 접근 방법이었다.

브랜드 자산과 관련한 소비자 조사에서 드러난 한 가지의 두드러진 사실과 통찰력은 소비자가 서비스 공급업체의 성과에 관해 일부 기본적인 사업 가동 요인들을 가장 중시하며 포지셔닝과 정서적인 편익을 전달하는 주장에는 훨씬 관심이 적다는 것이었다. 유럽 전화 시장에서 표준적인 관행인 따뜻함과 정서로 가득 찬 창의적인 광고들은 구매와 재구매 의도를 자극하는 데에 있어서는 콜센터에 전화를 걸거나 T-펑크트 소매 점포를 방문할 때의 경험 같은 서비스 품질 요소의 향상보다 훨씬 더 효과가 적은 것으로 인식되었다.

이 통찰력은 DT의 마케팅 활동을 변화시키는 중요한 것으로 여겨졌는데, 그 이유는 특히 젊은 타겟 소비자(소위 M-세대 또는 모바일 세대라고 불리는 소비자)가 멋진 전화 기술로 새로운 일들을 하려고 하고 그들의 자기 인식을 반영하는 서비스 공급업체를 선호한다는 일반적이고 잘못된 생각이 있었기 때문이었다.

그 다음 브랜드 자산에 대한 이 포괄적인 연구는 포지셔닝, 광고 효과, 그리고 가장 중요한 T-브랜드들 상호간의 상대적인 기여도 및 포트폴리오에서 기업 브랜드인 도이체 텔레콤이 하는 역할에 관한 논의를 구성하는 방법과 조치들을 개발하는 데에 쓰였다. 그렇게 개발한 것 중에 중요한 것은 향후 핵심 중역들의 연간 성과 상여 지급 계획의 일부가 될 것으로 기대된 핵심 성과 지시자(key performance indicators. KPI)와 목표치들이었다. KPI는 4개의 특정 사업 가동 요인들에 영향을 미치는 브랜드 자산의 주요 주제들에 걸쳐서 정해졌고, 목표치들은 4개 특정 사업 가동 요인들의 수준 변화가 구매 및 재구매에 미칠 것으로 예상되는 잠재적인 영향을 보여주는 다양한 민감성 분석을 마친 후 정해졌다.

고객중심 마케팅

그 다음 구체는 전체 마케팅 노력을 관리하는 문제를 고객중심 시각에서 살펴보았다. 그는 고객 자산, 즉 고객의 평생 가치라는 개념을 소개했는데, 그것은 브랜드 자산에 밀접하게 관련이 되어 있지만, 그가 보기에는 회사의 모든 다른 활동들의 궁극적인 목표가 되어야 하는 개념이었다. 구체는 "통합된 서비스 패키지를 제공하는 나라들의 경우 고객 행동에 관한 데이터의 순수한 양은 놀라울 정도이다. 우리는 고객이 어떤 제품을 구입하는지, 그들이 보유하는 용도는 무엇인지, 그들이 의존하는 서비스는 무엇인지, 그들이 취하는 가격대는 무엇인지 알고 있다. 우리는 고객의 세그먼트를 가치(시간의 흐름과 더불어 고객이 창출할 것으로 예상되는 매출이 얼마나 되는지)별로 나눌 수 있다. 우리에게 더 가치가 있는 고객은 분명히 거의 매출을 발생시키지 못하는 고객과는 다르게 취급해야 한다." 라고 말했다. 하지만 이 모든 데이터는 절대적으로 하나의 중요한 질문, 즉 "고객에게 정말로 중요한 것은 무엇인가?"에 관하여 분류하고 수집할 필요가 있다. 이 정보와 새로운 고객 통찰력을 어떻게 해석하여 도이체 텔레콤과 그 브랜드들이 고객 상호 작용을 관리하는 방법에 반영할 것인가? 그런 정보와 통찰력이 고객에게 제공하는 상품을 향상시키거나 최적화 하는 데에 어떻게 쓰일 수 있을까?

2005년 초에 DT는 독일 내 모든 사업 단위들에 걸쳐서 고객중심 수익에 도움이 되는 마케팅 정책을 시작했다. 그 정책의 핵심에는 보다 전통적인 세그먼트설정 기준 대신 행동적 데이터(고객 자산 가치)에 기반을 둔 고객들에 대한 세그먼트설정이 있었다. DT의 기업 마케팅 부서는 상급 마케팅 간부들, 회계 감사관들 및 IT 직원들로 이뤄진 다기능 팀을 구성하여 매주 금요일에 최대 연속 4시간에 달하는 제품 개발 회의를 열었다. DT 최초의 행동기반 세그먼트설정은 각 세그먼트를 특정한 범위의 제품 및 서비스들로 공략하기 위해 고안되었다.

이런 새로운 세그먼트설정으로부터 구체의 팀이 얻은 핵심 통찰력은 전기통신에서 품질을 달성하는 것은 경쟁자들에 상대적인 기술 우월성, 브랜드 인식, 또래집단 참조 또는 마케팅 조직에 정말 중요한 다른 요인들 같은 재래식 성공 조치들과는 거의 관련이 없다는 것이었다. 구체는 "품질은 실제로 무엇에 관한 것인가?"라며 강한 의문을 던졌다. "그것은 전략 사업 단위들이 고객을 다루는 방법에 관한 것이다." 물론 조직의 기준으로 말하자면, 교묘한 부분은 "기업 마케팅 기능은 그다지 많은 가치를 가져올 수 없다. 전략 사업 단위들 내부의 사람들만이 이런 우위를 제공할 수 있다."는 것이다. 기업 수준에서는, 전략 사업 단위들에 제공된 '고객 약속'이라는 꼬리표가 붙은 틀은 "고객은 고객 센터와 얼마나 많은 접촉을 해야 원하는 상품을 얻을 수 있는가?", "고객은 얼마나 많은 시간을 매장에서 기다리는가? 고객은 수리나 교환을 받기 위해 얼마나 많은 접촉을 해야 하는가?" 같은 완전한 고객 중심의 새로운 일련의 기준들로 완결되었다. 심지어는 광고 메시지들까지 이런 고객위주의 행동적 성향을 반영하기 위해 수정되었다. "새로운 전화기를 찾으신다면, 저희 매장으로 오십시오. 저희 매장에서는 서비스를 받는 데에 절대 5분 넘게 기다리실 필요가 없습니다." 이메일 답변에 관해서는 24시간 내에 효과적인 응답을 해준다고 보장했다.

브랜드 자산과 고객 자산 측정 KPI는 사업과 브랜드들 각각의 수요 조망을 배경으로 하는 사업성과를 측정하는 수단의 하나로서,

그리고 개별 사업들로 하여금 번창하게 하고 각각의 차이점과 포지
셔닝을 추구하게 하는 틀을 제공하는 수단의 하나로서, 제품에서
소비자 시각 또는 고객위주 시각으로 사업을 가동하는 데에 요구되
는 일련의 새로운 기준들을 DT에 제공했다. 기업들은 그렇게 귀중
한 정보 없이 여러 가지 결정을 내리는 경우가 많다.[17] 명백한 다음
단계는 단순히 현재의 브랜드들과 고객 자산들로 이뤄진 포트폴리
오를 수익성 있는 성장의 목표를 향하도록 관리하는 행동들을 결정
하는 것이 아니었고, DT의 모든 브랜드와 사업에 걸쳐서 DT의 우
위를 극대화해주고 고객의 니즈와 원츠를 충족시키고 해결해주는
새로운 방법을 전달해 줄 더 폭넓고 장기적인 성장 기회들, 즉 고객
위주 또는 수요우선 성장 기반들을 개발하는 것이었다.

DT에서의 구체의 목표는 GE의 목표와 눈에 띄게 유사한 "고객
과 마케팅을 기업의 선도적 규율로서 소개하는 것"이 되었다. 모든
기업에는 회계 감사관과 제조 담당자와 마케팅 직원들이 있다고 구
체는 지적했다. 하지만 마케팅 항목 밑에는 보통 영업과 기타 형태
의 고객 서비스가 놓인다. 생산을 맡는 사람들은 순수하게 운영 측
면에 치중한다. 회계 감사는 효율을 증진하고 이익을 극대화한다.
하지만 고객을 돌보고 고객에 귀를 기울이고, 가능하면 고객처럼
생각하는 것은 누가 할 일인가? 그 답은 분명하며, DT와 GE 모두
에게 있어서 상당한 조직의 변화를 가져온 기초가 되었다.

GE 직원들이 "마케팅이 혁신과 매출 증가에 무슨 관련이 있는

가?"라고 물으면 그 대답이 항상 '마케팅이 전부'인 것처럼, 구체
는 DT에서 "마케팅이 품질과 무슨 상관이 있는가?"라는 질문을 받
을 때마다 언제나 이렇게 대답한다.

"마케팅이 브랜드를 좌우하기 때문이다. 기업의 성공은 기술에 의해서
결정되지 않으며, 기업의 서비스에 의해 생성된 부가 가치에 관한 고객
의 인식에 의해 결정된다. DT에서 우리는 단지 제품들을 생산하는 것이
아니라, 고객이 원하는 제품들을 생산한다. 우리는 추상적인 개념으로서
의 성과를 파는 것이 아니라, 그것을 우리의 문화 속에 구체화시킨다. 우
리는 또한 우리의 구조를 새 시대에 맞춰서 형성하고 있다. 그런 구조
역시 더 이상 돌처럼 고정되어 있지는 않을 것이다. 앞으로는 구조가 시
장 요구사항에 맞춰 지속적으로 발전될 것이다. 미래를 지배할 기업 중
의 하나로서 우리는 우리 고객을 염두에 두고 생각하고 행동한다. 그리
고 우리는 오늘날 이런 사고방식을 모든 수준에서 적용하고 있다."

구체의 과업은 계속하여 이 멋진 말이 단순한 수사학이 아니라
행동을 위한 기초를 형성하도록 만드는 것이었다.

2006년 11월에 르네 오버만(Rene Obermann)이 DT의 CEO로 임
명되었다. 새로운 DT의 CEO가 직면한 많은 과제 중의 하나는 DT
를 시종일관 주도력 포지션을 갖춘 상태로 강화시키는 것이었다.
오버만의 새로운 전략은 서비스 품질을 대폭 개선시키고, 고객 반

응도를 향상시키며, 경쟁력을 향상시키고 고객에게 가치 제안을 하기 위한 '서비스를 위해 아껴두기(Save for Service)'라는 정책으로 이뤄졌다.

DT는 2007년에 접어들면서 마침내 오늘날의 현명한 텔레콤 고객이 요구하는 획기적인 고객 경험과 서비스 품질을 창출할 독특한 기회를 맞이했다. 그 기회는 눈에 빤히 보이는 곳에 있다. 새로운 '서비스를 위해 아껴두기' 전략은 분명하게 기업의 핵심 자산들, 즉 DT의 고객 관계들을 강화시킴으로써 고객 우위를 창출하는 것을 목표로 하고 있다. 이 전략은 구체의 브랜드 자산 작업, 고객 관계 과정 및 품질 정책들을 포함하는 새로운 수요 조망이 뒷받침하고 있다. 이 작업은 분석적인 틀과 승리할 방법(어떤 서비스 개선 정책들이 고객 확보와 유지의 측면에서 최대의 이익을 가져올지), 승리할 장소(어떤 세그먼트의 고객이 새로운 DT와 DT의 폭넓은 제품과 서비스로 이뤄진 포트폴리오 및 서비스 품질 약속을 가장 중시할지), 그리고 무엇이 승리할지(어떤 새로운 혁신, 제품, 서비스, 사업 모형, 마케팅 프로그램 및 수익 모형이 관계를 심화시키고 진정한 고객 우위를 창출할지) 결정하는 토대를 제공한다.

수요우선의 시각을 뿌리박기

위의 두 가지 사례 연구는 거대한 글로벌 다국적 기업 두 곳에서 수요우선 시각을 뿌리박게 하는 과제를 해결한 방법을 보여준다. 여기에는 몇 가지 중요한 배울만한 점이 있다. 첫째는 기업이 그런 노력을 이끌 '뛰어난' 기능을 보유하는 것이 중요하다는 점이다. 두 경우 모두 마케팅이, 특히 CEO와 CMO의 상호 작용이 조직에 중요한 추진력을 생기게 했다. GE에서는 핵심적인 구조적 변화가 마케팅 기능을 훨씬 능가하기까지 한다. GE에서는 상업위원회를 만들고 경계를 가로지르는 시장 주도자 포지션이 큰 기여를 했다. 두 회사 모두에서 성공은 혁신과 성장 과정을 맡은 사람이나 집단으로 하여금 마케팅 같은 단일 기능으로 이뤄진 통상적인 경계를 훨씬 초월해 나아갈 것을 요구했다.

둘째 교훈은 그런 과정을 뿌리박게 하는 데에는 단순한 비법이 없는 것 같다는 점이다. 이것은 중요한 점이다. 확실한 비책은 없다. 그리고 그 결과 이 책에 나온 어떤 회사가 썼던 전략을 단순히 잘라 붙이려고 시도하면 효과가 없을 것이다. 수요우선 시각을 달성하기 위한 과정의 출발점은 조직이 어디에 있는지에 따라서 달라지는 것 같다. DT는 분명히 GE와는 매우 다른 시각을 지니고 있다. 우리가 살펴본 것처럼 GE는 조직을 합리화하기 위해 이미 여러 가지 전략적 활동을 연이어 시행한 매우 효율적인 기업이다. DT는 이전의 제도적 특징과 조직 구조에서 두각을 드러낸 훨씬 더 젊은 기업이다. DT의 구체는 수요우선 고객위주 개발이라는 기차가 올바른 방향으로 움직이게 하기 전에 우선 궤도를 건설할 필요가 있었다. GE의 상황은 달랐고 다른 접근방법을 필요로 했다.

하지만 이렇게 말은 했지만, 이 두 가지 사례와 이 책에 나오는 다른 사례들은 다음과 같은 몇 가지의 '마무리 지침'을 제시한다.

1. 핵심적인 수요적합 자산들을 분명하게 식별해서 이용하기

GE의 성공 중 많은 부분은 GE의 전설적인 규율과 생산성 및 공정 지향 덕으로 돌릴 수 있다. GE는 근무 현장과 크로튼빌 간부 센터에서 이런 부문에서 성과를 내고 사업을 효과적으로 관리할 수 있는 관리자를 개발하는 능력이 뛰어난 것으로 잘 알려져 있다. 이멜트와 콤스톡이 해결해야 하는 더 큰 과제는 GE의 이런 자산을 어떻게 활용하여 고객을 향하도록 하느냐의 문제가 되었다. 이런 자산으로부터 고객을 위한 가치를 창출하는 것은 그 자산의 가치를 살리는 새로운 능력을 요구했다. 이 새로운 능력이 혁신 과정, 즉 정교한 마케팅 기능과 창의력 및 미래에 대한 상상력을 결합시킨 상상력 돌파구가 되었다.

이와 유사하게 구체가 DT에 합류했을 때, 그는 기존의 전기통신 공급업체의 주요 자산들 중 하나가 8천만 명에 이르는 고객 관계와 이들 고객이 DT 또는 DT의 사업 단위들과 맺고 있는 다양한 브랜드 관계라는 것에 주목했다. 이런 다양한 관계는 새로운 기술과 전기통신 서비스 및 고품질의 서비스를 고객에게 전달해 온 오랜 역사를 전제로 한 것이었다. 고객 관계의 힘은 DT가 제공하는 서비스의 품질과 더불어 커지기도 하고 작아지기도 한다. 구체의 힘겨운 과업은 규율과 과정들의 효율을 높이고 그것들을 새로운 방식으로 이런 핵심 자산들을 향하도록 하는 것이 아니라, 우선적으로 이런 자산들을 중심으로 하는 규율과 과정들을 창출하는 것이었다. 구체와 DT에게 있어서 이 일은 기업 전반에 걸쳐서 브랜드 자산에 대한 이해를 제고하고 고객 관계 관리 과정을 확립하는 것을 요구했다. 어떤 면에서 구체는 먼저 열차가 전진할 수 있는 궤도를 놓을 필요가 있었던 셈이다. 그런 다음에야 서비스 품질이라는 자산을 형성하고 유지하고 육성해주는 중요한 사업 가동 요인에 초점을 맞출 수 있을 터였다.

구체와 콤스톡은 둘 다 관습적인 영역을 확장하고 통상적으로는 마케팅과 연결되지 않는 기능과 과정들에 대한 깊은 이해를 함양할 필요가 있었다. 기능적 구조는 다음 이야기에서 보게 되겠지만, DIG 모형에 치명적이다. 마케팅 교수인 필립 코틀러(Philip Kotler)가 한 대형 항공사의 마케팅 부사장과 대화를 나눈 적이 있었다. 코틀러 교수는 그에게 하는 일이 무엇이냐고 물었다. 가격결정을 관리하느냐는 질문에, 그 마케팅 부사장은 "아닙니다. 그것은 성과 관리 부서에서 합니다."라고 대답했다. 취항하는 장소와 횟수 또는 제공하는 서비스 등급을 관리하느냐는 질문에는, "아닙니다. 그것은 운영 부서에서 합니다."라고 대답했다. "그러면 당신은 정확히 무엇을 관리하나요?"라고 묻자, 그는 저는 "광고와 단골고객 프로그램을 운영합니다."라고 대답했다. 이 항공사의 불운한 부사장과 꽤 유사하게, 구체와 콤스톡도 그들이 효율을 높이기 위해 필요로 하는 배경의 많은 부분을 통제하지 못했다. 자원과 손익 책임은 전략 사업 단위들, 즉 계열사들에 있었다. 이 마케터들은 둘 다 수 십 명의 관리자들로 이뤄진 참모들을 이용하여 영향력을 통해 지휘를 했다. 하지만 영향을 받아야 할 마케터와 시장 주도자들로 이뤄진 더 큰 조직들은 계역사들 또는 전략 사업 단위들 내에 있었다. GE의 경우 콤스톡이 함께 일해야 할 전문가들이 5천명이 넘었다.

2. 핵심 자산들을 관리하기 위해 전개되는 특유 능력을 비평적으로 평가하고 개발하기

GE의 경우, 문제는 회사가 혁신을 잘 하느냐의 여부가 아니었다 (사실 GE는 혁신 분야에서는 세계적인 수준이다). 하지만 GE는 기술 외적 혁신보다는 기술적 혁신(technical innovation)만을 선호하는 오랜 역사를 즐기거나 겪어 온 다른 많은 기술기반 대기업들(유럽에서 몇 개만 예를 들자면, 3M이나 보잉이나 지멘스 같은 기업들)과 유사하다. 이멜트와 콤스톡은 상업적 혁신(commercial innovation)을 유기적 성장의 구동 요인이 될 가능성이 가장 높은 혁신으로 정의했다. GE가 수요우선 시각에 이끌린 상업적 혁신 능력을 확립한 방법은 다음과 같은 몇 가지의 중요한 과거와 현재의 정책을 통해 나타낼 수 있다.

- 상상력 돌파구 프로젝트들을 만든 것 : 현재 80개나 되는 GE 방식의 요체라고 할 만한 것으로서, 모든 사업단위장들이 참여해야 하며, 선택의 여지가 없다. 각 프로젝트가 5천만 달러에서 1억 달러까지의 점증 매출을 달성하여 GE의 유기적 성장 목표 250억 달러에 기여할 것으로 기대되고 있다. 이 프로그램의 목적은 마케팅이 무엇을 할 수 있는지 보여주고 GE의 모든 사업 단위와 기능 부서들에 걸쳐서 혁신의 씨앗을 뿌리는 것이다.

- 꿈꾸기 수업을 만든 것 : 이 하루 남짓한 핵심 고객 그룹과의 수업은 건강 용품, 에너지 및 철도 같은 부분의 관심 논제들과 5 내지 10년의 미래에 주안점을 둔다. 이 수업에서 GE의 CEO와 고객 기업들의 CEO 및 상급 임원들 몇 명은 여러 가지 과제들과 산업의 경계를 변화시키는 새로운 추세들에 대한 폭 넓은 해결책에 관해 생각하고 GE와 GE 고객의 이해관계를 합치시킬 중요한 새로운 기회들의 틀을 형성한다.

- 간부 교육 시설이 있는 크로튼빌에서 3.5주의 창의력 과정을 이끄는 것 : 이 프로그램이 시작된 이후 매년, GE 계열사들의 최상급 마케터 60명이 '창의력 모험' 과정을 겪어 왔는데, 그 목적은 규율과 과정 및 생산성으로 유명한 기업 문화와 상상력과 창의력 및 혁신 간의 균형을 모색하고 계열사들에 걸친 구체적인 혁신을 추진하는 것이다.

또 하나의 중요한 지도력 과제는 어떻게 특유한 능력이 기업의 자산들을 강화시키는 것과 연결되는지, 그리고 이 능력이 고객을 대면하는 과정에 어떻게 영향을 미치고 그에 따라 수익이 나는 매출 성장을 가져오는지 분명하게 전달하는 것이다. 여러 가지 능력만으로는 가치를 창출하지 못한다. 제반 능력이 고객을 대면하는 기업의 중요 과정들에 영향을 줘야하는 것이다.

DT의 경우 구체의 임무는 기업의 성장 과정을 촉진하는 데에 있어서 브랜드와 고객 자산 관리의 역할을 명확히 하는 것이었다. 브랜드 자산과 고객 자산 정책들은 가치 창출이 어떤 부분에 있는지 나타내 줬으며, 이런 자산들을 개발하는 것이 각 전략 사업 단위의 주요 사업 가동 요인들에 영향을 줄 것이었다. 단순하게 브랜드 강도를 측정하는 것에 의존하는 대신, 구체는 브랜드 관리 노력을 고객 행동에서 차별적인 반응을 창출하는 브랜드의 양상들에 집중시켰다. 이런 방법으로 그는 브랜드 자산의 변화와 브랜드형성 노력 또는 주요 고객 접점에 걸친 서비스 품질 향상에 대한 투자의 변화가 어떻게 고객 확보 개선, 고객 유지도 증가 또는 고객 동요의 감소를 통해 매출에 직접적인 영향을 주는지 보여줄 수 있었다. 고객 자산 노력은 더 나아가 세그먼트 수준에서의 서비스 품질과 다른 고객 요구사항들의 영향을 명확하게 보여줬다.

3. 모든 수요대면 과정의 통합을 유발하는 중요한 전략적 정책
   들을 선택하기

《24/7 이노베이션》의 저자인 스티븐 샤피로(Stephen M. Shapiro)
는 "사람들이 뭐라고 하든, 조직의 관점에서 말하면, 많은 기업이
여전히 고객이나 시장이 아니라 제품에 초점을 맞추고 있다."고 주
장한다. GE에서는 그렇지 않다. GE의 상상력 돌파구 정책은 센커
(CENCOR)이라고 불리는 과정을 통해 조직 전체에 걸쳐 상업적 혁
신을 향한 변화를 추구한다. 센커는 조율(calibrate), 탐구(explore),
창조(create), 조직(organize) 및 실현(realize)의 두문자이다. 이 단어
들 뒤에는 관리자들로 하여금 그들이 하는 모든 일에 혁신을 실현
하도록 돕는, 사업을 정의하는 방법이나 시장접근 계획을 짜는 방
법부터 고객과 관련한 성과를 평가하는 방법(예를 들면 잘 알려진 GE
의 고객의 목소리 과정)에 이르기까지 일련의 도구와 개념들이 숨어
있다.

특유 능력은 제품 개발부터 고객 관계 관리 또는 시장접근 과정까
지 기업의 수요대면 과정에 영향을 주어야만 한다. 센커는 혁신 과
정을 상용화 과정과 통합시킨다. 서비스지향 기업들에서는 이 과정
에 보통 직원 관리도 포함된다. DT의 경우에는 브랜드 자산과 고객
관계 과정이 전방의 콜센터 직원부터 경영진까지 직원 전체에 대한
서비스 품질 기준과 행동을 규정하는 품질 정책으로 통합된다.

4. 문화 형성하기

DIG 모형은 문화(어떤 조직에서 일이 행해지는 방식)의 일부가 되면 가치를 창출한다. DIG 모형을 문화의 일부로 만드는 것은 관리자들에게 일련의 연속적 단계나 도구 상자를 주는 것보다 훨씬 큰 영향을 준다. 거기에는 외부에서 인력을 고용하는 것을 필요로 하는 경우가 많다. 예를 들면, GE는 단지 2년 안에 2천 명이 넘는 마케터들을 불러들였고, 5천 명의 신규 영업 인력을 고용했다. GE는 매달 전화 회의를 하고 분기마다 실제로 모이는 상업위원회를 만들었다. GE는 고객위주의 수요우선 시각에서 GE를 바라보는 시장 주도자(market leader)라는 새로운 직책을 만들었다. GE헬스케어의 닐 샌디(Neal Sandy)는 중요 제품군을 보유하고 있지는 않지만 수평적인 책임을 지고 있으며 GE 전체의 폭넓은 능력들을 모아 GE 케어스테이션 마취제 주입 시스템 고객을 위해 효과를 발휘하게 만든다.

삼성이 소니보다 우월한 것은 문화 탓이라는 사람들이 많다. 삼성은 보다 계층적으로 운영되며 마케팅과 디자인 및 R&D가 함께 작업하게 만든다. 외부에서 들어오는 새로운 아이디어(베를린, 뭄바이 또는 싱가포르 등지의 고객 취향의 변화)는 여전히 단편주의가 팽배한 소니에 비해 서울에 있는 엔지니어들에게 매우 빨리 전해진다. R&D와 디자인 및 마케팅이 분리되어 있는 것을 많은 산업에서 볼 수 있다. 예를 들면 자동차 회사들은 이런 식으로 기능적으로 조직되어 있는 것으로 유명한데, 요즘에는 변화의 조짐을 보이고 있다. 포드자동차는 최근에 링컨(Lincoln) 계열사 조직을 마케터들에게 폭은 좁히고 깊이는 늘리는 방향으로 개편했다. 여러 개의 브랜드를 책임지는 대신, 마케터들은 이제부터 단지 한 개 브랜드만 책임지지만 신제품 개발에는 더 깊게 더 일찍 관여한다.

문화형성 과정을 DIG 과정을 책임지는 조직 내의 직책을 확립하는 것과 혼동해서는 안 된다. 전문가들이 중요하기는 하지만, 일상 작업의 요체가 되는 개념과 도구 및 과정들도 똑같이 중요하다. 페더럴익스프레스(Federal Express. 페덱스)와 UPS가 무결점 이행 물류 능력을 개발한 것은 품질을 책임지는 단일 전문가가 존재해서가 아니라 품질이 기업 문화의 전부가 되었기 때문이다. 능력이 문화가 되었다는 말이다.

타임스광장의 소란함

이 책에서 주창하는 고객위주 시각 접근방법과 고객 우위에 대한 중점 및 혁신과 성장을 달성하기 위한 DIG 모형이 지속적인 힘을 지니고 있는가? 그 대답이 '그렇다', 그리고 '더욱 더 중요해지고 있다'는 것을 알려면 맨해튼의 타임스광장(Times Square)을 생각해보면 된다.

세계 전역에서 뉴욕을 찾아오는 관광객들은 수십 년 동안 타임스광장을 일정에 포함시켜 왔다. 기발한 광고로 가득 찬 만화경 같은 네온사인에 놀라고, 외견상 수없이 많은 쇼핑, 식사, 영화, 연극 및 관광 용품의 폭격을 받으면서, 이들 방문객은 네온으로 덮인 하늘을 쳐다보면서, 빵빵거리는 택시와 자동차들 속을, 친구나 가족과 거의 대화도 나누지 못하면서, 주위를 에워싼 소란함에 정신을 빼앗기면서 걸어 다닌다. 유난히 활발한 타임스광장은 지구상 다른 어느 곳과도 다른 농축된 상업적 에너지를 발산한다.

하지만 오늘날은 우리들 거의 대부분이 타임스광장이나 그와 꽤 비슷한 장소에 살고 있다. 도쿄의 신주쿠(新宿), 런던의 본드가(Bond Street), 파리의 샹젤리제(Champs-Elysees), 상해의 난징로(Nanjing Road) 등의 번화가들은 방문객과 거주자들 모두에게 유사한 강력한 주파수를 발산하는 것이다. 그리고 비록 당신이 타임스광장 같은 세계에서 가장 번화한 거리 주변에 살고 있지 않더라도, 항상은 아니더라도 수시로 그와 비견할 만한 복잡성과 강렬함을 지닌 새로운 제품과 마케팅 메시지 및 광고의 포화에 노출될 것이다.

그 공격이 너무 강렬하고, 그 소음이 너무 크며, 그 기발함이 너무 현란하여, 타임스광장으로 알려진 한 때는 경외를 불러일으키던 상업의 메카도 그 독특한 영예를 많이 잃었다.

가장 가까운 대도시가 수천 마일이나 떨어진 마을에 사는 세계 시민들조차도 쇼핑몰을 찾을 때마다, 컴퓨터나 TV를 켤 때마다, 또는 잡지나 편지함을 열 때마다, 수많은 경쟁 브랜드, 제품, 상점, 서비스, 제안 및 판촉의 공습을 받는다. 광고의 영역에서, 미국인은 평균 단 하루라는 기간에 600개가 넘는 광고 메시지에 노출된다. 어떤 집계에 따르면 슈퍼마켓마다 평균 4만 재고보유단위(stock-keeping unit. SKU)가 넘는 상품이 있다. 하지만 평균적인 미국 가정은 필요한 상품의 80 내지 85퍼센트를 겨우 150 SKU에서 충당한다. 어떤 측면에서 보아도 미국 가정들이 특출할 것은 없다.

　수학적으로 말해서 세계의 상업 산출은 어떤 때보다도 무한에 다가가고 있다. 그러나 무한함이 손짓을 하고 있지만, 잠재 고객의 한정된 흡수 능력은 더 소중하고 현명하게 선별되고 있다. 매 분기, 매 년 기록적인 수의 신제품 출시가 발표된다. 대부분은 실패하고, 이런 신제품을 권유하는 마케터들의 노력도 도움이 되지 않는다. 얀켈로비치 파트너스가 행한 어떤 조사에 의하면 광고에 대한 소비자 저항이 전례 없이 높은 수준이라고 한다. 미국인 65%가 광고에 '항상 시달린다.'고 느낀다. 59%는 광고들이 소비에 전혀 영향을 주지 않는다고 주장한다. 마찬가지로 미국 대중 중 거의 70%가 마케팅 메시지들을 차단하는 데에 도움을 주는 상품이나 서비스에 관심을 표시했다.

　사업체들을 더욱 어렵게 만드는 것은 소비자들 중 상당수가 관심이 없다는 사실이다. 그들은 매체를 이용할 때 멀티태스킹을 하고, 매체를 소비할 때 티보(TiVo: 미국의 디지털 비디오 기록기 브랜드 – 옮긴이)나 광고 건너뛰기 같은 기술을 이용하여 타임시프팅(time-shifting: 시간 변경. TV 프로그램을 녹화했다가 나중에 보는 기능 – 옮긴이)을 하거나, 케이블이나 TV를 전혀 시청하지 않는 쪽을 택함으로써 마케팅 메시지를 완전히 차단하기도 한다.[18]

　이 세상에서, 개인적인 마음의 평화를 바라는 욕구는 점점 더 긴박해지고 있다. 사람들은 더 이상 하나의 니드나 원트를 충족시키고 싶어하지 않는다. 말하자면 그들은 토요일을 되찾고 싶어하는 것이다. 이제 지난 50년간의 기본적인 사업의 전제는 변화하고 있다. 어떤 니드를 찾아내서 충족시킨다는 관념, 또는 그런 니드를 만들면 사람들이 찾는다는 관념은 소비자의 새로운 행동과 욕구 및 동기에 예민한 새로운 관념으로 대체되고 있다.

이 책의 전제는 소비자의 세상을 기업 위주의 시각으로 쳐다봐서는 사업체들이 직면한 이런 새로운 현실을 이해할 수 없다는 것이다. 우리는 사람들과 그들의 일상 경험들을 우리 제품과 서비스나 솔루션을 품에 담지 않은 채 이해해야 한다. 소비자의 세상 속에 우리 스스로를 편견 없이 몰입시켜야 한다는 말이다.

우리는 또한 고객이 우리에게 말해주는 것에 의존하지 말아야 한다. 소비자는 스스로 경험하지 못한 것에 관해서는 알 수 없기 때문이다. 빤히 보이는 곳에 숨겨진 기회들을 찾기를 원한다면, 그 전에 우리는 먼저 인식의 창문을 닦아야 한다. 우리는 소비자가 원하는 것을 보는 시각을 키워야 한다. 소비자 수요 생태계의 깊숙한 곳들을 탐색해야 한다. 그리고 우리는 진화하는 소비자 수요 생태계의 일부를 점유할 수 있는 전략과 행동들을 수립해야 한다. 그러려면 더 많은 혁신이나 더 많은 신제품 또는 서비스가 아니라 수요우선 성장 기반들을 활성화시켜야 하며, 고객이 혁신을 흡수하여 그들의 일상생활이나 작업 경험에 동화시키도록 도울 필요가 있다. 궁극적으로 그것이 고객 우위 추구의 의미인 것이다.

제1장

1) 사람들은 고객(customer)과 소비자(consumer)를 구분한다. 그 이유는 일부 기업들은 고객들을 제품을 곧 구매할 사람들(예를 들면 소비재 사업 분야의 소매업체들 또는 산업 시장 내의 다른 협력 사업체들)로 보고, 소비자들을 최종 사용자들로 보기 때문이다. 하지만 앞으로는 이 두 용어를 꽤 많이 혼용해서 쓸 생각이다. 내 작업이 구별되는 중요한 점은 우선적으로 사람들의 행동, 즉 고객들 또는 소비자들의 개별적인 차이 또는 인구통계학이나 라이프스타일 같은 차원에서의 특징이나 차이점보다는 (또는 그에 앞서기 보다는) 소비자 환경에서의 소비 또는 이용 행동 또는 산업 내지 B2B 환경에서의 작업 과정에 대한 편견 없는 연구이기 때문이다.

2) 마이클 포터(Michael E. Porter), 〈전략이란 무엇인가 What is Strategy〉 Harvard Business Review, 1996년 11-12월호, 64. 밀린드 렐리(Milind M. Lele) 《독점기업이 지배한다: 어떤 사업에서도 세상에서 가장 돈이 되는 시장을 발견하고 공략하며 통제하는 방법 Monopoly Rules: How to Find, Capture, and Control the World's Most Lucrative Markets in Any Business》(New York: Crown Business, 2005) 같은 일부 저술가들은 경쟁 우위가 어떤 시장 내에서의 이익을 개선하는 데에는 도움을 주지만, 처음에 이익을 창출하고 새로운 성장 시장들을 찾는 데에는 도움이 되지 않는다고 믿는다.

제2장

3) 소비자 수요 생태계 이해에 대한 이 개념은 소비 행동 조사 분야의 강한 학술적 · 실험적 기반을 보유하고 있다. 신시아 허프만(Cynthia Huffman)와 라트네쉬바르(S. Ratneshwar) 및 데이비드 글렌 미크(David Glen Mick)는 그들이 편찬한 《소비의 이유: 소비자 동기와 목표 및 욕구에 대한 현대의 시각 The Why of Consumption: Contemporary Perspectives on Consumer Motives, Goals and Desires》(London: Routledge, 2000)에 실린 〈소비자 목표 구조 및 목표 결정 과정: 통합적 틀 Consumer Goal Structures and Goal-Determination Processes: An Integrative Framework〉이라는 글에서 이에 관해 자세하게 다뤘다. 이 책에서 저자들은 소비자들의 목표 구조와 목표 결정 과정들에 주안점을 두고 소비자들이 일상생활에서 어떻게 목표를 세우는지 더 깊게 탐구하는 자세한 토대를 제시한다. 소비자 행동을 촉진하는 사회상황적 배경의 역할은 러셀 벨크(Russell Belk)의 해박한 저서에서 찾을 수 있다. 최근 저술에서 러셀 벨크는 소비자 니즈를 충족시키는 데에 대한 단순한 논의에 우선하는 열정적

인 소비에 초점을 맞춘다. 이 이론적이고 실증적인 조사는 지난 20년간 내 작업에 풍성한 원천이 되어 왔다. 예를 들어, 러셀 벨크(Russell W. Belk), 퀄리즈 게르(Guliz Ger), 쇠렌 아스케가르트(Soren Askegaard)의 〈욕구의 불길: 소비자 열정에 관한 복수현장 조사*The Fire of Desire: A Multisited Inquiry into Consumer Passion*〉 Jounal of Consumer Research 30 (2003년 12월): 327 참조. 또 다른 소스는 브랜드 의미를 창출하는 문화적 과정을 연구한 더글라스 홀트(Douglas B. Holt)이다. 더글라스 홀트의 《브랜드들이 우상이 되는 방법: 문화적 브랜드형성의 원칙*How Brands Become Icons: The Principles of Cultural Branding*》 (Boston: Harvard Business School Press, 2004) 참조. 1980년대 초에 나는 열정적인 소비 과정과 소비자들의 행동에서 배경이 변화를 야기하는 방법을 연구했다. 존 라스토비카(John Lastovicka)와 나는 1980년대 초라는 이른 시기에 소비자들의 일상적인 사회문화적 배경에서 행동적 소비 모형을 연구했었다. 에릭 요컴스탈러와 존 라스토비카의 〈최적 자극 수준, 실험적 행동 모형*Optimal Stimulation Level, Exploratory Behavior Models*〉, Journal of Consumer Research 11 (1984): 830-835 참조.

4) 나는 사회학자 섀론 주킨(Sharon Zukin)의 저술을 참조하여 수요 조망이라는 용어를 쓴다. 주킨은 소비의 조망(landscape of consumption)이라는 용어를 쓴다. 섀론 주킨의 《힘의 조망: 디트로이트에서 디즈니월드까지*Landscape of Power: From Detroit to Disney World*》 (Berkeley: University of California Press, 1991) 참조. 수요라는 용어는 분명히 소비로부터 기업에 생기는 기회를 말한다.

5) 실은, 조사에 따르면, 고객들은 질문을 받았을 때 그들이 다른 제품에서 경험한 특성들을 더 자주 기억해낸다. 이런 유형의 고객 통찰력을 추구함으로써 기업들은 실제로 바람직한 차별화 대신 제품 특징들에 걸쳐서 범용화로 귀결되는 혁신 전략을 추구할 수도 있다.

6) 문화와 문화적 코드 및 과정들이 수요 생태계에 어떤 영향을 주는지, 그리고 소비자들이 어떻게 브랜드들에 의미를 부여하는지 이해하기 위한 개념적 및 실증적 연구에 쓸 수 있는 소스가 풍부하다. 예를 들면 더글라스 홀트(Douglas B. Holt)의 "브랜드들이 우상이 되는 방법" 또는 보다 최근의 조나단 쉬로우더(Jonathan E. Schroeder)와 미리암 샐저-모얼링(Miriam Salzer-Moerling) 편 《브랜드 문화*Brand Culture*》 (London: Broutledge, 2006)에 실린 쉬로우더와 샐저-모얼링의 〈개론: 브랜드설정의 문화적 코드*Introduction: The Cultural Codes of Branding*〉 참조.

7) 사람들이 소비하는 환경을 정의함으로써 배경 내의 고객들을 단순하게 연구하는 것이 브랜드 선호도의 예측을 상당히 향상시킨다. 이것은 현존하는 학술 조사에서 볼 수 있다. 예를 들면, 샤 양(Sha Yang), 그레그 앨런비(Greg M. Allenby), 제랄딘 퍼넬(Geraldine Fennell), 〈브랜드 선호도의 변동 모형화: 객관적 환경과 동기부여 조건의 역할*Modelling Variation in Brand Preference: The Roles of Objective Environment*

and Motivating Conditions〉 Marketing Science 21, no. 1 (2002년 겨울호): 14-31.

제3장

8) 이 표는 조지나 밀러(Georgina Miller)가 만든 틀에 따라서 조사원들인 조지나 밀러(Georgina Miller), 안드레아 울프(Andrea Wolf), 실케 마익스너(Silke Meixner)와 애거씨 블랜천어섬(Agathe Blanchon-Ehrsam)이 만들었다. 〈하이테크 기업들에서 혁신을 위한 기회 식별을 용이하게 만들기 위해 전통적인 고객 조사 방법의 보완책으로서의 새로운 고객 이해 방법 분석*Analysis of New Customer Understanding Methods as a Supplement to Traditional Cutomer Research Methods to Facilitate Opportunity Indentification for Innovation in High Tech Companies*〉 (학위 논문용 조사, ESADE, Barcelona, 2004).

제4장

9) 이 방법론은 일일 재구성 방법(Day Reconstruction Method. DRM)이라고 하는데, 그 목적은 참여자들로부터 그들이 사는 사회문화적 배경과 그들이 일상생활에서 추구하는 최우선 활동과 프로젝트 및 목표를 알아내는 것이다. 이 특별한 조사는 참여자들에게 그들이 두려움, 좌절, 근심, 행복 및 은총을 경험하는 삶의 중요한 순간들, 특히 보험 상품의 구매 및 소비와 관련될 수 있는 특정한 일이나 순간들과 관련된 감정 및 정서의 모든 것에 관해서 깊고 명확하게 생각하기를 권장했다. 다니엘 카네만(Daniel Kahneman) 외, 〈일상생활 경험을 특징짓는 조사 방법: 일일 재구성 방법*A Survey Method for Characterizing Daily Life Experience: The Day Reconstruction Method*〉 Science, 2004년 12월 3일자.

10) 이 목표 인접성 탐색은 인접성이 제품이나 범주 또는 브랜드를 위주로 하는 오늘날 전형적으로 이뤄지는 인접성 탐색과 다르다. 예를 들면 자동차의 제품 인접성은 텔레매틱스, 즉 자동차 내에서 쓰일 수 있는 기술과 서비스들의 분야이며, GPS가 한 예이다.

11) 산업 관습들에 의문을 던지는 것에 관해 관련 분야의 저자들에 의한 광범위한 논의가 있었다. 예를 들어, 전략 시각에서는 게리 하멜, 《혁신 이끌기*Leading the Revolution*》(Boston: Harvard Business School Perss, 2000), 광고 시각에서는 쟝-마리 드루(Jean-Marie Dru), 《분열: 관습을 뒤엎고 시장을 뒤흔들기*Disruption: Overturning Conventions an Shaking Up the Marketplace*》(New York: John Wiley & Sons, 1996) 및 《분열을 초월하여: 시장의 규칙 바꾸기*Beyond Disruption: Changing the Rules in the Marketplace*》(New York: John Wiley & Sons, 2002). 여기서 우리는 산업 관습들

에 대해 그것들이 수요조망에 반영된 것으로서 소비자의 일상생활에 어떤 관계와 영
향이 있는지의 시각에서 의문을 제기하는 것에 주안점을 둔다.

제5장

12) 예를 들면 도널드 로리(Donald L. Laurie), 이브 도즈(Yves L. Doz), 클로드 쉬어
(Claude P. Sheer), 〈신 성장 기반 창출*Creating New Growth Platforms*〉 Harvard
Business Review, 2006년 5월호, 80-91 참조. 이 저자들은 주로 성장 기반이라는 조직
의 과제(조직 내에서 성장 기반을 관리하는 방법)에 초점을 맞추며, 고객 우위를 달성
하기 위한 수요우선의 편견 없는 소비자 위주 과정에서 대두되는 성장 기반을 식별하
고 이행하는 데에는 관심이 덜하다(반면에 나는 이 장과 이 책에서 이 부분에 주안점
을 둔다). 조직의 과제에 대해서는 제9장에서 더 자세히 다룬다.

제6장

13) 이런 분석을 수행하는 데에 대한 뛰어난 연구가 몇 가지 있다. 예를 들면 돈 야코
부치(Dawn Iacobucci)와 보비 캘더(Bobby Calder) 편《켈로그 통합 마케팅론
Kellogg on Integrated Marketing》(Hoboken, NJ: John Wiley & Sons, 2003)에 게재된
리사 포티니-켐벨(Lisa Fortini-Campbell)의 〈통합 마케팅과 소비자 경험*Integrated
Marketing and the Consumer Experience*〉 참조.

제7장

14) 브랜드 정체성 시스템은 사업 단위, 기업 또는 제품의 전략을 기술하는 데에 필수
적인 요소이다. 데이빗 콜리스(David J. Collis)와 신시아 몽고메리(Cynthia A.
Montgomery),《기업 전략: 자원기반 접근방법*Corporate Strategy: A Resource-Based
Approach, 2nd ed.*》(New York: McGraw-Hill/Irwin, 2004. 전략의 두 가지 추가 요소
는 OAS 전략 선언문을 만드는 것과 기업 전략 또는 사업 전략을 브랜드 정체성 시스
템과 연결시키는 전략 포지셔닝이다. 전략 포지셔닝의 포괄적인 틀과 모형 중의 하나
는 케빈 레인 켈러(Kevin Lane Keller)의 고객기반 브랜드 자산(custome-based brand
equity. CBBE) 관리 모형이다. 케빈 레인 켈러,《전략적 브랜드 관리: 브랜드 자산 형
성과 측정 및 관리*Strategic Brand Management: Building, Measuring, and Managing
Brand Equity, 2nd ed.*》(Upper Saddle River, NJ: Prentice Hall, 2003)와 케빈 켈러,
브라이언 스턴덜(Brian Sternthal), 앨리스 티바웃(Alice Tybout), 〈브랜드에 관해 자
문해야 하는 3가지 질문*Three Qeustions You Need to Ask About Your Brand*〉
Harvard Business Review, 2002년 9월호, 3-8. 참조. 이 접근방법들은 수요우선 시각
에서 본 브랜드 전략을 포괄적으로 정의하고 있다. 여기에는 최소한 다음 질문들에

대한 답변이 포함된다. "우리는 어떤 사업을 하고, 어떤 사업을 하지 않고 있으며, 어떤 사업을 하고 싶어 하는가?", "우리는 어떤 세그먼트들을 공략하기를 원하는가?", "우리는 어떤 세그먼트들을 무시하기로 했는가?", "우리는 소비자들과 다른 이해관계자들의 마음속에서 무엇을 대표하고 있으며, 무엇을 창출하기를 열망하고 있는가?", "소비자들의 일상생활이라는 배경에 우리는 어떻게 맞아떨어지는가?"

第8장

15) 이 부분은 BMW그룹 브랜드 아카데미 원장인 요아킴 블릭호이저(Joakim H. BlickHauser)가 쓴 것이다. BMW의 3대 브랜드를 이해하는 브랜드 문화를 창출하는 데에 있어서 브랜드 아카데미가 담당하는 역할은 기업이 강한 문화를 가지고 있다고 일반적으로 믿는 직원들이 얼마나 적은지 보여주는 조사에 비춰볼 때 중요한 일이다. 스페리온 코퍼레이션(Spherion Corporation)은 한 연구에서 성인 근로자들 중 44%만이 자기네 회사에 "폭 넓게 포용되고 이해되는 기업 문화가 있다."고 믿는다고 답변한 것을 확인했다. 폴 미켈만(Paul Michelman), 〈수치에 의한 가치 인식 *Value Perceptions by the Numbers*〉 Harvard Management Update 11, no. 1 2006년 1월호 참조. 이런 결과는 여러 개의 브랜드로 이뤄진 포트폴리오 구조를 갖춘 기업들에서는 일반적으로 더 낮다.

第9장

16) DT의 T-지분 최초 공모에 대한 보다 폭 넓은 논의와 크리스천 사이언스 모니터의 '연습용 바퀴가 달린 자본주의' 인용문은 하이드 플리포(Hyde Flippo)의 《독일에 있었을 때 *When in Germany*》 (New York, McGraw-Hill, 2002)와 《독일 방식 *The German Way*》 (New York, McGraw-Hill, 1996)의 온라인 사이트인 http://www.german-way.com/privat.html에서 볼 수 있다.

17) 고객 경험 관리에 관한 스트래티비티그룹(Strativity Group)의 조사는 조사 대상자의 12.9%만이 자신들의 사업에 대한 고객의 평균 연간 가치를 알고 있었고, 9.7%만이 사업에 미치는 고객 불평 비용을 알고 있었으며, 8.6%만이 신규 고객 확보 비용에 대해 알고 있다는 사실을 보여줬다. 〈고객의 가치가 얼마인지 알고 계십니까? *Do You Know What Your Customers Are Worth?*〉 Fast Company, 2006년 9월호, 68.

18) 인디애나주의 볼스테이트대학(Ball State University)에서 행한 2005년도 조사로서 폭 넓은 연령대의 사람들 400명을 하루 동안 관찰했는데 그 중 96%가 매체를 이용하는 시간 중 약 1/3에 매체 멀티태스킹을 하고 있음을 보여주었다. MTV네트웍스

(MTV Networks)가 온라인 표본 4,213명을 이용하여 행한 조사에서는 응답자들이 쇼핑이나 사교나 식사 같은 비매체 시간을 포함하여 하루에 15.6시간을 여가 활동에 할애하는데, 그 중 약 1/3이 동시에 1가지 이상의 매체 소비와 연관되는 멀티태스킹에 쓰이는 것으로 드러났다. 샤론 왁스먼(Sharon Waxman), 〈멀티태스킹에 관한 실험 분석*A Laboratory Eye's View of Multitasking*〉 New York Times, 2006년 5월 15일자. 2006년 연말이면 미국 가정의 18% 이상에서 타임시프팅 장치(DVR이나 TiVo)가 쓰일 것이며, 2010년이면 거의 40%에 이를 것이라고 한다. 데이빗 킬리(David Kiley), 〈두려운 TiVo를 사랑하게 되다*Learning to Love the Dreaded TiVo*〉 BusinessWeek, 2006년 4월 17일자, 88. 닐슨미디어리서치(Nielsen Media Research)에 따르면, 지금까지는 미국 가정의 11% 정도만이 DVR을 보유하고 있으며, 그 중 87%가 광고를 건너뛴다고 한다. 롤런드 그로버(Roland Grover), 〈많은 사람이 광고를 건너뛰는 소리 *The Sound of Many Hands Zapping*〉 BusinessWeek, 2006년 5월 22일자, 38.

나는 여러 기업들에서 일했던 수년 간의 내 경험뿐만 아니라 전략, 마케팅, 혁신 및 강력한 브랜드와 사업을 구축한 최고의 사례들과 현존하는 연구들을 종합하여 이 책에 담았다. 나는 몇몇 기업들이 어려운 과제와 문제들에 직면했을 때 그들과 긴밀하게 작업을 하는 특혜를 누렸으며, 그런 경험이 이 책의 상당 부분을 차지했다.

나는 많은 사상과 경영 사례 및 학계와 업계의 발전에서 큰 도움을 받았다. 마케팅계의 최고 인물 중 몇 사람과 일하면서 큰 도움을 받았는데, 특히 데이비드 A. 아커(David A. Aaker)와 케빈 레인 켈러(Kevin Lane Keller)와는 오랫동안 지적·직업적 발전을 공유해 왔다. 그 외에도 전략과 혁신 및 마케팅 분야의 다른 학자들의 저술과 연구를 두루 활용했다. 나는 여러 해 동안 하버드경영대학원

(Harvard Business School)과 스페인 바르셀로나에 있는 이에세경영대학원(IESE Business School)의 많은 동료들과 기타 몇 군데 경영자 교육 프로그램 관련자들과 긴밀한 직업적인 교분을 나눠 왔는데, 그들이 모두 이 책을 내는 데에 많은 도움을 주었다.

이 책을 쓸 수 있게 해준 중요한 원천은 비발디 파트너스에 있는 내 동료들인 마커스 파이퍼와 닉 한이었다. 그들에게 감사의 말을 전하고 싶다.

과거 몇 년 동안, 내 원고를 마무리되게 해준 매우 뛰어난 재능을 지닌 저술가들과 함께 일하면서 많은 도움을 받았다. 레기나 마루카는 많은 원고를 쓰고 고치는 데에 도움을 줬으며, 스티브 페니첼은 사례 연구 부분을 쓸 때 나를 많이 도와줬다. 레기나와 스티브는 또한 이 책을 마칠 때까지 내 사고의 스파링 파트너이자 도전자가 되어 준 정말 귀중한 사람들이다. 내 에이전트인 에즈먼드 함즈워스에게도 감사를 표하고 싶다.

내 원고를 정말 빼어 난 품질과 내용으로 다듬어준 커스튼 샌드버그에게 고마움을 전하며, 이 책이 여러 단계를 거쳐 나오도록 훌륭한 솜씨로 도와준 하버드경영대학원출판사의 전문가들에게도 깊이 감사드린다.

2006년 11월 뉴욕시에서, 에릭 요컴스탈러

시장을 창조한 기업들

초판 인쇄 | 2008년 3월 13일
초판 발행 | 2008년 3월 23일

지은이 | 에릭 요컴스탈러
옮긴이 | 송택순
펴낸이 | 심만수
펴낸곳 | (주)살림출판사
출판등록 | 1989년 11월 1일 제9-210호

주소 | 413-756 경기도 파주시 교하읍 문발리 파주출판도시 522-2
전화 | 영업부 031)955-1350 기획편집부 031)955-1386
팩스 | 031)955-1355
이메일 | salleem@chol.com
홈페이지 | http://www.sallimbooks.com

ISBN   978-89-522-0817-0 03320

* 잘못된 책은 구입하신 서점에서 바꾸어 드립니다.
* 저자와의 협의에 의해 인지를 생략합니다.

책임편집 · 교정 | 이보화

값 17,000원

살림Biz는 (주)살림출판사의 경제 · 경영 전문 브랜드입니다.